Der Titel dieses Bestsellers ist für Hunderttausende von Eltern und Pädagogen sprichwörtlich geworden: Kinder brauchen Grenzen! Aber Kinder sind doch heute auch nicht schwieriger als früher, Eltern und Erzieherinnen nicht weniger kompetent. Wie kommt es dann trotzdem zu den täglichen Stresssituationen, in denen die Kleinen triumphieren und die Erwachsenen verzweifeln? Jede Mutter, jeder Vater weiß ein Lied davon zu singen, vom Kampf ums Anziehen oder Aufräumen, vom Ärger über stundenlanges Computerspielen oder vom Kleinkrieg ums Taschengeld. Wir reagieren heute viel sensibler auf Kinder. Aber häufig sind wir auch verunsichert, weil wir alles besser als unsere Eltern machen wollen – nur keine Vorschriften! Damit lassen wir aber unsere Kinder im Stich, und für die Heranwachsenden ist es eine Überforderung, sich ohne Grenzen selbstverantwortlich in einer unübersichtlich gewordenen Welt zurechtzufinden.

Hier hilft der kluge Rat des erfahrenen Familienberaters Jan-Uwe Rogge, meist verpackt in anschauliche Geschichten und oft mit verblüffenden Lösungsvorschlägen. Er hat sein erfolgreiches Standardwerk völlig neu geschrieben, seine Antworten noch stärker konkretisiert und um viele Themen erweitert, nach denen ihn verzweifelte Eltern immer wieder gefragt haben.

Dr. Jan-Uwe Rogge ist verheiratet, hat einen Sohn und lebt in der Nähe von Hamburg. Er arbeitet freiberuflich als Familien- und Kommunikationsberater. Seit Anfang der 8oer Jahre bietet er Elternseminare, Vorträge und Fortbildungsveranstaltungen an, die sich großer Beliebtheit erfreuen.

Jan-Uwe Rogge

DAS NEUE
Kinder brauchen
GRENZEN

Rowohlt Taschenbuch Verlag

«Mühselig ist eine gute Erziehung, das gebe ich zu.» (Erasmus von Rotterdam)

«Wer nicht Freude am unplanbaren Umgang mit Kindern hat, für den ist (Erziehung) nicht auszuhalten.» (Hartmut von Hentig)

«Ihr könnt ihnen eure Liebe geben, aber nicht eure Gedanken, weil sie ihre eigenen Gedanken haben. Ihr könnt ihren Körpern eine Behausung geben, aber nicht ihren Seelen, weil ihre Seelen im Haus von morgen wohnen, welches ihr nicht betreten könnt, noch nicht einmal in euren Träumen. Ihr könnt versuchen, wie sie zu sein, aber versucht nicht, sie euch anzugleichen – das Leben geht nicht rückwärts, noch verweilt es beim Gestern.» (Khalil Gibran)

8. Auflage Oktober 2012

Vollständig überarbeitete und erweiterte Neuausgabe

Herausgegeben von B. Schön und B. Gottwald

Veröffentlicht im Rowohlt Taschenbuch Verlag,
Reinbek bei Hamburg, Juli 2008
Copyright © 2008 by Rowohlt Verlag GmbH,
Reinbek bei Hamburg
Redaktion Bernhard Schön
Umschlaggestaltung ZERO Werbeagentur, München
(Foto: Laura Doss / Corbis)
Satz Proforma, Berthold Akzidenz Grotesk (InDesign)
bei Pinkuin Satz und Datentechnik, Berlin
Druck und Bindung CPI – Clausen & Bosse, Leck
Printed in Germany
ISBN 978 3 499 62402 5

Inhalt

Vorwort

«Kinder brauchen Grenzen»
Wie ein geflügeltes Wort entstand

Es war Anfang der 1990er Jahre: Ich hatte meinem Lektor ein Buchmanuskript übergeben, in dem ich die Erfahrungen aus meiner Beratungs- und Bildungsarbeit mit Eltern und Kindern, die ich seit Beginn der 8oer Jahre kontinuierlich und mit viel Engagement betrieb, zu Papier gebracht hatte. Ich fand es an der Zeit, die Jahre Revue passieren zu lassen und einmal darüber nachzudenken, welche Themen meine Arbeit geprägt, welche sich wie ein roter Faden durch den Beratungsalltag gezogen, welche sich verändert hatten.

Nun saßen wir bei einem guten Essen und Wein zusammen und dachten über den Titel des Buches nach. Eingängig, knackig, provozierend sollte er sein. Und plötzlich war da ein Gedankenblitz, fiel uns «Kinder brauchen Grenzen» ein.

Uns war die mehrfache Bedeutung dieses Titels schnell klar: Grenzen schützen Kinder, geben ihnen Raum und Zeit, um sich zu eigenständigen, selbstbewussten Persönlichkeiten zu entwickeln. Grenzen vermitteln Klarheit und Orientierung, schaffen einen festen Rahmen, fordern aber zugleich heraus, sich an ihnen zu reiben, sie zu überschreiten. Denn Kinder wollen nun mal erfahren, was passiert, wenn sie vereinbarte Regeln, Rituale und Abmachungen nicht einhalten.

Diese verschiedenen Dimensionen des Titels haben manche nicht verstanden – besser: wollten manche nicht verstehen. Der Titel wurde missverstanden, als Agenda gegen die antiautoritäre Erziehung eingeschätzt und benutzt. Ein Leser schrieb mir, er hätte das Buch nach der Lektüre enttäuscht und verärgert weggelegt, weil ich den Klaps als pädagogische Niederlage abgelehnt hätte.

Und ein anderer, ein professioneller, bekannter Pädagoge, teilte mir mit: Ein Klaps habe noch niemandem geschadet. Auch ihm nicht. Er sei friedlich geworden. Aber wenn er die kleinen Tyrannen, die «kleinen Krieger» sehe, und damit meinte er tatsächlich Kinder, dann brauche es einfach den Klaps, um diese zur Ruhe zu bringen. Aber natürlich gab es auch die entgegengesetzte Position. So verstieg sich ein pensionierter Lehrer in einem Internetforum zu der Behauptung, mein Buch stünde in der Tradition nationalsozialistischer Erziehungsliteratur und leite dazu an, den kindlichen Willen zu brechen, Kinder gefügig und verführbar zu machen. Was für Maßlosigkeiten!

Das Buch verkaufte sich gleich sehr gut, war schon 1993 ein Bestseller und ist in der Zwischenzeit in sechzehn Sprachen übersetzt worden. Viele Autoren haben das «Grenzen»-Thema aufgegriffen, aber kaum eine Veröffentlichung hat eine vergleichbare Breitenwirkung erzielt. Ich werde immer wieder aufs Neue gefragt, worauf ich die Faszination zurückführe, die dieses Buch nun seit fünfzehn Jahren ausübt. Vermutlich ist es u. a. die erfrischend direkte, humorvolle Herangehensweise, die zum Erfolg des Buches beigetragen hat:

– «Das Buch ist sehr praxisnah geschrieben», war ein Tenor vieler Briefe. «Man kann sich in den Geschichten wiederfinden», lautete ein anderer. «Vor allem konnte ich schmunzeln, lachen. Auch über mich selbst. Das tat gut!», hieß es in vielen schriftlichen Rückmeldungen. «Man werde an die Hand genommen, ohne dass man sich belehrt vorkomme. So von oben herab», formulierte einmal ein Elternpaar. «Das Wichtigste für uns war», so las ich in einem anderen Brief, «dass es anderen auch so geht, wir nicht alleine die Probleme mit unseren Kindern haben.» Von Eltern zu verlangen, ihre Kinder anzunehmen, setzt voraus, dass sie sich selbst angenommen fühlen. Als Autor und Berater muss man Eltern mögen, sie wertschätzen. Wer Eltern pauschal als Versager oder Kuschelpädagogen abwertet, darf sich nicht wundern, wenn man weder Zugang zu Eltern noch Kindern findet. Die meisten Mütter und Väter bemühen sich um eine gute Erziehung ihrer Kinder und wollen ernst genommen und anerkannt werden.

– Erziehung hat nichts zu tun mit der Anwendung von Techniken. Erziehung ist Haltung und Kunst zugleich: Haltung gegenüber dem Kind und sich selbst. Und Kunst meint: die Kunst des «Durchwurschtelns» zu praktizieren, sich seiner Unvollkommenheit bewusst zu sein, den Perfektionismus loszulassen, sich auf seine Stärken zu besinnen, auf das, was man kann. Und nicht das fortzuführen, was nicht gelingt, was zu keinem Ergebnis führt, sondern das zu praktizieren, was funktioniert – vor allem aber auch Neues, Ungewohntes, Unbekanntes auszuprobieren, auf den Bauch zu hören. Eltern sind häufig näher an einer Lösung, als sie glauben. Sie vertrauen aber nicht ihrer Intuition, ihrer Kreativität.

Paul Watzlawick erzählte mal in einem seiner Seminare über den Unterschied von Einfallsreichtum und der bloßen Anwendung von Techniken in der Erziehung: Er schilderte ein Elternpaar, das an einem See sitzt und sich überlegt, was wohl passiert, wenn man Steine in den See schmeißt, welche Wellen sich wohl auf der glatten Wasseroberfläche bilden würden. Die Eltern werfen Steine in den See und beobachten, dass heftige Wellen entstehen. Beim nächsten Mal zielen sie vorsichtiger in das Wasser, versuchen es immer und immer wieder, so lange, bis ihnen die Wellen gefallen. Nur durch schöpferisches Tun, durch ständige Wiederholungen erreicht man ein Ergebnis, mit dem man irgendwann zufrieden ist. Und dann gibt es noch ein anderes Ehepaar, das am gleichen See sitzt. Sie überlegen und überlegen, denken über den optimalen Wurf, den richtigen Einfallswinkel der Steine nach, sie denken und denken unentwegt, welche Wurftechnik sie wohl anwenden müssten, um die richtige Wellenbewegung zu erzielen. Und so sitzen sie nur da, sitzen und denken, denken und sitzen … und wenn sie nicht gestorben sind, so hocken sie immer noch da.

Diese Geschichte fällt mir ein, wenn ich mich mit älteren Menschen, mit Großeltern über die Frage unterhalte, wie sie denn früher erzogen hätten. Und über eine dieser Geschichten muss ich besonders schmunzeln, die Geschichte von Alma.

Alma lebt auf dem Lande, bewirtschaftet mit ihrem Mann einen Bauernhof. «Ich bin Oma, vier Enkel.» Ihre Stimme klingt ruhig, gemütlich. «Ich bin eine einfache Frau, was soll ich schon über Kindererziehung sagen.» Sie fängt an, von ihrer Kindheit zu erzählen, von ihren Eltern – «arme Bauersleute» –, ihren sechs Geschwistern – «sind alle was geworden» –, ihrer Schulzeit – «der Hof und die Arbeit waren wichtiger als der regelmäßige Schulbesuch» –, ihrer häuslichen Erziehung: Hart sei diese gewesen, erinnert sie sich, hart, aber gerecht. Arbeiten musste sie. Geschenkt gab's nichts.

Alma denkt nach: «Ob's die Kinder heute besser haben, ich weiß es nicht.» Was sie damit meine, will ich wissen. «Ich glaube», sagt sie, «die Kinder verlieren sich. Die haben alles, die wissen nicht mehr, woran sie sind. Meine Enkel haben alles, Spielkram, Sachen zum Anziehen. Alles. Und gewieft sind die: ‹Oma, wenn wir bei dir nicht fernsehen können, kommen wir nicht.› So was hätten wir uns mal denken sollen.»

Worin ihrer Meinung nach die Unterschiede beständen in der Erziehung von gestern und heute, will ich wissen. Und wie aus der Pistole geschossen kommt die Antwort: «Die Mütter wollen heute keine Fehler machen. Ich seh das an meiner Schwiegertochter. Bloß alles perfekt machen, das Kind könnte ja Schaden nehmen. Ich konnte früher gar nicht viel nachdenken. Hatte gar keine Zeit dazu. Meine Kinder waren viel sich selbst überlassen. Und aus beiden ist doch was geworden.»

Wenn Alma ins Erzählen kam, dann gab's kein Bremsen, das wusste ich. «Weißt du, eins will ich dir noch erzählen. Willst du das hören?» Bevor ich antworten kann, setzt Alma schon an: «Musst du unbedingt hören.» Alma kommt zurück, setzt sich: «Also», beginnt sie, «die Kinder sind heut zappeliger. Tja, weißt du, woran das liegt?» Ich zucke mit den Schultern. Sie kommt näher: «Ich will's dir sagen. Weil die Frauen immer schlanker werden, keine Brust, keinen Hintern und keinen Bauch mehr haben.» Sie unterstreicht das Letztgesagte mit ihren Händen. «Bei den Frauen von heute ist doch nichts mehr dran.» Ich muss lachen. Was sie denn damit sagen wolle?

«Also früher, wenn Dörte und Kurt abends unruhig waren oder auch nur so, wenn wir Zeit hatten, haben wir uns ins Bett gelegt, Dörte mit dem Kopf an meine Brust gelehnt, Kurt hatte die Hand auf meinem Bauch.» Sie sieht an sich herunter: «Guck mal, und von beidem hab ich genug. Und dann haben wir geschmust. Ich hab von früher erzählt, und irgendwann sind sie eingeschlafen. Und wenn ich keine Zeit hatte, hab ich zwei getragene Nachthemden aus der Kommode geholt. Die lagen für alle Fälle immer da. Die hab ich denen gegeben, große, weiche baumwollene Nachthemden. Und die haben nach mir gerochen. Das hat schon meine Mutter mit mir gemacht. Und die Kinder haben ihren Kopf auf die Nachthemden gelegt, und dann sind sie bald eingeschlafen. Ganz friedlich.»

«Und wie lange hast du das gemacht?» Sie lacht verschmitzt: «Bei Kurt so lange, bis er 'ne Freundin hatte. Da war's vorbei. Ist ja auch normal, nicht? Mit meinen wollenen Ungetümen komme ich ja auch nicht gegen Spitzenhöschen und Strapse an.» Ihre Stimme wird leiser: «Weißt du, aber auf Strapse können Kinder ihre Köpfe nicht legen, weil das zu ungemütlich ist, und die riechen auch nicht so schön wie meine baumwollenen Hemden. Und weil's davon immer weniger gibt, sind die Kinder nachts einfach zappeliger. Denk ich mir jedenfalls.»

Wenn sich das Buch so hervorragend verkauft, werde ich öfter gefragt, warum gibt es denn jetzt eine Neuausgabe: «Haben Sie Ihre Positionen etwa revidiert?» Die Antwort ist ein klares Nein! Aber seit der Zeit, in der ich das Buch konzipiert und verfasst habe, sind mehr als siebzehn Jahre vergangen, ist eine neue Generation von Eltern herangewachsen – mit immer denselben, aber zugleich mit neuen Fragen, die sich aus den veränderten Lebenswelten ergeben. So sind es vor allem zwei Gesichtspunkte, die mich dazu gebracht haben, das Buch komplett zu überarbeiten:

Vor fünfzehn Jahren spielten Computer und Internet, Konsum und Taschengeld noch keine herausragende Rolle. Und die Eltern heute haben viele neue Fragen und ein Anrecht auf verlässliche Antworten. Zudem habe ich viele Briefe erhalten mit der Bitte, manche Streitpunkte im Familienalltag (z. B. Geschwisterrivalitäten) und Konfliktthemen (z. B. Hausaufgaben) im neuen Buch anzusprechen, weil die Eltern sie in der alten Ausgabe vermisst haben. Und schließlich musste auf die Diskussionen über Disziplin und Disziplinierung, über Kuschelpädagogik und die Stigmatisierung der Kinder als Tyrannen eingegangen werden.

Das neue «Kinder brauchen Grenzen» will Eltern begleiten und sie bei ihrer schwierigen Aufgabe, Kindern Halt und Geborgenheit zu geben, ihnen Klarheit und Verlässlichkeit zu vermitteln, unterstützen – wenn es geht, nochmals fünfzehn Jahre.

Kapitel 1

Grenzen setzen als Disziplinierung, Grenzen setzen als Haltung

Grenzen setzen: Das macht den Unterschied zwischen Ich und Du, Nähe und Distanz, Vertrautem und nicht Vertrautem, zwischen Können und Noch-nicht-Können aus. Dabei haben alle Beteiligten ganz eigene Positionen: Kinder suchen Grenzen, Eltern erfahren Grenzen, und gemeinsam achtet man Grenzen.

Grenzen suchen, Grenzen erfahren, Grenzen respektieren

Grenzen suchen und finden

«Aber warum», so fragen Vater und Mutter in einer Beratung, «muss denn unser Sohn ständig bis an seine Grenzen und natürlich auch unsere gehen?» – Fast bin ich versucht, diese Frage wie ein jüngeres Kind mit «Darum!» zu beantworten.

Ich kenne kaum ein Kind, das zwei Meter vor einer Grenze verwundert stehen bleibt und ausruft: «Oh, eine Grenze!» Kinder überqueren Grenzen, gehen in das Land auf der anderen Seite, weil es das Land der unbegrenzten Möglichkeiten sein könnte. Kinder sind Grenzgänger, sind Grenzensucher, sie bewegen sich – so die Psychologin Margrit Erni – «an der äußersten Grenze der Möglichkeiten».

Das Lied «Hänschen klein ...» steht dafür ebenso wie das Märchen vom «Hans im Glück».

Jedes Kind will weg aus der symbiotischen Einheit mit den Eltern – und das tut Müttern und Vätern gleichermaßen gut. Da hält man den Säugling noch im Arm, lächelt ihm zu. Er lächelt selig zurück – und man denkt, das bliebe so bis in alle Ewigkeit.

Da beugt sich irgendjemand liebevoll über ihn und hat urplötzlich die Hand des Einjährigen im Gesicht.

Das ist dann – so könnte man es pädagogisch-psychologisch deuten – der Übergang von jener Phase, in der das Kind eins sein will mit der vertrauten Bezugsperson, in der es keine Grenzen kennt, verschmilzt mit Mutter und Vater, in der es nicht genug bekommen kann an Zuwendung, an Halt, in der es sich fallenlässt, bedingungslose Geborgenheit erfahren will, in der sich Urvertrauen aufbaut – und jener Phase, in der das Kind beides ist: Engel und Teufel, gut und böse, aber auch seine Grenzen wie die von anderen austestet. **Das Kleinkind formuliert seine ganz eigene Unabhängigkeitserklärung: «Lasst mich los! Aber haltet mich fest!»**

Das Kind will eben auch dann angenommen sein, wenn es nicht «lieb» ist. Es kennt mit einem Mal nur noch sich und sonst niemanden! Es ist auf sich fixiert, will alles haben, nichts abgeben. In manchen Augenblicken wirkt es einsichtig und teilhabend, im nächsten Moment schaut es wütend und tobt, weil es seinen Willen nicht bekommt. Aber gerade jetzt möchte das Kind – im übertragenen wie praktischen Sinne – in den Arm genommen, gehalten werden.

Um nicht missverstanden zu werden: Wenn ein Kleinkind zuschlägt, nutzen keine langen Vorträge und erst recht kein Zurückschlagen. Kinder brauchen in solchen Situationen Klarheit, ein deutliches «Nein!», verstärkt durch Mimik und Gestik und den Klang der Stimme.

Es ist das Vorrecht der Kinder, schon in jüngeren Jahren Grenzen auszutesten, es ist die Pflicht der Eltern, ihrer Erziehungsverantwortung nachzukommen und den Maßlosigkeiten und Grenzüberschreitungen der Kinder bestimmt zu begegnen.

Nur indem Eltern Normen und Werte vorleben, können Kinder diese verinnerlichen, können Regeln und Rituale verbindlich werden.

Das Märchen «Hans im Glück» erzählt von Ich-Findung und Selbst-Werdung der Kinder, aber zugleich – wenn auch unausgesprochen – davon, wie Eltern auf das Autonomiestreben des Kindes reagieren. Hans zieht in die Welt, wird reich, macht sich nach sieben Jahren auf den Weg zurück und tauscht sein Gold ein, bis er zum Schluss nur noch einen Felsbrocken hat, und auch der fällt ihm in den Brunnen. So steht er zwar mit leeren Händen vor seinen Eltern, ist aber zu einer autonomen Person geworden, die in der Fremde Fähigkeiten und Fertigkeiten erworben, Einstellungen und Haltungen kennengelernt, Ausdauer bewiesen, Freude an der Auseinandersetzung gewonnen hat. Hans hat vielleicht nicht den geraden Weg gewählt, er hat es aber ständig aufs Neue versucht und damit ein zentrales Prinzip des Lernens verinnerlicht: die Wiederholung, das immer wiederkehrende Ritual, weil man sich nur so Kompetenzen, Haltungen und Werte aneignen kann. Wenn Hans nach Hause kommt, entscheidet sich, ob die Eltern ihn als eigenständige Persönlichkeit annehmen, sich mit ihm über seinen eingeschlagenen Weg freuen. Eltern müssen nicht mit allen Vorhaben ihrer Kinder einverstanden sein. Aber sie sollen ihnen auch nicht die eigenen Vorstellungen vom richtigen Weg aufdrängen.

Kinder brauchen Unterstützung, um Selbstbewusstsein zu entwickeln, sich für neue Aufgaben zu motivieren. Dazu ist es notwendig, an ihrer Leistungsbereitschaft anzuknüpfen, sie zu fordern – ganz im Sinne des großen Pädagogen Pestalozzi: «Alles, was (...) das Kind lieb macht, das will es. Alles, was ihm Ehre bringt, das will es, alles, was große Erwartungen in ihm rege macht, das will es. Alles, was in ihm Kräfte erzeugt, was es aussprechen macht, ich kann es, das will es.»

Wird Hans allerdings nach seiner Rückkehr so empfangen: «Endlich bist du wieder da. Wir haben so auf dich gewartet die letzten sieben Jahre! Bleib doch bitte, bitte hier!», dann wird sich Hans vermutlich Vorwürfe machen, die Eltern alleingelassen zu haben, seine Autonomie aufgeben und wieder in jene Abhängigkeit zurückkehren, aus der er einst ausbrach, um Eigenständigkeit zu erproben.

Nun ist die Grenzüberschreitung nicht allein ein Entwicklungs- und Lebensprinzip, Grenzüberschreitungen haben zugleich einen Beziehungsaspekt. Dann ist die Frage: **Warum könnten manche Kinder zwar Grenzen respektieren – wollen es aber nicht?**

Meist steht beim Kind eines der folgenden Motive hinter andauernden Grenzüberschreitungen: das Streben nach Aufmerksamkeit; der Versuch, mit den Erwachsenen in einen Machtkampf einzutreten; das Gefühl, negativen Vorgaben im Sinne einer sich selbst erfüllenden Prophezeiung entsprechen zu müssen.

Wenn Kinder Grenzen überschreiten, sollte man nicht gleich bösen Willen oder schlechten Charakter vermuten, vielmehr gibt es vier Momente, die es durch Nachdenken und Handeln zu ergründen gilt: Ist die Grenzüberschreitung

» Ausdruck von Charakter und Temperament des Kindes, hat es gar mit neurologischen Defiziten (z. B. Hyperaktivität, Wahrnehmungsstörungen) zu tun?

» Ausdruck von Entwicklungsbesonderheiten des Kindes (z. B. Trotzalter, Vorpubertät)?

» Ausdruck davon, dass das Kind Macht ausüben, Aufmerksamkeit erlangen will?

» Berührt die Grenzüberschreitung die Eltern-Kind-Beziehung? Um auf Grenzüberschreitungen pädagogisch angemessen eingehen zu können, muss man diese Fragen zuvor beantworten.

Grenzen erfahren und setzen

Wer Kinder ins Leben begleitet, wird tagtäglich mit einer Polarität konfrontiert: einerseits Grenzen zu setzen und andererseits sie immer wieder auch zu erfahren. Es sind die fünf großen «G», die einen dabei begleiten: Geduld, Gelassenheit, Geschicklichkeit, große Gefühle erleben und Grenzen erfahren.

Geduld: Dazu zählt vor allem, den Charakter, das Temperament und die Eigen-Art eines Kindes zu berücksichtigen, und zugleich, sich als Vater und Mutter so anzunehmen, wie man ist: mal nachdenklich, mal fordernd, mal aufbrausend, dann sich zurücknehmend. Man bekommt meist jenes Kind, mit und an dem man noch etwas lernen kann. Die umtriebigen Eltern haben es mit einer bedächtigen Schildkröte zu tun, die «Morgenmuffel» mit einem Fünf-Uhr-Schnellzug. Geduld meint, sich gegenseitig so zu akzeptieren, wie man ist.

Gelassenheit: Erziehung heißt Verzicht auf Überlegenheit. Gelassenheit bedeutet, Vertrauen zu sich und zum Kind zu haben. Gelassenheit meint nicht völlige innere Ruhe – man darf ruhig einmal die Fassung verlieren, wenn es angebracht ist, ja sogar ausrasten, muss sich aber hinterher dafür beim Kind ehrlich entschuldigen. Zur Gelassenheit gehört, aufrichtig zu seinem Verhalten zu stehen und sich nicht ständig dafür zu rechtfertigen, nur weil man seiner Erziehungsverantwortung als Eltern nachgekommen ist.

Geschicklichkeit: Erziehung ist eine Kunst, und oft entsteht das «Kunstwerk» spontan, aus dem Bauch heraus. Wer unter Zeitdruck steht, kann nicht überlegen, sondern muss reagieren. Aber es gibt eben auch Situationen, auf die kann man sich vorbereiten, um dann im «Ernstfall» gekonnter zu handeln. Geschickte Eltern entwickeln auch ein Gespür für die eigene Grenze, diese Polarität zwischen «Ich werde gebraucht!», «Ich bin unverzichtbar!» und «Ich habe eigene Bedürfnisse!». Eltern haben auch das Recht auf Rückzug – und Kinder können das verstehen und aushalten.

Große Gefühle erleben: Wer Kinder hat, der erlebt sie – häufiger, als man sich das manchmal wünscht. Wer Kinder ins Leben begleitet, der erfährt Höhepunkte und durchlebt Niederlagen – besonders während des Trotzalters und der Pubertät. Jedes Kind durchlebt diesen Entwicklungsabschnitt auf seine Weise: mal still und leise, mal lautstark und provozierend. Erziehung als Beziehung ist dann besonders wichtig, weil die Erziehungstechniken an ihre Grenzen stoßen. Üben Sie sich in Geduld – die großen Gefühlsaufwallungen gehen ganz bestimmt vorbei!

Grenzen erfahren: Dazu zählt: die eigenen Grenzen zu akzeptieren, einzusehen, dass das eigene geistige und seelische Potenzial begrenzt ist. Und diesen Zustand zugleich als Herausforderung zu begreifen, mit Grenzen kreativ umzugehen. Sich den eigenen Grenzen zu stellen tut häufig weh, vor allem, wenn man meint, bei anderen funktioniere es wohl immer. Achten Sie auf das, was Sie können! Und Sie können mehr, als Sie meinen! Akzeptieren Sie sich in Ihren Stärken, dann verlieren die Schwächen an Relevanz!

Erziehung ist Vorbild und Liebe, hat Pestalozzi einst gesagt – und unter Liebe nicht ein grenzenloses Eingehen auf das Kind verstanden, als bedingungslose Unterordnung. Liebe hat er als Selbstliebe begriffen und sie zugleich von der Selbstsucht abgesetzt. Selbstliebe ist die Erkenntnis seiner selbst. Sie beinhaltet zweierlei: zu seinen Fehlern und Schwächen zu stehen und seine Fertigkeiten wertzuschätzen, sich als ganze Persönlichkeit wahrzunehmen. Dazu zählt: über sich lachen zu können ebenso, wie mit Niederlagen umzugehen, Verantwortung wahrzunehmen, «ja» zu sich zu sagen und nicht vorschnell aufzugeben.

Grenzen achten und respektieren

Erziehung heißt, respektvoll miteinander umzugehen, bedeutet aber für Eltern auch, sich ihrer Erziehungsverantwortung zu stellen und nicht so zu tun, als seien sie die gleichrangigen Freunde ihrer Kinder. Keinesfalls darf das aber als Freibrief für Machtausübung und ständige Kontrolle missverstanden werden. So wie die Erwachsenen haben auch Kinder ein Recht auf Eigensinn und auf eine Privatsphäre. Daraus erwachsen Konflikte, deren Bewältigung zum Erziehungsalltag gehört. Dabei darf aber eins nicht fehlen: «Liebe ist eine unverzichtbare Grundlage des sozialen Lebens», so drückt es der Pädagoge Otto Speck aus. Sie ist Voraussetzung dafür, sich gegenseitig als Person anzunehmen und mit Konflikten umzugehen. Grenzen zu setzen – das hat mit gegenseitiger Zumutung zu tun. Und diese Zumutung ist nur auszuhalten, wenn man sich akzeptiert und mag, die Kinder das Gefühl haben, von Vater und Mutter auch dann gemocht zu werden, wenn sie Grenzen überschreiten. Und zugleich erfahren die Eltern, dass ihre Kinder sich trauen aufzubegehren, weil ihnen die Liebe der Eltern gewiss ist. Achtung und Respekt voreinander sind in Lebenshaltungen wie den folgenden aufgehoben:

» Ich (Vater oder Mutter) nehme dich so an, wie du bist. Ich vergleiche dich nicht. Du bist einzigartig, du bist eine Persönlichkeit.

» Ich nehme mich als Vater oder Mutter so an, wie ich bin! Ich habe den Mut zum Fehler, zur Unvollkommenheit. Ich mache nicht alles anders als meine eigenen Eltern: Ich lebe das fort, was mir Halt und Geborgenheit gegeben hat! Ich verändere das, was mir wehgetan hat!

» Ich bin als Vater und Mutter nicht für das Tun des Kindes allein verantwortlich! Du bist es für dich! Ich gebe dir Freiheiten im Rahmen meiner Erziehungsverantwortung und meiner Möglichkeiten, aber du musst lernen, auch Verantwortung für dich zu übernehmen. Wenn du Hilfe brauchst, gebe ich sie dir, wenn du Trost benötigst, bin ich da! Doch Freiheit und Verantwortung gehören zusammen: Wenn du also morgens bummelst und den Bus verpasst, dann fahre ich dich nicht in die Schule!

» Ich bin als Mutter oder Vater für mich und mein Tun verantwortlich, du nicht für mich. Ich bin gerne Vater oder Mutter, aber auch Mann oder Frau. Ich mag mich nicht ständig um dich kümmern! Ich brauche Raum und Zeit, um Kraft für mich und damit auch für dich zu sammeln.

Gegen den Machbarkeitswahn bei Super Nanny und Co.

Als ich die erste Fassung meines Buches vor mehr als 15 Jahren geschrieben habe, waren Erziehungsfragen konzentriert auf Vorträge, Seminare, Bücher und Zeitschriften. Zwar gab es die eine oder andere Sendung in Rundfunk und Fernsehen – doch war Erziehung das Thema von Experten und interessierten Eltern. Inzwischen gibt es mehrere seriöse Elternzeitschriften, Ratgeberartikel in Tageszeitungen und sogar in Boulevardblättern – und Fernsehsendungen, die mit populär-populistischer Aufmachung hohe Einschaltquoten erreichen wollen. Während die «Super-Mamas» mit ihrer behutsameren Form der Beratung nach eineinhalb Jahren abgesetzt wurden, hat sich die «Super Nanny» als fixer Programmpunkt etabliert.

Was Eltern sagen

«Ich kann mit dieser Sendung wenig anfangen», erklärt eine Mutter, «vor allem die Super Nanny finde ich völlig daneben. Da ist keine Achtung, kein mitmenschlicher Respekt. Die tritt auf wie ein Elefant im Porzellanladen. Sie weiß alles, sie macht alles. Eltern werden total entmutigt.»

«Ich dachte», berichtet ein Vater, «da kann ich vielleicht etwas lernen. Das Einzige, was ich begriffen habe, war, klarer zu sein im Umgang mit den Kindern. Alles, was ich sonst versucht habe, z. B. die Sache mit dem stillen Stuhl, hat bei mir überhaupt nicht funktioniert. Mein Sohn ist nicht weggegangen, selbst nach mehrmaliger Aufforderung ist er einfach sitzen geblieben.» Er schaut ratlos. «Und ihn raustragen, gar rauszerren, wie ich es in einer Sendung gesehen habe, das wollte ich partout nicht.»

«Ich habe die Nanny vielleicht dreimal gesehen», ergänzt ein anderer Vater, «und habe nur gedacht: Mein Gott! Wie geht es in diesen Familien zu! Da lebst du ja in einer absoluten Idylle!» Er schüttelt den Kopf. «Manchmal kam ich mir wie ein richtiger Voyeur vor, wie einer, der auf der Autobahn stehen bleibt, weil es auf der anderen Seite einen Unfall gegeben hat, und der denkt: Gott sei Dank hat es dich nicht erwischt!»

Was Experten meinen

Bei pädagogischen und therapeutischen Experten überwiegt die Kritik an Erziehungssendungen wie der «Super Nanny» oder den «SuperMamas». Sicher könnten solche Sendungen zu einer öffentlichen Diskussion über Erziehung beitragen, aber dass sich Eltern deshalb professionelle Hilfe suchen, wird von meinen Gesprächspartnern in Beratungsstellen, Jugendämtern, Praxen für Kinder- und Jugendpsychologie eher skeptisch gesehen. Vielmehr herrscht der Eindruck vor, dass gerade Familien, die psychologische Beratung benötigen, sich während und nach der Sendung beruhigt zurücklehnen, weil sie der Meinung sind, bei anderen gehe es ja noch viel schlimmer zu.

Noch stärker werden die handwerklichen Fehler dieser Sendungen hervorgehoben: Wichtigstes Prinzip der Erziehungsberatung ist heute die Ressourcenorientierung, d. h., Wissen und Kompetenzen der Eltern wie der Kinder sind Ausgangspunkt jeder Beratung. Beratung funktioniert auf Dauer nur mit, niemals jedoch gegen die Eltern. Der pädagogische und psychologische Experte hört zu, beobachtet, strukturiert und begleitet Veränderungsprozesse. Er tritt nicht – wie bei der «Super Nanny» – an die Stelle der Eltern.

Die ressourcenorientierte Beratung geht von wissenden Eltern und Kindern aus, sie baut auf Partizipation aller Beteiligten. Dieser Grundgedanke fehlt in den Erziehungssendungen. Ressourcenorientierte Beratung will Informationen über Erziehung, über kindliche Entwicklung vermitteln, will aufklären über das, was funktioniert oder eben auch nicht. Ressourcenorientierte Beratung begreift Eltern und Kinder als Experten, die in das Resultat dessen, was am Ende der Beratung stehen soll, mit einbezogen werden. Beratung bedeutet eben auch Aushandeln dessen, was möglich ist. Die «Super Nanny» dagegen diktiert, gibt von oben herab Anweisungen, ob sie nun passen oder nicht.

Kinder werden in den Prozess der Beratung kaum eingebunden. Auf Entwicklungs- und Altersbesonderheiten nimmt insbesondere die «Super Nanny» kaum Rücksicht. Sie hört nicht zu, Regeln werden oktroyiert. In einer Sendung hatte die «Super Nanny» Verhaltensregeln für das Kind aufgeschrieben – allerdings konnte die Fünfjährige noch gar nicht lesen.

Erziehung als die Anwendung von pädagogischen Techniken hat etwas mit Zurichtung und Unterwerfung, mit Brechen des kindlichen Willens zu tun. Dies lässt sich – bezogen auf die «Super Nanny» – anschaulich an der Anwendung des «stillen Stuhls» bzw. des «stillen Zimmers» zeigen, wie es in der Erziehungssendung ständig angeraten wird. Funktioniert ein Kind nicht so, wie man es erwartet, überschreitet es Regeln, kommt diese Methode sofort zum Einsatz, ohne dass sie dem Kind im Vorhinein erklärt wurde. Folgt es nicht den elterlichen Anweisungen, dann wird es – wie in einigen Sendungen zu sehen war – sogar mit körperlicher Gewalt entfernt.

Man hat der Sendung vorgeworfen, sie begünstige einen Trend zur autoritären Erziehung. Ich sehe das etwas anders: «Super Nanny» fördert eine Tendenz zum Machbarkeitswahn in der Pädagogik: Wir können alles, haben alles im Griff – und das überträgt man auch auf zwischenmenschliche Beziehungen. Uns fehlt der Humanismus von Pädagogen wie Pestalozzi oder Montessori. Ein indischer Philosoph hat einmal gesagt: Erziehung ist nicht Vorbereitung auf das Leben, Erziehung ist das Leben selbst. Gemeinsam mit dem Kind durch dick und dünn zu gehen halten viele nicht aus. Das ist auch nicht einfach, wenn man Kinder im Trotzalter oder in der Pubertät hat. Wer Kinder begleitet, ist im wunderschönen Sinne angestrengt. Doch von dieser Haltung ist in den Erziehungssendungen nichts zu sehen.

Über Disziplin, Disziplinierung und Selbst-Disziplin

Es gibt in der Pädagogik das Bild von den drei Lehrern: Da ist zunächst der Wissensvermittler, der Kinder als leere Krüge begreift und sie mit seinen Fähigkeiten und Fertigkeiten füllen will. Kinder sind in diesem Bild unfertige, unmündige, unwissende Wesen, die es zu (be-)lehren gilt.

Dann gibt es den Töpfer, der Kinder als einen ungestalteten, durch den Erwachsenen zu formenden Klumpen Lehm begreift.

Dabei hat der Erwachsene klare Vorstellungen darüber, wie die Form aussehen wird. Der Lehrer verlangt in diesem Bild Fügsamkeit, die mit Unterordnung, mit Verzicht und Einschränkung gleichzusetzen ist.

Der dritte Lehrer ist der Gärtner, der das zur Ausbildung bringt, was ein Kind an Anlagen, an Charakter und Temperament mitbringt. Ein Gärtner weiß oder spürt: Die eine Pflanze braucht mehr Wasser, eine andere würde daran ertrinken, eine Blume benötigt viel Sonne, die andere liebt den Schatten, ein Busch wächst ganz langsam, der andere treibt schnell aus; alle müssen in ihrem Wachsen – mal behutsam und sanft, mal fester und einschneidend – begleitet werden.

Zwar brauchen Kinder den Wissensvermittler, aber als Begleiter auf ihrem Weg ins Leben benötigen sie vor allem den Gärtner, der erkennt:

» Jedes Kind ist auf seine Art und Weise einzigartig und unvergleichbar.

» Bildung erwirbt man nicht allein durch vorgegebenen Lernstoff. Bildung hat mit Selbstbildung zu tun. Sie dient der Ausbildung von Autonomie und Eigenständigkeit, von Neugierde und Kreativität – und erzeugt damit Freude an selbsterbrachter Leistung.

» Lernen, den eigenen Lebensweg zu erkunden, hat mit einem steten Suchen zu tun. Selbständiges Lernen ist nicht allein von Erfolgserlebnissen begleitet. Mit Lernen verbindet sich auch Frustration, Enttäuschung, Aufschub von Bedürfnissen.

Kinder müssen lernen, Konflikte auszuhalten, sie alters- und entwicklungsangemessen zu lösen, aus Eigeninitiative selbstverantwortlich zu handeln, den Willen zu haben, aus eigener Kraft «gut» zu werden, die allgemeinverbindlichen Normen und Werte zu verinnerlichen – und nicht, weil sie durch Gehorsam und Disziplin darauf eingeschworen sind. «Kadavergehorsam» hat man das einst genannt. Freiheit und damit die Freiheit zur Verantwortung erwirbt man – so der Pädagoge Rolf Arnold – nicht durch Disziplin, sondern «Selbstdisziplin erwirbt man durch Freiheit». Und Selbstdisziplin heißt: Kinder nicht «gut» zu machen, sondern dass sie sich wünschen, «gut» zu sein. Dazu bedarf es festgelegter/vereinbarter Regeln, Rituale und Grenzen, die sich am Alter und an den Entwicklungsbesonderheiten des Kindes orientieren, die Erziehung als Begleitung ins Leben verstehen, die Heranwachsende von einer egozentrischen Sichtweise, wie sie für das Säuglings- und Kleinkindalter so kennzeichnend ist, an ein altruistischeres Handeln heranführen, das sich durch Helfen, Mitgefühl, Trösten und Teilen auszeichnet.

Doch in der Freiheit liegen auch Gefahren. Freiheit ohne Grenzen bringt für Kinder Angst und Unsicherheit mit sich: Je größer die Freiheit ist, desto eher entsteht das Gefühl, jederzeit und augenblicklich alles haben zu wollen und zu können. Entgrenzte Lebenswelten ziehen eine Offenheit nach sich, die von Kindern manchmal als Gleichgültigkeit, Beliebigkeit, Vernachlässigung, als Alleingelassensein erlebt wird. Gerade heute, da so vieles möglich und unmöglich ist, sind Verlässlichkeit und Verbindlichkeit in der Erziehung besonders wichtig. Dabei spielt das Annehmen des Kindes, so wie es ist, eine zentrale Rolle.

Wer sich allerdings ständig überlegen und klüger fühlt, der setzt Autorität mit körperlicher, geistiger, moralischer und intellektueller Höherwertigkeit gleich, der erhebt sich über das Kind. Und dann bekommt die erzieherische Beziehung eine negative Dimension von Macht, dann wird aus dem Einfordern und Vorleben von Disziplin eine Disziplinierung, die auf Gefolgschaften setzt, die Gehorsam als Selbstzweck missversteht. Solch eine Disziplinierung will Konformität, sie setzt Normen und Werte mit Zuckerbrot und Peitsche durch, an deren Ende nicht autonome, selbstbewusste Heranwachsende stehen, sondern graue Mäuse, die durch das Befolgen von Regeln Strafen vermeiden wollen.

Disziplin – ich betone es nochmals – erwächst aus der Freiheit. Die Verinnerlichung von Normen und Werten gründet auf deren Akzeptanz, setzt Teilhabe am pädagogischen Prozess voraus. Zur Disziplin, genauer: Selbstdisziplin, gehört, die Anforderungen des sozialen Miteinanders zu erfüllen, den anderen in seinem Recht auf Unversehrtheit zu achten und zu respektieren, moralische Standards umzusetzen, eigene Bedürfnisse zu befriedigen und «gut» für sich zu sorgen, aber auch Versagen, Niederlagen und Schuld bei Verfehlungen einzugestehen, Versuchungen zu widerstehen, aber sich klar zu werden, dass sie zum Leben gehören.

Kapitel 2

Ermutigung zur pädagogischen Unvollkommenheit

«Meine Mutter liest sehr viele Bücher über Erziehung, geht zu Vorträgen und Veranstaltungen wie dieser hier und kommt dann ganz aufgemischt wieder», vertraut mir der zwölfjährige Thorben auf einem Elternseminar an, zu dem auch Kinder eingeladen sind. «Und wenn Mama dann bei Ihnen war, probiert sie alles aus, was Sie gesagt haben! Manches ist wirklich gut. Darauf muss man erst mal kommen. Sie denken wie einer von uns!» – «Wie meinst du das?» Er lacht: «Na, wie ein Kind!» – «Und wie denkt das?» – «Ganz einfach und ein bisschen schlitzohrig!»

Aber er sei mir ständig einen Schritt voraus, erklärt er: Habe seine Mutter eine Lösung für einen seiner Tricks gefunden, hätte er schon was anderes auf Lager. «Und dann sehe ich richtig, wie sie denkt, was jetzt wohl Herr Rogge dazu sagen würde!» – «Und was wünschst du dir von deiner Mutter?» – «Ach», meint er nach kurzem Nachdenken, «die ist schwer in Ordnung. Ich mag sie. Aber sie soll nicht alles so ernst nehmen, so richtig machen wollen, mal was Unerwartetes machen, mal Blödsinn. Und mal lachen, wenn es nicht so klappt mit mir. Ich hab nun mal meine Macken. Gerade deshalb mag sie mich ja, sie sagt immer: ‹Du bist mein Schlitzohr.›»

Auf meine Bücher habe ich die vielfältigsten Reaktionen bekommen, auch viele Briefe von Kindern. Ihr Tenor war: Die Eltern seien im Prinzip in Ordnung, nur wollten sie immer alles richtig machen. «Mama und Papa sind wie eine ‹pädagogische Maschine›», schrieb mir die zwölfjährige Janina, «aber ich sorge dafür, dass sie ständig heiß läuft.»

Erwachsene können von Kindern lernen. Deren Verhalten ist spontan, intuitiv, anarchisch, manchmal chaotisch. Neuerdings orientiert sich pädagogisches Handeln zunehmend am Kind, achtet es aber gleichwohl nur reduziert: Kindliche Wünsche und Bedürfnisse werden ernst genommen, die Einhaltung von Kinderrechten angemahnt. Obwohl die Heranwachsenden als Subjekte wahrgenommen werden, bleiben sie zugleich Objekte pädagogischer Bemühungen. Kinder sind aber nicht nur Lehrlinge, sie sind auch Lehrmeister. **Kinder haben häufig einfache Mittel zur Hand, um komplizierte Situationen zu lösen.** Deren Gebrauch muss man sich von Kindern abschauen, dann hat man mit einem Mal Techniken zur Hand, mit denen verfahrene Situationen pragmatisch, schnell und unkompliziert gelöst werden können.

Kinder sind genaue Beobachter ihrer Eltern. Sie spüren deren vergebliche Versuche, fehlerfrei zu erziehen, alles im Griff zu haben. Nach meiner Beobachtung wollen Eltern ein Problem nicht nur lösen. Sie wollen es *perfekt* lösen. Manche streben den pädagogischen Oscar an und nehmen dabei fast jede Anstrengung in Kauf, suchen nach *dem* Rezept für ihr Problem und verwechseln dabei Kindererziehung mit Kochen.

«Sie sollten», rät mir eine Briefschreiberin, «bei der Neuauflage Ihrer Bücher ein Stichwortverzeichnis einbauen, z.B. ‹Aufräumen Seite 71 bis 75›. Dann kann man Ihre Bücher noch besser gebrauchen.»

In Gedanken stelle ich mir vor, wie diese Mutter dann meine Ratgeber benutzt: «Paul! Du hast schon wieder nicht aufgeräumt! Ich schlag jetzt nach und sage dir gleich, wie du aufzuräumen hast!» Das mag überspitzt klingen, umschreibt aber ein aktuelles Problem elterlicher Erziehung: den Perfektionismus, den zwanghaften Versuch, bloß keinen Fehler zu machen, hat man doch gelesen, das könne die Entwicklung des Kindes negativ beeinflussen. Die elfjährige Susan bemerkt dazu hintersinnig: «Mama will immer nur mein Gutes!» Mit fast ·philosophischer Weisheit fügt sie hinzu: «Und was bleibt dann für mich übrig?»

Kein Vater, keine Mutter können je hundertprozentig sein. Aber da sie solche Unvollkommenheit schlecht ertragen, suchen sie nach Sündenböcken für das alltägliche Scheitern – und die sind schnell und zahlreich zur Hand: die Politik, die Gesellschaft, die Schule, die Lehrer, der Kindergarten, die Erzieherinnen. Und können diese nicht als Sündenböcke herangezogen werden, weil sie den Heranwachsenden förderliche Rahmenbedingungen bieten, bleibt immer noch jemand übrig: das Kind, das den Eltern jeden Tag den Spiegel vorhält, in dem sie die eigenen Mängel erblicken. Und je perfekter die Eltern sein wollen, umso unerbittlicher hält ihnen das Kind den Spiegel vor. Eltern halten diese Konfrontation oft nicht aus, und so projizieren sie eigene Fehler auf die Kinder nach dem Motto: «Wenn du dich besser verhalten würdest, müsste ich dich nicht anschreien, bestrafen, reglementieren.»

Statt nach einem nicht zu erreichenden Perfektionismus zu streben, käme es vielmehr auf den Mut zur Unvollkommenheit an, denn Unvollkommenheit ist menschlich. «Ich bin unvollkommen, also bin ich», sagen die amerikanischen Autoren Howarth und Tras. Unvollkommenheit ermutigt, etwas Neues auszuprobieren, etwas Überraschendes zu machen. Unvollkommenheit macht unverwechselbar, zeigt Kindern, wie Eltern an sich arbeiten, sich entwickeln. Eltern sollten ihre Schwächen und Fehler akzeptieren, zumal andere Menschen sie gerade wegen dieser Eigenschaften mögen. Der schmerzhafte Abschied vom Perfektionismus bringt gleichzeitig die entlastende Einsicht, dass Erziehung kein planbarer Prozess ist. Kinder lassen sich nicht nach dem Motto erziehen, dass einfach *jedes Kind* schlafen, Regeln lernen oder sauber werden *könne*.

Der 14-jährige Tom fragt seine Mutter, warum sie partout zu einem Vortrag über Pubertät wolle. «Du hörst dir das ja doch nur an, und es ändert sich nichts!», bemerkt er. In den folgenden Tagen fragt er nicht nach der Veranstaltung. Nach etwa drei Wochen meint er zu seiner Mutter beim Mittagessen, dass sich der Vortrag für sie und ihn ja doch gelohnt habe. Auf das erstaunte «Warum?» der Mutter antwortet er fast beiläufig: «Du fragst nicht mehr nach den Hausaufgaben, seit du dort warst!» Auf das etwas forsche «Tja, ich lerne eben doch noch dazu!» erwidert Tom: «Aber warum musstest du denn erst dahin? Ich hab dir genau das doch schon häufig gesagt!»

Mal abgesehen davon, dass Eltern pädagogische Autoritäten brauchen und den Weisheiten des Nachwuchses wenig Glauben schenken, macht die Situation deutlich, was der amerikanische Therapeut de Shazer «den Unterschied, der den Unterschied macht» genannt hat. Wenn Eltern das immer wieder Gleiche unendlich wiederholen, dann besteht für Kinder kein Grund, etwas zu ändern. Aber sie reagieren, wenn ihre Eltern anders handeln als gewohnt.

Erziehungsprozesse verlaufen nach bestimmten Regeln, die aber jederzeit in unüberschaubare Situationen umschlagen können. Wer Kinder erzieht, der muss sich von der Idee verabschieden, alles sei pädagogisch machbar. Die Beziehungen zwischen Eltern und Kindern sind von Regeln und Chaos gleichermaßen geprägt. Relativierende Faktoren sind sowohl kulturelle, soziale oder politische Rahmenbedingungen als auch genetisch bedingte Persönlichkeitsmerkmale des Kindes. Für Eltern heißt das, das Chaos anzunehmen, es ansatzweise zu beherrschen und damit leben zu lernen.

Das Leben mit Kindern ist voll von Spontaneität, die Intuition erfordert. Da jedes Kind, jedes Familienleben einmalig ist, bietet jeder Tag etwas Neues, Überraschendes. Manchmal wirken pädagogische Rezepte, ohne dass man weiß, warum. Ein anderes Mal, und beim selben Rezept, kochen die Wogen hoch, obwohl alle Zutaten stimmten. Nochmals: Erziehung ist eine gestaltende Kraft, der eine Ordnung innewohnt. Aber nicht immer weiß man, wie diese Ordnung funktioniert, warum pädagogische Maßnahmen bei dem einen Kind Früchte tragen, beim anderen nicht! Diese Art Ordnung ist mithin nur das halbe Leben, die andere Hälfte ist das Chaos. Und so, wie man lernt, Ordnung zu akzeptieren, so kann man lernen, sich mit dem Chaos zu arrangieren. Das macht möglicherweise Angst, aber wer solche Unsicherheiten aushält, wer akzeptiert, dass Unvollkommenheit zum Leben und zur Erziehung gehört, der hat den Kopf frei, sich auf Neues einzulassen.

Erziehung ist Beziehung, oder:
Eltern brauchen Wurzeln, Kinder Flügel

«Ich weiß immer nicht», so beginnt die Mutter des fünfjährigen Arne das Gespräch, «ob das, was ich mache, auch richtig ist, ob ich damit auch Erfolg habe.»

«Man ist», fährt der Vater des sechsjährigen Mike fort, «doch wirklich unsicher, was die Erziehung anbetrifft. Man schwimmt und schwimmt.» Er denkt nach: «Aber vielleicht ist es ja genau der Punkt, dass du diese Unsicherheit auch aushalten musst, auch aushalten lernst, und dass du es dann irgendwann auch aushältst!»

«Man spricht ständig davon», so eine andere Mutter, «Eltern sollen Wurzeln sein, den Kindern Halt geben. Aber wenn man selber nicht genau spürt, was der Halt ist, wie man das anstellt, das gibt einem nicht gerade die große Sicherheit!»

Diese Väter und Mütter beschreiben ein grundsätzliches Dilemma: Einerseits soll man Vorbild sein, Werte und Normen vermitteln, das Kind ins Leben begleiten, andererseits fehlt aber der Kompass, der den rechten Weg weist. Aber diesen Weg gibt es nicht.

Es ist eine fixe Idee, dass eine perfekte Erziehung das perfekte Kind mit Gütesiegel produziert, aus einer verfehlten Erziehung das problematische, auffällige und gestörte Kind resultiert. Erzieherisch verantwortliches Handeln stellt sich nicht als letztlich bis ins Detail planbare Aktivität dar. Aus ihm kann anderes hervorgehen, als man wollte oder sich in den kühnsten Träumen vorstellte. Erzieherisch verantwortliches Handeln hat mit Aushalten dieser Unsicherheit zu tun. Dies bedeutet nicht ein resignatives Eingeständnis, es ist die Einsicht, dass die Wirkung von Erziehung – so der Pädagoge Rolf Arnold – ungesichert bleiben muss. Wer sich Hoffnungen über die Wirksamkeit seiner erzieherischen Absichten macht, der wird häufig enttäuscht.

Man kann nicht nicht erziehen: Zweifelsohne beeinflussen Erziehungsprozesse Kinder. Aber warum manche Handlungen positive Ergebnisse zeitigen, das kann zufällig sein, kann mehr mit dem Kind, seiner Innenwelt, seinem Charakter, seinem Temperament zu tun haben als mit den pädagogischen Eingriffen.

Kinder kommen nicht als unbeschriebene Blätter auf diese Welt, und die Aufgabe von Erziehung besteht nicht darin, die unbeschriebenen Blätter nach elterlichen Vorstellungen zu beschreiben. Und immer dann, wenn ihnen ein Skript nicht passt, es durch ein neues zu ersetzen – das Buch des Lebens eines Kindes so lange zu verändern, bis es den Vätern und den Müttern passt. Kinder kommen als einzigartige, unvergleichliche Persönlichkeiten auf die Welt, die nicht ununterbrochen an anderen Kindern gemessen werden wollen.

Und hier ist der Ansatz für erzieherisches Handeln: Erziehung ist Beziehung, man kann nur erziehen, wenn man in Beziehung tritt – und dies stellt sich in jeder Entwicklungsphase des Heranwachsenden unterschiedlich dar. Erziehung ist somit auch Begleitung. Begleitung heißt nicht, einem Kind das Tempo vorzuschreiben. Begleitung meint, sich nach jenem Tempo zu richten, das ein Kind in die Welt bringt – mal Schnecke, mal ICE. Und auch die Entwicklung eines Kindes ist durch ein Gemenge aus Fortschritt, Stillstand und Rückschritt gekennzeichnet.

Es gibt deshalb keine absolut «richtigen» pädagogischen Maßnahmen, es gibt nur solche, die für das einzelne Kind, für seine Persönlichkeit passen. Es sind drei zentrale Aspekte, die eine Beziehung zum Kind ausmachen:

» Sich in das Kind hineinfühlen, vom Kind aus denken lernen, seine Wertvorstellungen und Interessen verstehen lernen, doch zugleich nicht Verständnis mit Akzeptanz aller kindlichen Wünsche und Verhaltensweisen verwechseln. Dort, wo elterliche Erziehungsverantwortung erforderlich ist, muss sie wahrgenommen und müssen den Kindern Erziehungsziele und -vorstellungen erläutert werden.

» An Ressourcen des Kindes anknüpfen, also an jene Fähigkeiten, die ein Kind hat, den Fokus seiner Aufmerksamkeit auf das zu legen, was es kann, und nicht auf seine Schwächen, nicht auf das, was es (noch) nicht weiß.

» Sich auf das Kind einlassen, authentisch und zuverlässig sein, meint auch, nicht nur für das Kind da zu sein. Wer in der Erziehung aufgeht, der wird von Heranwachsenden nicht als eigene Persönlichkeit ernst genommen. Erziehung ist Vorbild. Kinder schauen auf ihre Eltern, orientieren sich an ihnen, lernen durch Beobachtung. Nicht das, was Vater und Mutter sagen, prägt sie, sondern was sie tun, wie sie handeln. **Kindern ist es deshalb wichtig, dass sie keinen Widerspruch zwischen Wort und Tat spüren.** Jedes Kind – so hat es der amerikanische Sozialpsychologe Uri Bronfenbrenner einmal ausgedrückt – braucht einen Erwachsenen, egal ob Eltern, Großeltern, Tante oder Onkel, an den es «irrational-emotional gebunden» ist, dem es bedingungslos vertraut.

Mühselig sei eine «gute Erziehung» des Kindes, das gebe er zu, schrieb einst der niederländische Philosoph Erasmus von Rotterdam. Dabei dürften einige erzieherische Maßnahmen für die

Entwicklung von Kindern zu einer eigenständigen, autonomen, lebensbejahenden und mitfühlenden Persönlichkeit unverzichtbar sein.

» Kinder brauchen in Abhängigkeit vom Lebensalter Aufmerksamkeit, Interesse, Fürsorge, Unterstützung und Achtung. So gibt Geborgenheit dem Säugling das Gefühl von Sicherheit, während es vom Kleinkindalter an darum geht, Autonomie und Eigenständigkeit zu gewähren. Später lösen sich die Kinder allmählich aus den Armen der Eltern, und die Freunde werden wichtiger, ohne dass damit die Bedeutung der Eltern in Frage gestellt wird.

» Kinder brauchen den Körperkontakt. Aber die Bedeutung des Körperkontakts verändert sich ebenfalls mit der Entwicklung. Während Säugling oder Kleinkind gehalten werden wollen, lehnen manche Kinder im Grundschulalter einen zu engen Kontakt ab, wollen selber entscheiden, wann sie diese Nähe brauchen.

» Kinder haben das Recht auf Eigen-Sinn: auf eigene Aktivität, die Neugierde und Durchsetzungsfähigkeit ausbilden; auf eigene Kompetenzen, will jedes Kind doch etwas leisten und sich an den selbsterbrachten Ergebnissen erfreuen; auf eigene Gefühle, um Angst und Aggression auszudrücken und Frustrationen auszuhalten; auf einen eigenen Willen, um die Unabhängigkeit von den Eltern zu proklamieren; auf eine eigene Intimsphäre, auf Raum und Zeit für Phantasien und Träume, um mit sich und der Welt, unbeobachtet von anderen, klarzukommen.

» Nicht zu vergessen sind jene Normen und Werte, die für das zwischenmenschliche Zusammenleben so unverzichtbar sind: Achtung und Respekt vor anderen Menschen, Aufrichtigkeit und Mitgefühl, Freundlichkeit und Höflichkeit, Umgangsformen und soziale Kompetenzen, Verantwortungs- und Selbstbewusstsein. Die Vermittlung von Normen und

Werten ist freilich ein widersprüchlicher Prozess, der durch Entwicklungs- und Altersbesonderheiten mitbestimmt wird. Doch auch hier gilt: Der Weg ist das Ziel.

Wenn man über erzieherische Maßnahmen nachdenkt und deren Begrenztheit sieht, dürfen zwei wichtige Aspekte nicht außer Acht gelassen werden:

» Kinder erziehen sich auch selbst. Sie schauen, ahmen nach, setzen um – und das immer und immer aufs Neue. Deshalb ist eine anregende Umwelt für das Kind so wichtig, die es dem Kind ermöglicht, Abläufe zu wiederholen, um so Fähigkeiten und Fertigkeiten durch Wiederholungen zu verfestigen. Erzieherische Handlungen geben Anstöße, die das Kind umsetzt. Nicht der Erziehende kann das Kind verändern. Dies kann nur das Kind selbst. Bildung ist deshalb zugleich Selbstbildung: Das Subjekt nimmt Angebote auf, entwickelt seine Kräfte und Kompetenzen selbsttätig. Es geht mithin nicht um Belehrung, sondern darum, dem Kind Anregung zu geben. «Jedes Kind nimmt die Wirklichkeit nur über die eigenen Sinne wahr», so der Pädagoge Otto Speck, «und baut sie in sich über seine eigene Dynamik und Struktur Stück für Stück auf.»

» Von der Begleitung der Kinder ins Leben profitieren beide, Eltern wie Kinder, nicht im Sinne einer Perfektionierung oder Planbarkeit der Erziehung, vielmehr dahin gehend: Kinder lernen von den Eltern, Eltern von den Kindern. Erziehung ist nur dann anstrengend, wenn sie als Einwegkommunikation verstanden wird. Wird Erziehung aber in ihrer Gegenseitigkeit begriffen, dann bekommt sie eine Leichtigkeit. Vor allem dann, wenn Eltern ihre Kinder als geduldige Lehrmeister sehen, von denen sie viel lernen können: authentisch sein, nicht aufgeben, mitfühlen können, eigene Bedürfnisse artikulieren, gut für sich sorgen.

Erziehung ist Begleitung ins Leben, oder:
Über Grenzen und Grenzüberschreitungen

Vom Beißen und Schubsen

«Ich mag mit meinem Paul, der ist zwei, schon nirgendwo mehr hingehen», erzählt Svenja Müller. «Wenn ich auf den Spielplatz komme, höre ich schon von weitem die Mütter rufen: ‹Passt auf! Da kommt Paul, Paul der Beißer!›» Sie schmunzelt: «Ich glaub, wenn mein Paul das hört, nimmt der das als Aufforderung, ganz nach dem Motto: ‹Das könnt ihr haben!›»

«Aber warum?», so fragt Petra Schober, «können die Kinder denn nicht schön spielen, sich vertragen? Warum müssen sie sich schubsen, kratzen, wehtun, so lange, bis ein Kind weint?»

Ich erzähle dazu eine kleine Geschichte: Stellen Sie sich zwei Kinder vor, nennen wir sie Jan und Ole, zweieinhalb Jahre. Sie spielen in der Sandkiste, werfen einen Blick auf eine Schaufel, die jeder dringend benötigt, um seine Burg fertigzustellen. Ole will sie nehmen, sieht Jan ankommen, reicht die Schaufel lächelnd mit den Worten: «Du kannst sie haben!» Und Jan antwortet ganz leise: «Danke, Ole! Morgen darfst du sie als Erster haben! Versprochen!»

Petra Schober bricht in Lachen aus, als sie das hört: «Also, wenn ich das erleben würde, dann würde ich mit ihm sofort zum Psychologen gehen.»

Kinder zwischen eineinhalb und drei Jahren können noch nicht «Nein!» sagen, wenn ihnen etwas in die Quere kommt – ihnen fällt es schwer, sprachlich Grenzen zu setzen. Dies vollziehen sie vielmehr handgreiflich, mit nicht immer sozialverträglichen Mitteln: Die einen schubsen, die anderen spucken, die dritten kratzen, die vierten schlagen, und schließlich gibt es Kinder, die beißen. Solche Verhaltensweisen hören meist auf, wenn das Kind sich sprachlich verständlich machen kann.

«Aber wie soll ich mich denn verhalten, wenn mein Kind ein anderes schlägt, um etwas zu bekommen?», will eine Mutter wissen. Man kann mit dem Kind in Ruhe später darüber reden, wie es an das Spielzeug kommt, ohne zu schlagen: «Vielleicht fragst du das andere Kind?» Sätze wie «Du willst doch auch nicht, dass dir wehgetan wird?» sind wenig hilfreich. Nicht zu empfehlen sind auch Aufforderungen zur Selbstjustiz, wie «Wehr dich!» oder «Hau zurück!».

Konstruktiver ist es, mit dem Kind darüber zu reden, wie es sich behaupten kann, wenn ein anderes Kind körperliche Gewalt anwendet, um sein Ziel zu erreichen. Sätze wie «Nein!», «Hör auf!», «Ich möchte das nicht!» oder «Ich will das nicht!» können einem Kind dabei helfen.

Ähnliches gilt für den Umgang mit dem «Beißen». Beißen erfolgt meist aus einem Reflex heraus, ist also im Kleinkindalter nicht rational gesteuert. Statt dem Kind ständig vorzuhalten, es dürfe nicht beißen, ist es besser, ihm einen Beißknochen aus Plastik oder einen anderen Gegenstand zu geben, in den es, wenn es wütend ist, hineinbeißen kann. Da das Beißen – wie gesagt – einem Reflex unterliegt, wird das Kind Aufforderungen wie «Du darfst nicht beißen!» oder «Du sollst doch nicht beißen!» kaum befolgen. Pragmatisch ist ein Satz wie: «Wenn du wütend bist, dann beiß in deinen Knochen!» Damit fühlt sich das Kind in seinen aggressiven Persönlichkeitsanteilen angenommen, zugleich wird die Attacke so umgelenkt, dass sie anderen nicht schadet.

Wenn jüngere Kinder aufeinander losgehen und Verletzungsgefahr besteht, ist gleichgültiges Gewährenlassen genauso wenig angesagt wie eine lautstarke, pädagogisch korrekte Intervention, die weniger auf das Kind abzielt, als vielmehr den anderen Erwachsenen erzieherische Kompetenz demonstrieren soll.

Vier Strategien haben sich bewährt im Umgang mit dem Kratzen, Schubsen und Beißen – verhindern kann man diese wenig sozialen Handlungsmuster jüngerer Kinder sowieso nicht.

» Auch wenn Sie gefühlsmäßig geladen sind, vermeiden Sie es, das Kind anzuschreien, denn das führt eher zu einer Trotzreaktion beim Kind.

» Sprechen Sie mögliche impulsive Reaktionen Ihres Kindes im Vorhinein kurz an! Sollten Sie bemerken, dass Ihr Kind sich in der Sandkiste oder auf dem Spielplatz nicht an die vereinbarten Regeln hält, holen Sie es kurz aus dem Spiel heraus. Solch eine Auszeit, die natürlich vorher vereinbart sein muss, kann eine Eskalation verhindern.

» Vermeiden Sie es, Ihr Kind vor anderen Kindern zu demütigen, indem Sie es mit lauten Worten zurechtweisen. Das führt nur zu einem entwürdigenden Machtkampf.

» Vereinbaren Sie ein «Zauberwort», dessen Bedeutung nur Sie und Ihr Kind kennen. So vermeiden Sie es, ständig den Namen Ihres Kindes oder «Nein!» rufen zu müssen. Fällt das Zauberwort, so ist das ein Hinweis an das Kind, Regeln und Absprachen zu beachten.

Schimpfwörter

«Arschgeige!» Dieses Wort hatte Robin noch nicht gehört. Er war erst seit ein paar Wochen im Kindergarten mit seinen knapp vier Jahren. Gelernt hatte er schon einiges – und nun diese Wortschöpfung. Da hatte doch der zwei Jahre ältere Patrick, sein großes Vorbild, zum Boss der anderen Clique, dem Björn, ganz lässig «Arschgeige!» gesagt. «Selber eine!», hatte Björn kühl geantwortet.

Das Wort ging Robin nicht aus dem Sinn.

«Arsch», das kannte er schon von Papa beim Autofahren, worauf seine Mutter immer ein empörtes «Hans-Georg!» ausstieß; das Wort «Geige» von seiner Schwester, die den Violinunterricht besuchte und deshalb ständig Ärger hatte, weil sie nicht üben wollte. Aber «Arschgeige»!

Zu Hause stellte er sich freundlich vor seine Mutter.

«Hallo, mein Schatz», sagte die Mutter. – «Hallo, Arschgeige!», entgegnete Robin, die Mutter genau fixierend.

«Woher hast du das Wort?» Robins Mutter war blass geworden, ihre Stimme hatte einen schrillen Klang.

Robin, beide Hände tief in den Hosentaschen, antwortete ganz cool: «Aus'm Kindergarten!» Kurze Pause. «Sagen die da alle!» – «Wie bitte?», ruft die Mutter empört aus. «Alle?» – Robin nickt bestätigend.

«Da ruf ich jetzt sofort an! Das ist ja wohl die Höhe! Wofür zahl ich eigentlich? Wo kommen wir denn da hin?»

Während sie aufspringt und zum Telefon läuft, grinst Robin in sich hinein. Nachher kommt Oma, mal sehen, wie die reagiert, wenn ich so ein Wort sage ...

Etwas später. Oma betritt die Szenerie.

«Hallo, Robin», ruft sie fröhlich. – «Hallo, du Arschgeige», antwortet er grinsend.

«Robin, jetzt hör auf damit», greift die Mutter ein. «Das Schimpfwort hat er im Kindergarten gelernt!», erklärt sie ihrer Mutter.

«Was für ein Wort?», fragt Robin. – «Du weißt schon», schimpft die Mutter. «Jetzt ist aber Schluss! Sofort Schluss!»

«Warum?», hakt Robin nach. – «Das sagt man nicht! Ich sag's nicht zu dir. Und ich will nicht, dass du es zu mir sagst!»

«Kannst es ruhig sagen», lacht Robin. «Robin, Arschgeige!» Er verdreht genussvoll die Augen. Die Großmutter kann ein Lachen kaum unterdrücken.

«Komm, zeig mir dein neues Buch», wendet sie sich an den Enkel und nimmt ihn bei der Hand. Beide verschwinden im Kinderzimmer. Robin kuschelt sich auf den Schoß seiner Oma, die mit ihm ein Bilderbuch durchblättert. Zwischendurch streichelt er sie. Nach einiger Zeit sieht die Großmutter ihren Enkel an: «Du, Robin, ich bin keine Arschgeige!»

Er schaut sie überrascht an. Robin überlegt kurz. Dann gibt er seiner Großmutter einen dicken Kuss: «Du bist keine Arschgeige, du bist meine alte Geige.» – Robins Oma prustet los: «Aber eine ganz alte ...»

Als sie das Zimmer gemeinsam verlassen, spricht er ganz laut, als er seine Mutter sieht: «Hallo, Oma, du A...!» – «Robin, noch einmal, hörst du?», spricht sie mit energischem Unterton. «Noch einmal, hast du mich verstanden?»

Er streichelt seine Oma: «Du bist meine alte Geige, nicht?» – Großmutter nickt. Die Mutter bleibt mit offenem Mund, kopfschüttelnd stehen. Sie versteht die Welt nicht mehr. Und auf dem Weg zum Wohnzimmer hört sie, wie Robin summt: «Arschgeige ..., Geigenarsch ..., Geigenbeige ..., Arschibeige ..., Beigiarschi ...» Der Rest geht in Robins Gelächter unter.

Kraftausdrücke faszinieren Kinder, mit ihnen und über sie testen sie Grenzen, die Gültigkeit von Normen und Werten aus. In Kraftausdrücken und Schimpfwörtern spiegeln sich aber auch das Unmoralische und das Anarchische kindlicher Phantasien. Über Wortspiele, über den Klang von Wörtern drücken sich Kinder aus. Die Bedeutung von Kraftausdrücken, von Schimpfwörtern und Verballhornungen erschließt sich Kindern, wenn sie sie in verschiedenen Zusammenhängen benutzen und die Reaktion ihrer Umgebung erleben.

Jüngere Kinder nehmen Sprachspiele, das Ordinäre der Sprache, aber auch verbale Aggressionen überall wahr – natürlich auch im Kindergarten. Hier hören sie die entsprechenden Ausdrücke, erfahren durch Beobachtung deren Wirkung. Sie kennen aber nicht immer deren wirkliche Bedeutung, sind es doch meist ältere Kinder, die eine Art Vorreiterrolle einnehmen.

Jüngere Kinder übernehmen – nicht: imitieren! – die aufgeschnappten Wörter, stellen sie in einen ihnen vertrauten, deshalb meist familiären oder geschwisterlichen Zusammenhang und beobachten die Wirkung ihrer Worte. Je heftiger die Reaktionen der Erwachsenen, umso mehr ahnen Kinder, einen «Volltreffer» gelandet zu haben. Und jedes Kind wird versuchen, diesen «Volltreffer» zu wiederholen.

Zurück zur eingangs geschilderten Situation. Robins Mutter hat einige Aspekte übersehen, die es ihr erleichtert hätten, mit den Schimpfwörtern ihres Sohnes umzugehen:

» Hört man als Erwachsener einen bestimmten Kraftausdruck das erste oder zweite Mal, *überhört* man ihn am besten. Ganz im Sinne des Modell-Lernens kann dies auf Seiten des Kindes zur Überlegung führen: Was woanders gewirkt hat, kommt bei meinen Eltern oder zu Hause offensichtlich nicht an. Sie sollten auch nicht fragen: «Woher hast du das?»; damit bringen Sie Kinder schnell in eine Verteidigungsposition und dazu, anderen die Schuld zu geben.

» Hat das Überhören keinen Erfolg, sollten Sie *handeln*. Wer auch dann ignoriert, dass das Kind solche Ausdrücke weiter verwendet, sie womöglich intensiviert, erreicht genau das Gegenteil. Das Kind muss geradezu mit seinen Regelverletzungen fortfahren, bis der scheinbar gleichgültige Erwachsene endlich reagiert und Grenzen setzt.

» Von erheblicher Bedeutung ist die Art und Weise, wie Sie solche Grenzen artikulieren. Indem Robins Mutter auf der «Man-Ebene» argumentiert, überfordert sie ihren Sohn. Genau so, wie er in seinem Alter noch nicht in der Lage ist, sich in andere einzufühlen. Deshalb verpufft der Satz «Ich sag das doch auch nicht zu dir!» und wendet sich ins Gegenteil. Angemessener und für Robin begreiflicher, weil nachvollziehbar, wäre ein Satz gewesen wie: «Ich möchte/will das nicht hören!» Oder: «Ich bin keine Arschgeige!» Auf Robins mögliche «Warum»-Frage brauchen keine langatmigen Erklärungen zu folgen. Das Kind wünscht eindeutige und kurze Antworten, in denen sich die Haltung des Erwachsenen *authentisch artikuliert*. Robins Mutter fühlt sich verletzt, also muss sie diesen Gefühlen auch Ausdruck verleihen und darf sie nicht durch «verkopfte» Antworten rationalisieren. Eine Antwort wie «Robin, ich fühle mich verletzt!» oder «Arschgeige verletzt mich! Ich mag das Wort nicht!» ist dann ausreichend, wenn das Kind das Wahrhaftige der Antwort *spürt.*

«Und wenn Robin immer noch auf einem ‹Warum› besteht?», fragte seine Mutter. – «Dann geben Sie zwei- oder dreimal Ihre Antwort. Und dies fest und ganz freundlich. Mehr aber nicht», antwortete ich.

» Wichtig ist schließlich: Robin wird bezüglich seiner Wortwahl, nicht jedoch als Person – etwa «Du bist böse, weil du das sagst!», «Du bist frech, wenn du das sagst!» – kritisiert. Robin muss erfahren, alle Persönlichkeitsanteile, eben auch die grenzüberschreitenden, austesten zu dürfen. Dann kann er es aushalten, wenn er Grenzen spürt und Konsequenzen erfährt.

Ganz anders geht die Großmutter mit der Situation um. Sie praktiziert sehr anschaulich das Auszeitverfahren: Zunächst überhört sie Robins «Ansprache», lässt ihn ins Leere laufen. Aber als sich die Situation beruhigt hat, kommt sie nochmals auf den Kraftausdruck zurück, stellt kurz und knapp dar, was Robin mit dem Wort bei ihr bewirkt hat. Und sie formuliert auch, was sie sich wünscht. Die Großmutter lässt sich somit Zeit und gibt Robin damit Gelegenheit, seine Wortwahl zu überdenken und – darauf kommt es an – zu verändern. Sie legt hier eine Souveränität an den Tag, die Erwachsenen häufig im Umgang mit Kraftausdrücken abgeht.

Das Auszeitverfahren hat unbestreitbare Vorteile: In der ersten Phase wird die Grenzüberschreitung ignoriert, in einer zweiten Phase deutlich angesprochen – aber so, dass eine Regelüberschreitung zukünftig begrenzt, verhindert oder gar unmöglich gemacht wird.

Eine weitere Möglichkeit, mit Schimpfwörtern umzugehen, sie für Kinder erfahrbar zu machen und sie zugleich zu begrenzen, ist die Einführung von klar definierten und ritualisierten Ausnahmen.

In einer Kindertagesstätte entwickelte sich ein beliebtes Spiel, das die Kinder erfreute, die Erzieherinnen jedoch «auf die Palme brachte». Die ältesten Kinder warfen «mit den hässlichsten Wörtern nur so um sich», wie Gerda Albert, die Leiterin, beobachtete. Nicht das Kindergartenteam war Zielscheibe der sprachlichen Aggressionen, sondern die Kinder, vor allem die kleineren. Aber auch die, so Frau Albert, hätten es schnell gelernt, sich zu behaupten: «Die schreien jetzt zurück. Zwar nicht ganz so schlimm ... Aber immerhin. Das Tollste ist», sie schüttelt den Kopf, «wenn wir Erzieherinnen dabeistehen, sagt der eine: ‹Du Arschloch›, bewegt dabei aber nur die Lippen. Und dann erwidert der andere: ‹Pissnelke!›, auch unhörbar. ‹Sei ruhig›, habe ich verzweifelt gemeint. Und da sagen die Kinder doch glatt: ‹Wir sagen doch gar nichts!› Stimmte ja auch, die haben ja auch nichts gesagt. Die haben mit unserer ... nein, mit meiner Verzweiflung gespielt.»

Da sich die Kinder von ihren Erzieherinnen mit der «Fäkalsprache» nicht angenommen fühlten und deren Reaktionen als unangemessen empfanden, traten sie in einen Machtkampf ein. Ich machte Gerda Albert den Vorschlag, die komplizierte Situation durch ein Ritual zu entschärfen. «Machen Sie ein Spiel mit Schweineworten», riet ich ihr. «Legen Sie eine Zeit fest, einen Raum. Dann können Kinder alles ausdrücken, was sie wollen. In der übrigen Zeit sind die Kraftausdrücke allerdings untersagt.»

«Aber macht das nicht erst richtig aggressiv? Werden nicht auch die Kinder animiert, die jetzt still sind?», fragte sie ängstlich.

«Dann vereinbaren Sie eine freiwillige Teilnahme an diesem Spiel!»

«Und wenn einige Kinder außerhalb dieser Zeit immer noch solche Wörter sagen?», wollte sie es genau wissen.

«Dieses Kind möchte Sie möglicherweise provozieren, steht mit Ihnen in einem Machtkampf. Dann geht es nicht um die Kraftausdrücke, sondern um Beziehung, die es über seine Schimpfwörter bekommt. Hier sind andere Fragen notwendig: Welchen Sinn hat die Störung? Oder: Habe ich das Kind eine Zeit lang übersehen? Oder: Wie kann das Kind durch positive Aktionen meine Aufmerksamkeit gewinnen?»

Die Erzieherin schlug den Kindern eine begrenzte «Schweinewortzeit» vor, machte aber gleichzeitig deutlich: Die übrige Zeit ist dann «schweinewortfrei». Dies gelte insbesondere beim Essen und für den Stuhlkreis. Während sie dies sagte, schaute sie alle Kinder der Reihe nach und mit festem Blick an. Alle waren – sehr zur Verwunderung des Teams – einverstanden.

Man verabredet eine Zeit: am Vormittag gegen zehn Uhr, ein Zeitlimit: fünfzehn Minuten, und eine – wie die Kinder sie nennen – «Schweineecke». Die Leiterin stellt zu Beginn des Rituals ein rosarotes Plastikschwein auf, gibt das Startzeichen. Das Spiel geht los. «Die kannten gar nicht so viele Wörter, wie ich befürchtete. Gut, ‹Arschloch› kam, ‹Pisser›, ‹blöde Kuh› … aber nach kurzer Zeit war's ein Spiel mit Wörtern: ‹Kacker …, Kackarsch …, Kackwurst …, Wurstkacke …, Wurstknacke …, Knackheini …, Heidelbeere …, Schneidelbeere› … So ging es weiter, bis die Zeit um war. Die Kinder hatten großen Spaß. Sie lachten, schrien sich an, freuten sich. Nach einer Viertelstunde, meistens schon vorher, ging ihnen die Luft aus. Die waren richtig erschöpft.»

Von ganz wenigen Ausnahmen abgesehen hörten die Auseinandersetzungen um die Schimpfwörter auf. «Da reichte es, wenn mal einem Kind wieder der Gaul durchging, zu sagen, nachher geht's in der Ecke weiter. Es war einverstanden.» Mit diesem Ritual konnten die Kinder ihren Dampf ablassen.

Grenzüberschreitungen mittels Sprache sind Versuche der Orientierung, der Reibung an bestehenden Normen und Werten. Sie sind aus der Sicht von Kindern häufig spielerisch-lustvolle Schritte, aus der Perspektive der Erwachsenen bedeuten sie Stress. Die Einführung von ritualisierten Ausnahmen im Spiel verspricht aber Lösungen: Sie signalisieren dem Kind Verständnis für grenzüberschreitende Aktionen. «Du bist o. k., auch wenn du das sagst», bedeutet das Annehmen jener Anteile einer Persönlichkeit, mit der Erwachsene ihre Schwierigkeiten haben. Aber diese Schwierigkeiten beziehen sich auf den kritisierten Sachverhalt, eben die Kraftausdrücke, nicht auf die Person. So kann eine Erziehungsbeziehung hergestellt werden, die Belastungen aushält.

Verständnis für eine Sache darf aber keineswegs mit deren Akzeptanz verwechselt werden.

Während man vorher vielfältige Möglichkeiten hat, auf die Kraftausdrücke der Kinder zu reagieren, stellt sich die Situation ab dem sechsten, siebten Lebensjahr doch grundsätzlich anders dar. Zwar empfiehlt sich auch hier die Methode der Auszeit, doch hat sie ihre Grenzen. Stellen Schimpfwörter im Kindergartenalter häufig spielerisch-provokative Grenzüberschreitungen dar, berühren und verletzen Kraftausdrücke danach die Erziehungsbeziehung von Eltern und Kindern nachhaltig. Werden Beleidigungen ignoriert, führt das zu Hilflosigkeit und Hass bei allen Beteiligten.

Eine Mutter erzählt auf einer Elternveranstaltung: «Meine Tochter ist schlimm.» Nina ist zehn Jahre, besucht die letzte Klasse einer Grundschule. «Sie ist», wie der Vater ergänzt, «ein Wunschkind. Wir tun alles für unsere Tochter, sind immer für sie da.»

«Was ist schlimm an Ihrer Tochter?», will ich wissen.

Die Mutter klagt: «Es wird immer schlimmer, von Tag zu Tag. Sie macht mit uns, was sie will.»

Der Mann ergänzt: «Gestern hat sie mich geschlagen ... aus heiterem Himmel. Ins Gesicht. Hier, sehen Sie.» Er weist auf einen blauen Fleck am Hals hin. Die Mutter erklärt: «Nur weil er nicht mit ihr spielen wollte ... zack, zack!» Er macht den Schlag der Tochter nach: «... und schon sitzt es im Gesicht.» – «Und was machen Sie?» – «Wir beruhigen sie dann, reden mit ihr ... und so ...», meint der Vater.

Ich stelle fest: «Nina behandelt Sie wie ein Stück Dreck!» Der Vater ganz spontan: «Wie den letzten Dreck.»

Und dann erzählt die Mutter, angefangen habe es vor einigen Jahren mit Worten wie «Komm her, du Arschloch!» oder «Gibt's endlich Essen, du blöde Kuh?». – «Wie haben Sie reagiert?» – «Ich war freundlich, hab's überhört. Ich dachte, das sei eine Phase, die vorübergeht.» Die Mutter wirkt nun sehr nachdenklich: «Dann meinte ich, meine Tochter müsse diese Phase irgendwie ausleben. Ich konnte das früher nicht. Na ja, dachte ich, so sind die Kinder eben heute.»

Manche Erwachsene sind besorgt und unsicher über die – ihrer Meinung nach – zunehmende sprachliche, aber auch persönliche Gewalt gegenüber anderen. Da ist viel von fehlendem Respekt und mangelnder Achtung die Rede. Die geschilderte Situation weist auf weitere Gesichtspunkte im Umgang mit verbalen Grenzüberschreitungen hin:

» Kinder prüfen durch Versuch und Irrtum, wie weit sie gehen können, wann die Grenze der Belastbarkeit in zwischenmenschlichen Beziehungen erreicht ist.

» Wenn über verbale Aggressionen die Erziehungsbeziehung berührt wird, dann muss man sofort handeln. Wer persönliche Beleidigungen hinnimmt, verstärkt diese.

» Ignorieren, Überhören mögen beim spielerischen Umgang

mit Grenzüberschreitungen – wie bei Robin – *ein* Mittel im pädagogischen Prozess darstellen. Bei entwürdigenden Beleidigungen werden sie als Gleichgültigkeit gedeutet, als Aufforderung weiterzumachen.

» Aus Untersuchungen ist bekannt, dass die Bereitschaft, andere Menschen zu verletzen, zu zerstören und zu töten, dann gegeben ist, wenn das Opfer *vor* der Tat entwürdigt wird.

Wenn Erziehende ihrer Entwürdigung nicht Einhalt gebieten, tragen sie zu einer Verstärkung der Aggressionen gegen Sachen und Personen bei. Sie erleichtern es Kindern, Wut – egal ob in Wort oder Tat – ungehemmt auszuleben, und leisten damit ungewollt einen Beitrag zur Missachtung der eigenen Person.

Trotz- und Wutanfälle

Trotzanfälle weisen eine spezifische Dramaturgie auf. Sie gleichen einem Gefühlsdrama in mehreren Akten, an dessen Ende ein Happy End mit erschöpften Mitspielern steht.

Auch wenn der Trotzanfall einem Ablauf folgt, dessen Zutaten durchaus bekannt sind, so kann man ihn nie detailliert vorhersagen. Verhindern lässt er sich ohnehin nur schwer – mal gelingt das besser, mal schlechter, mal überhaupt nicht. Doch sind es nicht die Zutaten allein, sondern ihre explosive Mischung, die letztlich den Gefühlsausbruch hervorrufen. Ein müdes Kind explodiert schneller als ein hellwaches, bei einem quengelnden Kind, das schon ein paar Frustrationen erlebt hat, reicht der kleinste Tropfen, um das Fass zum Überlaufen zu bringen, ausgeglichene Eltern gehen mit einem widerborstigen Kind gelassener um als gestresste.

Dabei spielt sich das Drama des Trotzanfalls in drei Akten ab:
1. Akt: Das Kind will etwas und setzt sich nicht durch. Oder das

Kind überschätzt sich in seinem Können und scheitert ständig – und so weiter. Der Trotzanfall hat viele Hintergründe. Der Auslöser ist mehr oder minder nebensächlich. Ein falsches Wort, eine falsche Geste von Vater und Mutter, und schon geht es los. Doch was heißt «falsch»? Es sind Worte, die in neun von zehn Situationen widerspruchslos akzeptiert werden und nun mit einem Mal den Sprengsatz zünden.

2. *Akt:* Das Kind rastet komplett aus, und zwar so blitzartig, dass kaum eine Chance besteht, die Zeit zwischen dem Auslöser und dem Beginn des Anfalls in irgendeiner Weise zu beeinflussen. Das Kind steht völlig neben sich, weder beruhigende Worte noch Strafen, Schreien, schon gar nicht Schläge vermögen das Kind zu beruhigen. Auch die Dauer des Anfalls lässt sich nicht pädagogisch steuern: Manche Kinder flippen eine Minute aus, andere fünf oder zehn, und dann gibt es Kinder, die eine Viertelstunde und länger trotzen können. Das Kind kontrolliert sich nicht mehr: Es schreit, strampelt, schlägt um sich. Manche Kinder fallen plötzlich in Ohnmacht, andere übergeben sich, wieder andere nässen ein. Während am Anfang des zweiten Aktes das «Nein!» und «Will nicht!» noch einigermaßen zu identifizieren ist, gehen die Worte alsbald in ein helles Kreischen und Schreien, in ein Weinen und Wimmern über. Nur das Strampeln und Um-sich-Schlagen, das Sich-auf-den-Boden-Schmeißen oder das versteinert-undurchdringliche Gesicht deuten Widerstand und Blockade, Kompromisslosigkeit und Verweigerung an. Am Ende des zweiten Aktes steht die totale Erschöpfung des Kindes. Die Widersprüche zwischen «Ich will» und «Ich will nicht», zwischen Kompetenz und Selbstüberschätzung haben sich aufgelöst – und das Kind ist entspannt!

3. *Akt:* Das Kind hatte eben noch jede Berührung schroff abgelehnt, auf ein freundliches Lächeln der Eltern mit noch lauterem Schreien reagiert – nun streckt es die Arme aus, lässt sich anfassen, schmiegt sich fest an Mutter oder Vater, schnauft tief aus, den

letzten Rest an Stress ausatmend. Mit einem Male lächelt es seine Eltern fröhlich an, als wäre rein gar nichts gewesen. Und tatsächlich: Kinder können sich nach einem Trotzanfall kaum noch an das erinnern, was nur Augenblicke davor abgelaufen ist.

Deshalb hat das Kind hinterher auch kein schlechtes Gewissen. Es fühlt sich nicht schuldig, hat sich der Trotz doch gar nicht gegen Vater und Mutter gerichtet. Dem Trotzanfall lag keine böse Absicht zugrunde.

Kinder, die ausgerastet sind, wollen nicht alleingelassen, in die Ecke gestellt oder in ein Zimmer geschlossen werden, sondern das Gefühl vermittelt bekommen, dass die Eltern sie nach wie vor mögen. Aber auch hier gibt es Unterschiede: Das eine braucht körperlich-räumliche Distanz, das andere möchte Nähe, das Gefühl, da ist jemand, der mich auffängt, wenn ich ins Bodenlose falle; ein drittes möchte vielleicht sogar gehalten werden.

Auch wenn Eltern immer wieder danach fragen: Es gibt kein Patentrezept, das «wirklich» hilft. Man kann Kinder durch dieses Alter begleiten – mal kompetenter, mal weniger, mal gelassener, mal selber aufbrausend. Das Trotzalter des Kindes verdeutlicht: Es gibt eine Grenze pädagogischer Machbarkeit.

Vielleicht können die folgenden drei Gedanken trotzdem ein wenig helfen:

» Ihr trotzendes Kind tut das nicht mit Absicht! Sein Tun ist nicht gegen Sie gerichtet!

» Das «Nein!» drückt nicht nur Blockade und Widerspenstigkeit aus. Es schafft gleichzeitig Freiraum, baut Distanz auf, gibt Zeit zum Überlegen – ganz nach dem Motto «Ich mach es gleich!» oder «Einen Augenblick noch!» oder «Ich möchte es selber entscheiden!». Warten Eltern einen Augenblick, macht sich das Kind nach einem spontanen, fast reflexhaften «Nein!» auf, der Bitte Folge zu leisten. «Wasch dir die Hände!» «Nein!», und kurz darauf hört man im Badezimmer das Wasser laufen.

» Die zornige Energie des Kindes überträgt sich nicht selten auf die Eltern. Mancher Vater, manche Mutter würden das Kind am liebsten schütteln, damit es wieder zu sich kommt, es anschreien, damit es endlich Ruhe gibt, oder es einfach auf den Mond schießen, damit sie es los sind. So verständlich solche Vorstellungen in diesen Momenten sind, sie helfen nicht weiter und entsprechen zudem nicht gleichwertigen Eltern-Kind-Beziehungen, die auf gegenseitiger Achtung und Respekt aufbauen. Eltern müssen sich natürlich nicht alles gefallen lassen, auch sie dürfen Dampf ablassen – aber nicht am Kind. Mal kann man die aufgestaute Spannung hinterher körperlich abreagieren, mal hilft nachträgliches Weinen oder lautstarkes Schreien (aber nicht vor dem Kind), mal hilft eine anschließende Auszeit, in der man versucht, sich abzukühlen.

Wutausbrüche

Jedes Kind geht mit Stresssituationen anders um. Während das eine heftig weint, löst sich bei einem anderen der Frust in Wut auf oder noch drastischer: mit einer Stuhlentleerung, die den Körper entlastet.

Wie das Weinen stellt der Wutausbruch eine physiologische Reaktion dar. Aber im Unterschied zum Weinen fließen beim Zornesausbruch nur wenige, gleichwohl echte Tränen. Dies ist denn auch der Unterschied zur «Wasserkraftmethode», bei der nur wenige Tränen geradezu herausgepresst werden, um Erwachsene unter Druck zu setzen.

Beim Wutausbruch werden durch einen Adrenalinausstoß die Blutgefäße erweitert. Der ganze Körper ist beteiligt. Das Kind pumpt sich geradezu auf; weil es zeitweise neben sich steht, kann es zu unkontrollierten Reflexen kommen, begleitet von einem lauten Kreischen. Drei Bedingungen lassen sich nennen, bei denen ein Wutausbruch entstehen kann – aber nicht muss: Das

Kind überschätzt sich in seinen Kompetenzen, scheitert an den eigenen Ansprüchen; Starrheit und Sturheit kennzeichnen das Trotzalter als eine Persönlichkeitsvariante – alles muss so sein, wie es immer ist; werden Rituale in diesem Alter geändert, empfiehlt es sich also, das Kind darauf vorzubereiten; das Kind fühlt sich in seinen Bedürfnissen und Wünschen beschnitten, erfährt Grenzen und Begrenzungen oder soll teilen – und reagiert wütend und frustriert.

Aber auch jüngere Kinder müssen allmählich mit Frustrationen umgehen lernen; dies ist allerdings ein langwieriger Prozess, bei dem sie Begleitung brauchen. Wut hat nichts mit Gewalt zu tun. Gewalt, so die Psychologin Isabelle Filliozat, ist das Ergebnis einer Verdrängung von Wut: Gewalt zerstört. Wut ist konstruktiv, weil sie von starken Spannungen befreit. Damit aber Wut nicht ins Destruktive umschlägt, muss man Kindern vermitteln, dass sich ihre Wut nicht verletzend oder beschädigend gegen andere, sich selbst oder gegen Sachen wenden darf.

Wie beim Weinen sind Präsenz und Zuwendung die Grundlage der elterlichen Erziehungshaltung. Das Kind braucht das Gefühl der Nähe, wobei diese – wie oben schon ausgeführt – von Kind zu Kind völlig unterschiedlich aussehen kann.

Eines sollte man allerdings unterlassen: den Wutanfall in irgendeiner Weise zu kommentieren, ihn mit Drohungen oder Bestechungen zu unterbinden, gar zu unterbrechen. Vielleicht hilft Ihnen dabei der Gedanke, dass der Wutausbruch wie der Trotzanfall nicht gegen eine Person gerichtet, sondern Ausdruck eines Spannungszustandes ist, der vom Kind zum Ausgleich gebracht werden muss.

Nicht jedes Kind reagiert darauf mit Wut. Manche lassen Dampf über ungehemmte Bewegungen und ein intensives Toben ab, andere agieren sich über unendliche Rollenspiele aus, dritte ziehen sich in eine Ecke zurück und wollen allein sein.

Wenn Kinder erleben, dass sie in ihrem hilflosen Zorn nicht

abgeschoben werden, dann kann eine «Wutecke» als produktives Ritual zwei Grundsätze vermitteln:

Ich darf wütend sein, aber so, dass ich niemanden – auch mich selbst nicht – verletze.

Ich werde auch dann gemocht, wenn ich vor Wut ausraste.

Auf die Wut der Kinder reagieren Eltern nicht selten mit Hilflosigkeit und Ohnmacht, und die kann in Gewalt umschlagen. Nur wer sich seiner Wut bewusst ist, kann seine destruktiven Wünsche kontrollieren. Nur Erwachsene, die sich in ihrer Wut annehmen (und von anderen angenommen werden), können Kindern vorleben, wie sich Wut konstruktiv ausdrücken und zerstörerische Gewalt begrenzen lässt.

Renate, eine Erzieherin, hat im Gruppenraum des Kindergartens eine kleine Wutecke eingerichtet. Mehr gab der Platz nicht her. In der Ecke stand eine kleine Kiste, gefüllt mit Kastanien. Wenn die Kinder wütend waren, konnten sie in die Kiste steigen, auf den Kastanien herumtreten und dort nach Herzenslust und mit viel Geschrei ihre Gefühle ausleben. Für die Kinder gab es klare Absprachen, an die sie sich mehr oder minder hielten.

Eines Tages fragte der sechsjährige Philipp: «Renate, warum gehst du da nicht rein?» – «Wieso ich?» – «Du bist doch auch mal wütend!», antwortete er selbstbewusst. – «Woran merkst du das?», fragte sie vorsichtig. – «Sehe ich doch!», schmunzelte Philipp. «Dann siehst du wie eine Hexe mit dem Ofen aus!»

Ein paar Wochen später. Sie habe sich das lange überlegt, erklärt sie mir. «Aber ich fand den Hinweis von Philipp toll! Warum sollte ich es nicht auch mal probieren?»

Als Renate mal wieder geladen war, ging sie in die Wutecke, trampelte auf den Kastanien herum, fluchte. Sofort kam die fünfjährige Katja angerannt, Philipp hinterher. Katja, an Philipp gewandt: «Dreht Renate durch?» – «Quatsch!», antwortete Fritz, «die entwütet!» – «Ach so», meinte Katja beruhigt, «wie wir!»

Lügen und Stehlen

Zwischen dem dritten und fünften Lebensjahr, wenn die Trotz-anfälle allmählich weniger werden, kann man die Anfänge einer moralischen Entwicklung beim Kind beobachten.

Während Zweijährige alles haben wollen – koste es, was es wolle –, entwickeln Drei- bis Vierjährige schon eine eigentümliche Auffassung von Fairness. Sie wollen haben, wonach ihnen der Sinn steht. Und enthält man ihnen das vor, so ist das aus ihrer Sicht unfair! Daraus leitet sich auch ihr Umgang mit Eigentum ab, den der amerikanische Erziehungsberater Thomas Lickona so auf den Begriff gebracht hat: «Was deins ist, ist auch meins!»

Deshalb ist es wenig passend, in diesem Alter von Stehlen oder Klauen zu reden. Dinge an sich zu nehmen, auch wenn sie einem nicht gehören, ist durchaus normal. Kinder in dieser Altersstufe zu begleiten heißt, die genommenen Gegenstände zurückzubringen, dafür zu sorgen, dass das Unrecht rückgängig gemacht wird.

Fünf- bis Sechsjährige kann man sehr wohl schon mit einem höheren moralischen Anspruch konfrontieren: «Ich denke, du möchtest auch nicht, dass man dir etwas wegnimmt!» Bedenken Sie allerdings: Auch wenn Sie das sagen, das Kind Ihnen sogar zugehört hat, bedeutet es noch lange nicht, dass es am nächsten Tag danach handelt!

Das gilt gleichermaßen für das Lügen. Auch Lügen ist Teil der moralischen Entwicklung und zugleich Ausdruck der magisch-phantastischen Phase, in der Lügengeschichten eine nicht zu unterschätzende Rolle spielen. Zum Lügen zählt auch das Angeben. Natürlich sind Kinder darüber hinaus gewitzt genug, zweckdienlich zu lügen, das Beste für sich aus einer Sache herauszuholen.

Oder anders formuliert: In jeder Entwicklungsstufe hat das Lügen eine spezifische Bedeutung. Dabei kann man vier Phasen unterscheiden:

Vom dritten Lebensjahr an *(Phase 1)* fangen viele Kinder an zu lügen, vermischen Phantasie und Realität, testen aber auch Grenzen aus, um zu sehen, wie weit sie gehen können. Sie wollen erfahren, was «richtig» oder «falsch» ist. Für Eltern ist es in dieser Phase bedeutsam, die Lüge aufzudecken – aber jedwede Strafe, jedes Anschreien, jeden Zornesausbruch oder umgekehrt jede Weinerlichkeit («Das macht mich traurig!», «Das hätte ich von dir nicht gedacht!») zu vermeiden. Die Lüge tastet zwar das Vertrauen an, das die Beziehung von Eltern und Kindern prägen sollte – aber die Lüge ist nicht das Ende des Vertrauens. Gerade weil Kinder ihren Eltern vertrauen, dass sie von ihnen auch dann angenommen sind, wenn sie nicht so handeln, wie Vater und Mutter es wünschen, müssen überzogene Reaktionen unterbleiben. Die zentrale erzieherische Grundhaltung ist: in Kontakt zu bleiben, dem Kind die Folgen seines Tuns – entwicklungsangemessen – zu veranschaulichen.

Petra Friedrich hatte Stress, weil ihre vierjährige Mareike «das Blaue vom Himmel log»! Es war ein Spiel, für die Mutter ein ärgerliches: Mareike «konnte sehr gut flunkern». Argumente halfen nicht, und wenn «ich ausflippte, hatte ich das Gefühl, sie würde schmunzeln». Petra Friedrich überlegte eine Zeit: «Das war kein Machtkampf. Ich habe geglaubt, Mareike konnte die Folgen ihrer Lügen nicht abschätzen. Sie wusste nicht, was sie machte!»

Die Mutter erklärte ihrer Tochter, dass sie sich nicht ernst genommen fühle, ihrerseits dazu übergehen würde zu lügen. Als die Zeit fürs Abendessen nahte, sagte sie zu ihrer Tochter: «Heute Abend gibt es nichts zu essen. Ich hab nichts eingekauft.» Mareike stutzte, ging zum Kühlschrank, fand ihn gefüllt vor: «Da ist ja was!» – «Ich hab doch gesagt, ich lüge!» Mareike schaute erstaunt zu ihrer Mutter hoch.

Am nächsten Morgen, Mareike will ihren Mantel anziehen. «Mareike, den Mantel kannst du heute nicht anziehen. Den hab ich verschenkt!» Mareike rennt zur Garderobe, findet ihr Kleidungsstück. «Da ist er ja!»

Das Spiel wiederholte sich in den nächsten Tagen ein paarmal. Und in dem Maße, wie die Mutter ihrer Tochter die Bedeutung von Lügen spürbar machte, ließen deren Lügen nach. Eines Abends, als Petra Friedrich ihrer Tochter «gute Nacht» wünschte, meinte Mareike: «Mama, du sollst nicht mehr lügen!» – «O. k., ich lüg nicht mehr. Und du lügst auch nicht mehr! Abgemacht?»

Mareike nickte. Die Lügen hatten ein Ende – vorerst jedenfalls.

Zwischen dem fünften und sechsten Lebensjahr *(Phase 2)* sowie dem sechsten bis achten Lebensjahr *(Phase 3)* werden Lügen eingesetzt, um Grenzen auszutesten, zu erkunden, wie weit man mit seinen Geschichten gehen kann. Die Kinder werden häufig mit treuherzigem Augenaufschlag bekunden, nur die Wahrheit zu sagen – «Ehrlich! Du kannst mir das glauben!»

Je jünger sie noch sind, desto weniger werden sie einsehen, dass sie mit ihren Lügen jemand anderem oder gar sich selber schaden *(Phase 2)*. Für die Eltern heißt es in dieser Zeit: die Lügen aufdecken – in aller Ruhe, selbst wenn die Kinder alles mit Wortgewalt, mit Wut und Tränen abstreiten. Ab dem sechsten, siebten Lebensjahr kann man auch mit einer moralischen Argumentation beginnen, wonach man als Eltern das Lügen als unfair empfindet.

«Aber was soll ich denn nun machen, wenn der Julian mich ständig anlügt?», will eine Mutter wissen. «Der macht das doch ganz offensichtlich. Ich glaube, der hält mich für blöde, dass ich das nicht merke.»

Der fünfeinhalbjährige Julian bindet seiner Mutter wieder einmal einen Bären auf, indem er ihr erklärt, warum er erneut zu spät nach Hause gekommen ist: Von einer stehengebliebenen Uhr im Hause seines Freundes ist die Rede, einem Unfall, den er gesehen hat, und einer Frau, der er helfen musste, die Tasche in die Wohnung zu tragen.

Da sich diese Vorfälle in den letzten Wochen häuften, glaubte seine Mutter ihm nicht mehr. Anfangs ließ sie sich auf Diskussionen ein, versuchte zu beweisen, dass Julian die Unwahrheit sagt. Das endete aber nur in gegenseitigen Beschimpfungen.

«Julian», erklärt sie ihm, nachdem sie ihm diesmal in Ruhe zugehört hat, «Julian, du erzählst mir Geschichten, die ich dir nicht mehr glaube!» – «Stimmen aber doch!», antwortet er trotzig. «Ich lüg dich doch nicht an!»

«Julian, ich glaub dir nicht!» – «Warum?» – «Julian, die Geschichten glaube ich dir einfach nicht!»

«Du hast mich eben nicht mehr lieb!», verändert er seine Strategie. – Sie lächelt: «Julian, ich hab dich lieb. Aber die Geschichten nehme ich dir nicht mehr ab!» Sie macht eine Pause: «Überleg mal, wenn dein bester Freund das mit dir macht. Du willst doch auch nicht, dass er dich anlügt!» – «Ich lüg aber nicht!», ruft er.

«Du kennst meine Meinung, Julian!» Mit diesen Worten steht sie auf und lässt einen nachdenklichen Julian zurück. Sein Verhalten ändert sich zwar nicht sofort, aber die Lügengeschichten werden allmählich weniger.

Julians Mutter hat entwicklungs- und altersangemessen reagiert. Dieses Vorgehen wäre zwei Jahre zuvor nicht möglich gewesen, denn ein Dreijähriger hätte sich noch nicht in andere hineinversetzen können. Das gelingt Fünf- bis Sechsjährigen zwar auch noch nicht ohne weiteres, aber sie können die Perspektive anderer nachvollziehen.

Das Lügen vom neunten Lebensjahr an *(Phase 4)* hat eine völlig andere Dimension: Kinder und Jugendliche testen nun keine moralischen Grenzen mehr aus, sie haben erfahren, wie wichtig Wahrhaftigkeit und Aufrichtigkeit ist. Jetzt verbergen sich hinter ihrem Lügen andere Symptome, z. B.:

» um die Anerkennung in einer Gruppe Gleichaltriger zu bekommen;

» um den Eltern nicht zu missfallen, um vom verbotenen Handeln und Tun vordergründig und kurzfristig abzulenken oder um damit auf eine sie sehr bedrängende emotionale Situation hinzuweisen. In diesem Alter sind Lügen nicht selten auch ein Hilferuf.

Ein Kind, das lügt, braucht die Nähe der Eltern. Deshalb ist es so wichtig, dass man mit dem Kind in Kontakt bleibt. Und dazu zählt, Verständnis für das Lügen nicht mit dessen Akzeptanz zu verwechseln. Unverzichtbar ist eine moralische Argumentation. Und wenn es sich als notwendig erweisen sollte, Konsequenzen auszusprechen, dann bedenken Sie: Die Konsequenz muss sich auf die Grenzüberschreitung beziehen, die durch die Lüge verheimlicht werden sollte – und nicht auf die Lüge selbst (siehe dazu weiter unten)!

Erziehungstechniken

Konsequent sein

Konsequenzen muss man sich sehr genau überlegen. «Gute» Worte ersetzen keine Konsequenzen – vielmehr ist ein Handeln notwendig, das sich am Kind und seinen Möglichkeiten orientiert. Wird nicht gehandelt, so erzwingt das Kind dies, indem es seine Störungen fortsetzt. Wird nicht rechtzeitig eingegriffen, kann sich aus der langen Leine, der stillschweigenden Duldung eine impulsive Strafaktion entwickeln, die manchmal physische und psychische Verletzungen nach sich zieht.

Strafen ändern nichts am störenden Verhalten des Kindes. Sie mögen zwar kurzfristig eine Situation beenden – «Wenn du jetzt nicht Hausaufgaben machst, gibt's nachher kein Fernsehen!» Das ist aber ein trügerisches Erfolgserlebnis, denn durch Strafen werden Kindern keine Möglichkeiten aufgezeigt, ihr grenzüberschreitendes Verhalten zu ändern. Elterliche Strafaktionen, die ein Kind als Erniedrigung empfindet, führen entweder zu dem Wunsch, sich durch weitere Störungen an den Eltern zu rächen, oder aber zu überangepasstem Verhalten, um sich vor impulsiven elterlichen Strafaktionen zu schützen.

«Ich komme mir», erzählt Miriam Schrader, Mutter zweier Kinder, «so doof vor, wenn ich strafen muss. Aber es geht häufig nicht anders!?»

«Meine Mutter», so Anton Michalik, Vater von drei Kindern, «hat uns immer gedroht: ‹Wenn ihr nicht das und das sofort macht, dann passiert was.› Diesen Satz wollte ich niemals sagen. Und nun benutze ich ihn auch. Die Menschheit lernt nichts dazu.»

«Was ist denn der Unterschied von Strafe und Konsequenz?», fragt Julia Peters. «Sie reden immer von natürlichen Folgen. Aber wie sehen die denn aus?»

Peter, zehn Jahre, kommt ständig zu spät nach Hause. Aber ihm fällt immer eine Ausrede ein. Seine Mutter ist ziemlich sauer, sein Vater auch, und sie drohen: «Das stinkt uns jetzt. Den Rest der Woche bleibst du zu Hause. Du willst es eben so haben!»

Doch Peter ist ein ausgekochtes Schlitzohr: Am nächsten Tag geht er zur Mutter, macht ein lammfrommes Gesicht und sagt: «Ich bin böse zu euch und ihr so lieb!» Dann schaut er die Mutter flehend an: «Ich kann die Mathe-Hausaufgaben nicht. Darf ich zu Andreas, der kann mir helfen. Du willst doch, dass ich in der Arbeit eine gute Note bekomme!»

Die Mutter fühlt sich überrumpelt: «Na gut, aber sei bitte pünktlich!» Und mit den Worten «Ich bin doch immer pünktlich» dreht er ab, schwingt sich auf sein Fahrrad und rauscht (ohne Schulhefte) ab. Die Mutter sieht ihm schulterzuckend nach: «Da ist man machtlos. Der wickelt mich um den Finger.»

Ihr Mann knurrt: «Eigentlich müsste man da mal richtig

durchgreifen. Vier Wochen Stubenarrest! Aber ich bin wochentags nicht da! Und wer soll denn den Stubenarrest kontrollieren? Meine Frau ist da viel zu weich!»

«Hör auf!», unterbricht sie ihn scharf. «Als er vorletztes Wochenende nicht wegdurfte, weil er zu spät kam ... Was war denn da? Da musste er von Freitag bis Sonntag zu Hause bleiben!» – «Und?» – «Da hat er genervt. Du hast es nicht ausgehalten, bist mit deinem Fahrrad weggefahren. Und wer hat aufgepasst, dass er nicht weggeht?» Ihre Stimme wird laut: «Ich! Ich, mein Lieber! So ist's doch immer!»

Als ich Peter zu seinem Zuspätkommen befrage, antwortet er: «Ist ja auch blöde.» Aber bei den Freunden sei es cooler, da sei einfach Action. Seine Eltern wären dann stinkig. «Ich verstehe das.» Aber er mache sich nicht viel daraus. «Die sagen dann irgendetwas, drohen, wenn ich zu spät komme, aber sie halten sich hinterher nicht dran.»

Was er denn von seinen Eltern wolle, frage ich.

«Mal tun sie nicht, was sie sagen, mal machen sie was, ohne was zu sagen ... Ehrlich, da soll man noch durchblicken!»

An dieser Situation lassen sich einige typische Probleme im Zusammenhang mit der Strafe zeigen. Strafen

» führt dazu, dass Eltern ihre pädagogische Aggression legitimieren («Wenn er pünktlicher wäre, müssten wir nicht so sein!»);

» provoziert wieder einmal einen perspektivlosen Machtkampf;

» erzeugt Versagensgefühle beim Kind («Ich bin böse!») und Schuldgefühle bei den Eltern («Ich kann nicht erziehen!»);

» lässt Kindern keine Chance zur positiven Veränderung.

Formulierungen wie «Wenn du unpünktlich bist, wirst du sehen, was du davon hast!» stellen eine nutzlose diffuse Drohung dar und führen nicht zu einer konstruktiven Mithilfe des Kindes. Es kommt vielmehr darauf an, dem Kind den Zusammenhang von Freiheit und Verantwortung klarzumachen.

Ein Satz wie «Du kannst bummeln, aber dann kommst du vielleicht zu spät!» lässt dem Kind eine Alternative. Es ist seine Sache – vielleicht mit Unterstützung der Eltern –, pünktlich zu sein.

Marion, zehn Jahre, verspätet sich seit einiger Zeit beim Nachhausekommen. Zwar verspricht sie, pünktlich zu sein – doch meist bleibt es bei der Absicht. Manchmal geht es einige Tage gut, doch dann reißt der Schlendrian wieder ein. Marion hat unendlich viele Ausreden parat, ständig ist es etwas anderes, das sie daran hindert, zur abgesprochenen Zeit zurückzukehren.

Marions Mutter beweist Langmut und gibt ihrer Tochter einen Vertrauensvorschuss. Der Vater ist da ungeduldiger, will, dass durchgegriffen wird, empfiehlt im Gespräch mit seiner Frau: «Hausarrest!»

«Und wer soll den, bitte schön, kontrollieren? Du bist kaum da. Und ich halte das für unangemessen!», entgegnet sie unmissverständlich. – «Dann sieh zu, wie du damit fertig wirst. Ich halte mich da raus!», lautet seine ebenso deutliche Antwort.

Die Mutter bittet Marion um ein Gespräch.

«Marion, ich finde das Zuspätkommen nicht o.k.!» – «Warum?», fragt die Tochter patzig. – «Erstens gibt es eine klare Absprache. Und du sagst, du hältst dich daran. In den letzten vier Tagen bist du ständig zu spät gekommen: einmal zehn Minuten, dann fünfzehn, zweimal zwanzig Minuten!»

«Bist du etwa mein Buchhalter?», giftet Marion zurück. – «Ich finde das nicht zum Lachen. Außerdem ist es jetzt draußen dunkel, und ich mache mir Sorgen!» – «Mir passiert schon nichts!», antwortet Marion betont gelangweilt. – «Nun spiel hier nicht die coole Marion. Ich bin schließlich für dich verantwortlich, und ich möchte, dass du mich dabei unterstützt», lässt Marions Mutter sich nicht von ihrer Linie abbringen.

«Ich versteh dich ja, Mama!», lenkt Marion ein. «Ich mach's auch nie mehr. Versprochen!»

«Das ist mir zu wenig. Hast du eine Idee, was ich tun kann, wenn du die Absprache nicht einhältst?» – Marion empört sich: «Ach so, du willst mich also erpressen. Wenn ich nicht hier bin, dann krieg ich vier Wochen Hausarrest! Oder was?» Sie wirft ihrer Mutter einen verächtlichen Blick zu. «Voll peinlich! Du bist genau wie Oma, wie die früher zu dir war!»

«Ich denke, ich bin anders!» Die Mutter bleibt konsequent. – «Hast du eine Idee?»

Nach längerem Hin und Her einigen sich beide darauf: Kommt Marion zu spät, bleibt sie am nächsten Tag zu Hause. Sie darf zwar ihre Freundinnen einladen, aber nicht dorthin gehen. Diese Vereinbarung wird schriftlich formuliert und als Vertrag in der Küche aufgehängt.

Wenn Marion weggeht, erinnert die Mutter ihre Tochter an die Absprache. – «Ist ja schon gut!», antwortet sie lässig.

Vier Tage kommt Marion pünktlich nach Hause, am fünften verspätet sie sich erheblich. Sie hat unendlich viele Entschuldigungen auf Lager, die sich die Mutter verständnisvoll anhört.

Dann sagt sie: «Morgen bleibst du zu Hause! Vertrag ist Vertrag!»

Marion poltert los, stößt Verwünschungen aus, redet sich in Rage – es hilft nichts. Marion schmollt. Sie verweigert das Abendessen. Auf das Gutenachtritual lässt sie sich widerwillig ein.

Der nächste Nachmittag: Marion hat ihre beste Freundin Ingrid eingeladen. – «Du weißt, warum Marion heute nicht zu dir kommt?», fragt die Mutter. – «Nein!», antwortet Ingrid. Die Mutter lacht, klärt Ingrid auf, die staunend zuhört. Als Marion hinzukommt, meint ihre Freundin: «So 'ne Mutter möchte ich auch mal haben!»

«Wieso?» Marion blickt erstaunt. – «Die labert nicht nur. Auf die kann man sich verlassen!»

Konsequenzen stehen in grundsätzlichem Zusammenhang mit dem Tun des Kindes. Sie stellen Folgen dar, die beim Kind Einsicht wecken sollen.

» Konsequenzen müssen *vor* der Grenzüberschreitung klar sein. Das Kind hat die Freiheit. Es kann Grenzen respektieren, Absprachen einhalten, dann treten die Konsequenzen nicht in Kraft. Überschreitet ein Kind Grenzen, missachtet es Absprachen, dann kennt es die Konsequenzen.

» Auch bei Konsequenzen heißt es «Wenn, dann». Sprachliche Ähnlichkeiten zur Strafandrohung sind unverkennbar. Gleichwohl hat die «Wenn-dann»-Verknüpfung hier einen anderen Zusammenhang. Konsequenz baut darauf auf, dass Kinder an der Beseitigung von Störungen mitarbeiten wollen. Es geht nicht um Schuld und Sühne, sondern um eine partnerschaftliche Erwachsenen-Kind-Beziehung, die Freiheit und Gleichwertigkeit nicht mit Grenzenlosigkeit und «Gleichmacherei» verwechselt.

» Konsequenzen bauen auf gegenseitigem Respekt auf, sie wollen Lösungen durch Einsicht. Konsequenzen setzen ein positives Bild vom Kind voraus.

» Konsequenzen werden in ruhigem Ton formuliert. Dies ist möglich, weil sie vorher abgesprochen werden.

In folgenden Schritten lassen sich gemeinsam mit dem Kind Konsequenzen entwickeln:

1. Dem Kind wird das Problem beschrieben. Dabei ist auf Ich-Botschaften zu achten.

2. Beschuldigungen («Du bist schlecht!») sind ebenso zu vermeiden wie unzulässige Verallgemeinerungen («Du machst nie ...»). Das Kind darf die Situation aus seiner Sicht darstellen. Aber Verständnis für seine Situation bedeutet nicht blinde Akzeptanz. Deshalb: Durch Erklärungen («Andere sind schuld») oder Beteuerungen («Ich mache das nie mehr!») sollte man

sich ebenso wenig ablenken lassen wie durch Vorwürfe («Das ist Erpressung!»).

3. Die Konsequenzen werden mit Nachdruck aufgezeigt, und: Die Konsequenzen müssen von den Eltern eingehalten werden. Dabei sollten sie sich vergewissern, dass dem Kind die Konsequenzen klar und von ihm sowohl praktisch als auch gefühlsmäßig durchzuhalten sind.

Konsequenzen und Grenzen bei jüngeren Kindern

«Aber», so die Mutter des zweijährigen René, «wie sieht es bei Kleinkindern mit Konsequenzen aus? Sind sie überhaupt fähig, an der Lösung von Konflikten mitzuarbeiten?»

Weil nachgiebiges Erziehungsverhalten oder ein autokratisch-erdrückender Erziehungsstil nicht zu selbstverantwortlichem Handeln führt, brauchen schon jüngere Kinder das «Erleben einer normativen Verlässlichkeit», so der Erziehungswissenschaftler Otto Speck. Nur gestaltet sich das Grenzensetzen bei Kindern bis zum dritten Lebensjahr in anderer Weise – einfacher und schwieriger zugleich: einfacher, weil die Kinder den Eltern bedingungsloser vertrauen; schwieriger, weil die elterliche Verantwortung größer ist, damit aus dem Grenzensetzen nicht ein Ausnutzen der Unerfahrenheit des Kindes, weit überzogene Reaktionen der Eltern oder zu enge Grenzen werden.

Ständig überangepasstes Verhalten des Kindes, auffällige Gefallsucht oder die Überreaktion bei Kritik geben den Eltern möglicherweise Hinweise darauf, dass Kleinkindern zu streng, zu wenig einfühlsam Grenzen gesetzt werden.

Grenzen für jüngere Kinder müssen besonders sorgfältig bedacht werden. Konsequente Festigkeit ist nicht zu verwechseln mit Strenge, Härte oder Strafe. Ist ein lautes Wort, ein unbedachter Klaps mal passiert, dann zeigt sich die Souveränität des Erwachsenen in ernstgemeinter Entschuldigung und Versöhnung – verbunden mit dem Willen, sich zukünftig anders zu verhalten.

Einige Grundsätze sind beim Grenzensetzen mit jüngeren Kindern zu beachten:

» Eltern nehmen häufig allzu wortreich und undeutlich Kontakt zu den Kindern auf. Wer mit kleineren Kindern redet, muss sich ihnen zuwenden – sie z.B. ansehen, anfassen. Kinder brauchen das *Gefühl* des Angenommenseins. Klarheit und Offenheit schützen vor unüberlegten Strafaktionen.

» Sätze wie «Das ist gefährlich.», «Das ist zu schwer für dich.», «Das kannst du noch nicht!» unterstützen Kinder nur selten bei der Einhaltung von Grenzen. Grenzen müssen für jüngere Kinder begreiflich, erfassbar und anschaulich erfahrbar sein (nur eine Hand in der Nähe der brennenden Kerze gibt das Gefühl von Hitze und Wärme).

» Grenzen haben sich am Kind in der konkreten Gegenwart auszurichten. Was für andere Kinder gilt, braucht für das eigene Kind nicht zuzutreffen; was für ein Kind in ein oder zwei Jahren als Einengung erfahrbar wird, kann heute Hilfestellung und Unterstützung bedeuten.

» Eltern sprechen jüngere Kinder nicht selten wie kleine Erwachsene an. Sie versuchen sehr rationale Konfliktlösungen und übersehen dabei, welche Chancen in den magisch-mythischen Konfliktlösungen liegen. Diese entsprechen häufig der animistischen Wirklichkeitssicht von Kindern, einer Sichtweise, in der Phantasie und Realität ineinander übergehen.

Ist eine angenehme emotionale Basis vorhanden, ist das Kind an positive Körperkontakte gewöhnt, dann *kann* Nähe, *kann* die Berührung – zum Beispiel die Hand auf die Schultern legen, die Hände fest anfassen – ein Kind nicht nur beruhigen. Nähe gibt dann der durch Worte formulierten Grenze Nach-Druck.

Nach-Druck hat nichts mit Unterdrückung zu tun, es bedeutet

vielmehr freundschaftliche Festigkeit. Denn die Festigkeit, mit der das Kind berührt wird, lässt es die Ernsthaftigkeit der Eltern spüren.

Wer jüngeren Kindern Grenzen setzen will, kann den positiven Körperkontakt sehr früh einsetzen. Er ist der beste Schutz vor dem Klaps, der immer dann kommt, wenn die verbalen Argumente ausgehen, man nicht mehr weiterweiß. Berührung und Nähe verhindern einen gefürchteten Widerspruch in der Erziehung: einerseits die lange Toleranz vieler Eltern, die sich im hundertfachen «Lass das!» oder «Nein!» ausdrückt, andererseits die daraus sich ergebenden unkontrollierten Aggressionen gegenüber dem Kind.

Unter zwei Voraussetzungen wirkt sich die dargestellte Methode allerdings äußerst kontraproduktiv aus:

» Entzieht sich das Kind dem Griff, der Berührung, der körperlichen Nähe, dann müssen Sie es unbedingt in Ruhe lassen. Ein Kind darf nicht gegen seinen Willen umklammert werden. Ist ein Körperkontakt nicht möglich, dann hilft eine Kombination aus Augenkontakt und physischer Nähe. Wichtig: Der Augenkontakt geht vom Erwachsenen aus. Es darf keinen Zwang geben, den Erwachsenen anzuschauen – z.B.: «Schau mich endlich an!» Das Kind spürt den Blick des Erwachsenen auch, wenn es woanders hinsieht.

» **Wenden Sie niemals körperliche Nähe und Berührung im Zustand großer Erregung an.** Dann sind die Grenzen zu einer körperlichen Misshandlung des Kindes fließend. Setzen Sie daher Berührung, Kontakt und Nähe bereits im frühen Stadium einer Auseinandersetzung ein, nicht erst dann, wenn die Situation eskaliert ist.

Es gibt Situationen, in denen man das Setzen von Grenzen nicht durch langatmige Erklärungen aufweichen darf, in denen vielmehr ein kurzes «Nein!» als Ausdruck von «Ich dulde es nicht!» reicht.

Das «Nein!» stellt jedoch *eine Ausnahme* im pädagogischen Handeln dar. Wird es zur Gewohnheit, nutzt es sich ab: Es gestattet nämlich keinen veränderten Blickwinkel. Allerdings kann es spezifische Kontroversen für eine kurze Zeit beenden, dies gilt insbesondere für nachstehende Situationen:

» bei mangelnder Realitätssicht von Kindern, z.B. bei Verletzungsgefahren oder Uneinsichtigkeit aufgrund fehlender Erfahrungen;

» bei Situationen, die man vorher mit dem Kind abgesprochen und geklärt hat;

» bei heftiger Erregung des Kindes, um sich durch einen kurzen Appell Gehör zu verschaffen;

» bei Situationen, die man aufgrund äußerer Umstände – z.B. Besuch, Erwartungsdruck – nicht abschließend klären bzw. erörtern kann, um sie *vorläufig* mit direktivem Appell zu beenden.

Das «Nein!» ist an eine konkrete Situation gebunden. Es verändert – ich betone es nochmals! – nicht das störende Verhalten, es weist keine Handlungsalternativen auf. Aber dieser Eingriff verschafft vorerst Luft. Später, in einer zweiten Phase der Problemlösung, können Sie das eigene Handeln *kurz* erläutern und um Verständnis für Ihr Tun bitten oder dem Kind Handlungsalternativen anbieten.

Denken Sie daran: Da Kinder zwischen dem zweiten und dritten Lebensjahr große Entwicklungsprozesse durchlaufen, deuten ihre Grenzüberschreitungen zugleich darauf hin, dass sie sich manchmal entmündigt fühlen, mithin mehr Gelegenheit zu eigenverantwortlichem Tun haben möchten.

Es gibt zwei andere Techniken, die zunächst nur dazu dienen, Situationen zu beenden, sich aber *nicht* dazu eignen, dem Kind eine veränderte Sichtweise oder Handlungsalternativen aufzuzeigen.

Dauerhaft angewandt werden sie von Kindern als Strafe empfunden. Beide Techniken funktionieren nur auf der Grundlage einer gefühlsmäßig festen Beziehung:

» Man kann das Kind, wenn es in heftige Erregung gerät, aus der Situation herausnehmen, es z. B. mit aller Deutlichkeit des Raumes verweisen: «Ich denke, du gehst jetzt. Nachher unterhalte ich mich weiter!», «Verlass den Raum! In dieser Weise kann ich nicht mit dir reden!» Kein Kind darf aber mit körperlicher Gewalt zum Verlassen des Raumes gebracht werden. Herausnehmen aus der Situation darf zudem nicht als Isolierung empfunden werden. Sperren Sie Ihr Kind niemals in ein Zimmer oder schließen Sie es gar ein! Dies erzeugt neben heftigen Panikgefühlen starke Vernichtungs- und Verlassensängste. Geht das Kind auf den Vorschlag nicht ein, dann kann der Erwachsene den Raum verlassen – ohne jede Drohung. Sagen Sie z. B.: «Ich geh jetzt in die Küche. Ich möchte nachher, wenn ich mich beruhigt habe, mit dir die Situation nochmals besprechen.» Wichtig: Der Erwachsene verlässt den Raum, nicht die Wohnung oder das Haus! Er bleibt erreichbar und geht auf sein Gesprächsangebot nach geraumer Zeit *unbedingt* ein.

» Manchmal entkrampft Humor die Situation. Humor hat aber nichts mit Sarkasmus und Zynismus zu tun. Waltraud Ebert macht entsprechende Erfahrungen mit ihrer zweieinhalbjährigen Elisa. «Wenn die 'nen Bock hat, sich auf den Boden wirft und rumschreit, nur ‹Nein! Nein! Nein!› brüllt, leg ich mich kurzerhand dazu. Aber natürlich nur, wenn ich in Form bin! Die schaut mich verdutzt an, dann lache ich sie an, und wir beide prusten los. Meist hört Elisa dann mit dem Wutanfall auf. Nicht immer, aber sie hat ja auch ein Recht auf ihre Tagesform!»

Die Mutter hat – aus der Sicht ihrer Tochter – überraschend und paradox gehandelt. Einerseits so, wie es Elisa nicht erwartet hat; andererseits hat sie das störende Verhalten ihrer

Tochter überdreht, verstärkt. Auch diese Handlung zeugt von Souveränität, von Festigkeit. Sie setzt mit ganz ungewöhnlichen Mitteln Grenzen. Wohlgemerkt: Sie setzt eine Grenze, zeigt Elisa keine Handlungsalternative auf. Dies bleibt nachfolgenden Gesprächen überlassen.

Eine weitere Technik nimmt das magisch-phantastische Denken ernst, das die Kinder vom zweiten Lebensjahr an prägt. Sie wünschen sich konkrete Bilder und Symbole, die ihnen helfen, Grenzen zu erkennen oder sich in abstrakten Vorstellungen zurechtzufinden. Und sie entwickeln dabei Problemlösungen, die Erwachsene häufig überhören, weil sie nicht ihren rationalen Vorstellungen entsprechen. Die Ideen der Kleinen werden belächelt, dabei enthalten sie manch grandiose Perspektive.

Dies soll an einer Situation konkretisiert werden, die mir Familie Meinhold auf einem Elternseminar vorstellte.

Lasse, drei Jahre, «brachte die Familie durch seine Unordnung permanent auf die Palme». Das betraf weniger die Situation in seinem Zimmer als vielmehr seine Intensität, das Chaos in das gesamte Haus zu verlagern. Seine Eltern «flippten regelmäßig aus», und – so der Vater genervt – «stellen Sie sich vor, dann sagt er noch, er mache nicht die Unordnung, sondern das mache Pumuckl, der ihn ständig besuche.»

Lasse war bei diesem Teil des Gesprächs nicht anwesend. Ich holte ihn hinzu und schickte seine Eltern hinaus, um mir die Situation aus seiner Sicht erzählen zu lassen.

«Was meinst du, hat dein Vater mir wegen der Unordnung gesagt?» Lasse lächelte mich an: «Das mit dem Pumuckl ...» Kurze Pause. «Pumuckl ist das ja auch!» – Er schaut mich an, will meine Zustimmung.

«Was ist das mit dem Pumuckl?», will ich wissen. – «Also, der kommt und spielt mit mir, und dann geht er irgendwann und lässt alles liegen, und ich muss aufräumen, und dann habe ich keine Lust. Wer Unordnung macht, muss aufräumen, sagt Papa ... Pumuckl macht das nicht!»

Ich ließ mir Einzelheiten schildern, um ein genaueres Bild zu bekommen. Dann bat ich die Eltern herein. Für mich war schnell klar: Lasse hatte seine Unordnung, seine «bösen» Anteile an Pumuckl gebunden. Und Lasse war überzeugt, nicht selbst für das Chaos verantwortlich zu sein. Als ich die Eltern fragte, was mir Lasse wohl erzählt habe, rief der Vater spontan aus: «Den Quatsch mit Pumuckl!»

«Ist aber kein Quatsch!» Dabei ahmte Lasse Pumuckls quiekige Stimme nach.

«Hör auf!», meinte die Mutter. «Es reicht, wenn du das zu Hause machst!» Lasse lächelte, er war nun auf dem besten Wege, seinen Eltern ihre Hilflosigkeit vorzuführen. Machtkampf pur! – «Lasse», sagte ich, «du solltest mal ganz deutlich mit Pumuckl reden. Dich nervt die Unordnung doch auch. Meinst du, du kannst mit ihm reden?» Die Meinholds sahen mich entgeistert an.

«Oder sollen deine Eltern mit Pumuckl reden?» Die beiden schüttelten spontan den Kopf, sahen mich völlig konsterniert an.

«Die nicht!», rief Lasse. «Die verstehen den doch gar nicht!» – «Was wirst du ihm sagen?» – «Ich werde mit ihm schimpfen! Ich werde sagen: Aufräumen – oder er braucht gar nicht mehr zum Spielen zu kommen!»

Die Meinholds waren vom Gang des Gesprächs überrascht. Auf meine Frage, ob sie da mitziehen könnten, nickten sie verhalten: «Wenn's denn hilft!»

Vier Wochen später, die Meinholds kommen strahlend auf mich zu, das Problem mit der Unordnung in der Wohnung habe sich aufgelöst. Lasse mache nur noch in seinem eigenen Zimmer Chaos, ansonsten räume er auf.

«Wahnsinnig! Der räumt jetzt auf!» Frau Meinhold lacht, den Sinneswandel ihres Sohnes immer noch ein wenig skeptisch betrachtend. Lasse kommt auf mich zu.

«Na, Lasse, hast du mit Pumuckl geredet?», frage ich. – «Und ob! Ich habe ihm gesagt: ‹Wenn du nicht aufräumst, spielst du nicht mit mir. In meinem Zimmer kannst du alles liegen lassen. Aber sonst räumst du auf! Ist das klar?!›»

«Und Pumuckl hat dich verstanden?» – Lasse nickt: «Und wie!»

Eine ebenso einfache wie magische und kindgerechte Lösung, die gefunden wurde, weil ich mich auf Lasses Phantasien ein-ließ. Die Kritik der Eltern an der Unordnung konnte Lasse nicht annehmen, weil er sie als Kritik an seiner Person empfand. Die Konsequenz: Er inszenierte einen Machtkampf. Pumuckl ver-körperte Lasses polare Sichtweise, die so typisch für jene Alters-stufe ist: die Aufspaltung in «gute» Lasse- und «böse» Pumuckl-Person.

Eine differenzierte Betrachtung von Personen entwickeln Kinder etwa vom fünften Lebensjahr an: Aus einer Entweder-oder-Haltung wird eine Sowohl-als-auch-Haltung. Aber auch da-nach bleibt die polare Sichtweise noch eine Weile erhalten.

Wenn Eltern sich mehr auf eine genauere Beobachtung ihrer jüngeren Kinder einlassen könnten, es lernten, Verständnis für deren magisch-mythische Sichtweisen zu zeigen, dann gelängen schon mit Zwei- bis Vierjährigen ganz überraschende Konflikt-lösungen – Lösungen, die allerdings nur für begrenzte Zeit Gültig-keit haben, gewinnen doch für das Kind erst mit zunehmendem Alter Sprache und rationale Herangehensweisen als Auseinander-setzungsform an Gewicht.

Konsequenzen sind freilich kein Allheilmittel, um jeden Konflikt zu lösen.

Tatsächlich gibt es Kinder, die kein Interesse an einem angemes-senen Verhalten haben, weil sie erfahren: Wenn sie nett sind, werden sie übersehen. Doch wenn sie stören, dann stehen sie im

Mittelpunkt – negative Zuneigung ist für sie dann besser als überhaupt keine.

Robin, fünf, kommt in den Kindergarten, sieht seine Erzieherin, Marion, die sich intensiv mit der dreijährigen Tanja beschäftigt. Die Kleine braucht an diesem Morgen viel Aufmerksamkeit.

«Guten Morgen», sagt er zu Marion, aber die überhört den Gruß, zu sehr ist sie beschäftigt.

«Guten Morgen», wiederholt Robin etwas lauter. Marion überhört den Gruß wieder – es ist kein böser Wille, aber für Robin scheint der Fall klar. Wütend wirft er seinen Rucksack in die Ecke, dreht ab, geht gemächlich in die Puppenecke, schnappt sich Felicitas, schubst sie. Sie fällt hin, tut sich weh, schreit erbärmlich. Sofort kommt Marion angelaufen, packt Robin an den Schultern: «Was hast du da gemacht, verdammt?» – «Warum machst du das?» – «Darum!», antwortet er achselzuckend.

Robin hat an diesem Morgen etwas gelernt: «Wenn ich komme und nicht beachtet werde, gehe ich in die Puppenecke und mache Ärger, dann ist Marion sofort da.»

Provokative Grenzüberschreitungen weisen häufig auf Probleme in der Erwachsenen-Kind-Beziehung hin:

1. Oft sind Regeln und Grenzen unklar und uneindeutig formuliert. Oder Regeln und Grenzen existieren bloß unausgesprochen. Um sie aufzudecken, testen Kinder Situationen aus. Sie machen so lange weiter, bis man ihnen Einhalt gebietet.

2. Kinder wollen Aufmerksamkeit, Achtung und Respekt – erhalten sie die nicht, machen sie mit anderen Mitteln auf sich aufmerksam.

3. Kritik an der Sache darf nicht mit Kritik an der Person verwechselt oder vermischt werden. Kinder müssen sich auch dann angenommen fühlen, wenn sie Regeln verletzt haben. Nur so sind sie zur Mithilfe bei der Veränderung bereit.

4. Wenn Kinder Grenzen als überzogen, übertrieben und un-

angemessen empfinden, deuten sie dies als Strafe oder Verbot und weichen in aufreibende Machtkämpfe aus, indem sie Regeln ständig und völlig überzogen verletzen. Oder sie umgehen Verbote durch Heimlichkeiten. Dann sollten Sie versuchen, gemeinsam mit dem Kind neue Grenzen und Regeln zu formulieren!

«Konsequenzenkiller»

Kinder haben ihre – bewussten und unbewussten – Strategien, Grenzen auszutesten oder zu erweitern – umso differenzierter und nachdrücklicher, je älter sie werden.

Dabei wenden sie die unterschiedlichsten Strategien an, wie ein Gespräch zwischen Sechs- bis Achtjährigen zeigt:

«Ich sag», amüsiert sich Johannes, «ich zieh aus. Und dabei schau ich dann ganz böse. Als ich fünf war, habe ich wirklich mal einen Koffer gepackt und ihn vor die Haustür geschleppt. Es war schon dunkel. ‹Lass ihn gehen›, hat Papa gesagt. ‹Bist du denn verrückt geworden?›, hat meine Mama geschrien. Die ist dann hinter mir hergelaufen. Dabei bin ich extra langsam gegangen. Das war doch stockduster draußen. Und da hatte ich doch Angst.»

«Früher», so erinnert sich Marie-Claire, «da konnte ich auf Kommando kotzen. Also, ich musste nur die Luft anhalten, und dann kam alles hoch. Das hab ich dann auf den Teppich gespuckt. Meistens habe ich dann bekommen, was ich wollte. Heut sag ich, ich hab sooo Bauchschmerzen, wenn ich irgendetwas nicht darf.»

«Ich hab», berichtet Reiner, «früher den Kopf auf den Boden geschlagen, wenn mir meine Mama oder mein Papa nichts gegeben haben. Dann haben die sich Sorgen gemacht. Und sie haben nachgegeben. Heut mach ich das nicht mehr, aber ich weiß, wie ich sie rumkriege. Ich muss nur traurig gucken oder sagen: ‹Ich leb ja doch nicht mehr lang!› Dann zucken die zusammen. Und dann geben sie schnell nach.»

«Womit ich meine Eltern am schnellsten rumkrieg», lacht Arne, «ist der Satz: ‹Alle anderen dürfen!› Bei meiner Mutter sag ich das ganz laut. Die hat dann sofort ein schlechtes Gewissen. Bei Papa wirkt das nicht immer. Aber wenn der abends abgeschlafft nach Hause kommt und seine Ruhe haben will, dann muss ich das nur sagen, und schon gibt der nach!»

«Alle anderen dürfen ...» Ob es sich nun um den abendlichen Krimi, das schicke T-Shirt, längeres Aufbleiben, die neueste Spielkonsole oder höheres Taschengeld handelt: Immer versuchen Kinder, abgesprochene Regeln in Frage zu stellen. Wer gleich nachgibt, verschafft Kindern einen zweifachen Erfolg mit fragwürdigen Folgen: Sie lernen daraus, wie sie durch bestimmte Formulierungen und entsprechende Verhaltensweisen ihre Eltern «rumkriegen»; und sie werden es immer wieder – und aus ihrer Sicht erfolgreich – versuchen.

Die Eltern sollten stattdessen auf Absprachen verweisen, und zwar auf der «Ich»-, nicht auf der «Man-Ebene». Also nicht: «Du weißt, dass man das in deinem Alter nicht macht!», sondern: «Ich habe mit dir die Vereinbarung getroffen, ich denke, das bleibt auch so!»

«Bei mir gab es diese ständigen Diskussionen und dann dieses ‹Alle anderen dürfen!›. Eines Tages hatte ich die Schnauze voll», berichtet Antonia Müller.

«Wer sind alle?», hat sie ihre Tochter gefragt. – «Alle!», lautet Beates patzige Antwort.

«Wer sind alle?», hakt Antonia Müller nach. Beate überlegt: «Miriam und alle!»

«Wer sind alle?», drängt die Mutter. – «Lass mich!» Beate denkt weiter nach. Dann sprudeln zwei Namen: «Ute und Sabrina!»

«Das sind drei!», stellt die Mutter fest. – «Eben drei!», kommentiert Beate in beleidigtem Ton.

«Gut! Da ruf ich jetzt an!» – «Spinnst du!» Beate ist außer sich. «Du glaubst mir wohl nicht mehr!» – Antonia Müller antwortet ganz ruhig: «Ich glaube dir schon, aber ich ruf da jetzt an!»

Sie kommt zurück: «Du, die drei dürfen, aber du darfst immer noch nicht!» – «Peinlich! Voll peinlich!», stöhnt Beate.

«Im nächsten Leben hast du eine andere Mutter», lächelt Antonia Müller. «In diesem Leben musst du mit mir vorliebnehmen!»

Leben Sie den Kindern die Verlässlichkeit von Normen und Werten vor. Das gibt den Kindern Vertrautheit und Sicherheit. Es ist ihnen zuzumuten, dass in anderen Familien ganz andere Modelle praktiziert werden: **Das Kind kann vergleichen, kann werten; es erfährt, wie unterschiedliche Erziehungsstile Vor- und Nachteile haben.** Das Kind spürt möglicherweise Frustrationen, weil die anderen Kinder «immer mehr dürfen als ich!». Solche Frustrationen beziehen sich meist auf den materiellen Bereich – und das können Kinder durchaus aushalten, wenn sie emotionale Sicherheit spüren.

«Und manchmal muss man das Überraschende tun», erzählt Christa Reimers der Runde. Ihr Sohn Boris, elf Jahre, «kommt jeden Mittag geladen nach Hause und reagiert überzogen, wenn er ein ‹Nein!› hört. Er flippt dann regelmäßig aus, schreit, flucht: ‹Alle dürfen, nur ich nicht›, pöbelt er dann, um zum Abschluss in beleidigtem Ton hinzuzufügen: ‹Du bist gemein!›»

Die Mutter hatte genug. Als er eines Tages nach Hause kam und wieder ausflippte, sagte sie ganz ruhig: «Du hast recht, du hast die gemeinste Mutter von Hamburg, und es wird Zeit, dass ich mich oute!» – «Wie bitte?»

«Ich hab hier ein Plakat gemalt.» Sie entrollt es. Er liest laut: «Ich bin die gemeinste Mutter von Hamburg. Gemeine Mütter von Hamburg, solidarisiert euch!» Sie lacht ihn an: «Und damit gehe ich jetzt auf den Rathausmarkt. Die Mütter von Yvonne und Helena kommen auch mit, die sind auch gemein.»

Boris erstarrt: «Was?» – «Da gehe ich hin!» Er merkt, seiner Mutter ist es ernst. Mit einem Mal springt er zur Haustür, schließt diese ab.

«Was machst du?», fragt die Mutter freundlich. – «Da gehst du nicht hin!» – «Warum nicht?» – «Meinst du, ich will wegen dir in der Zeitung stehen?»

Sie schließen einen Vertrag. Wenn Boris sich vier Wochen zurückhält mit seinen ständigen Nötigungen und Erpressungen, wird sie nicht gehen.

«Und damit du den Vertrag nicht vergisst, hänge ich das Plakat in den Flur!» – «Und was sollen meine Freunde denken?» – Sie zuckt mit den Schultern.

Boris geht in sein Zimmer, und die Mutter hört, wie er sagt: «Das war früher mal so einfach hier!»

Auszeitmethode

Mit der Auszeitmethode kann eine sich anbahnende Eskalation unterbunden werden; allerdings zeigt sie dem Kind keine Handlungsalternativen auf. Ständig angewandt, wird die Auszeit*technik* dagegen als Strafe und Herabsetzung empfunden. Darüber hinaus funktioniert sie nur auf der Grundlage einer gefühlsmäßig festen Eltern-Kind-Beziehung.

Damit diese Methode funktioniert, sind Vorüberlegungen und Absprachen notwendig:

» Die Auszeit dient dazu, wieder zur Besinnung zu kommen. Sie unterbricht den Streit, verhindert die Eskalation. Gerade bei jüngeren Kindern kann sie dazu führen, ausufernde, dramatische Gefühle beherrschen zu lernen. Die Auszeit bietet eine

Chance zur Beruhigung, sie stellt keine Bestrafung dar. *Deshalb darf mit der Auszeit nicht gedroht werden.*

» Die Auszeit bietet die Möglichkeit zu einer räumlichen und zeitlichen Lösung. Sie baut Distanz auf und verhindert häufig Schlimmeres. Man setzt sich – ganz konkret – auseinander, um danach erneut zu verhandeln.

» Der Ablauf einer Auszeit muss dem Kind vorher klar sein: Es gibt den Auszeitstuhl, den Auszeitraum. Die Dauer sollte geregelt sein: Pro Lebensjahr kann man mit einer Minute rechnen. Aber noch wichtiger sind individuelle Absprachen. Ein introvertiertes Kind trotzt anders als ein extrovertiertes, das eine beruhigt sich schneller als ein anderes, lässt sich früher auf abstrakte Lösungen ein.

» Zur Auszeit gehören klare Rituale: Dem Kind muss diese Technik vorher in Ruhe erklärt werden: «Wir schreien uns jetzt nur noch an, und das möchte ich nicht. Damit du dich beruhigst, ich mich beruhige, gehst du in das Auszeitzimmer.» Ein anderes Ritual besteht in der Ankündigung: «Ich werde dich zweimal an getroffene Absprachen erinnern, wenn du die nicht einhältst und dich aufregst, dann gehst du!» Macht das Kind dann mit seinem grenzüberschreitenden Verhalten weiter, gibt es keine weitere Ermahnung.

» Zur Beendigung empfiehlt sich der Wecker. «Wenn der Wecker klingelt, kannst du wiederkommen. Oder du bleibst so lange, bis du meinst, dass du dich beruhigt hast!»

» Das Kind wird während der Auszeit nicht angesprochen, nicht ermahnt oder beschimpft.

» Nach Beendigung der Auszeit kommt man wieder zusammen und klärt die Konflikte.

Übrigens haben viele Kinder die Auszeitmethode intuitiv verinnerlicht. Wenn eine Situation eskaliert, entfernen sie sich, um einer drohenden Eskalation zu entgehen. Bestehen Sie dann nicht darauf, dass die Kinder bleiben («Bleib hier! Ich will mit dir jetzt reden!»).

Nochmals: Die Auszeitmethode ist kein Allheilmittel, sie stellt eine *Technik* dar, die nur auf der Grundlage einer stabilen Eltern-Kind-Beziehung angewendet werden kann.

«Mir hat sie sehr geholfen», erzählt Petra Fischer. «Aber vor allem, weil ich nicht nur die Kinder ins Auszeitzimmer geschickt habe, sondern manchmal selber dahin gegangen bin. Und als ich neulich einmal durchgedreht bin, die Kinder angeschrien habe, meinte mein fünfjähriger Benedikt: ‹Mama, du musst jetzt schnell in das Zimmer!›»

«Gute» Worte helfen nicht

«Manchmal denke ich, mein Kind versteht mich nicht. Oder will mich nicht verstehen! Es kapiert mich nicht! Und dann sage ich es hundertmal. Und immer und immer wieder. Am Anfang noch ruhig, aber dann schreie ich doch.»

Anne Hausmann erzählt von ihrer neunjährigen Caroline. Anne neigt zum «Labern», zu «unendlichen Erklärungen», wie sie selber sagt. Sie hat Schwierigkeiten, klare Anweisungen zu geben, setzt selbst da keine Grenzen, wo sie notwendig sind.

Eines Abends wollte Caroline nicht ins Bett. Es folgte eine lange Diskussion, die sich zwischen mütterlichem Verständnis und gereiztem Ton hochschaukelte. Die Mutter erklärte in umständlichen, sich wiederholenden Ausführungen, warum es wichtig sei, dass neunjährige Mädchen mindestens neun Stunden schlafen müssten. Je langatmiger die Erklärungen, umso mehr rollte Caroline die Augen. Sie zog das Gespräch mit ständigen «Warums» oder einem beharrlichen «Versteh ich nicht!» in die Länge. Obgleich Anne Hausmann einem Nervenzusammenbruch nahe war, blieb sie zumindest äußerlich ruhig, setzte immer wieder von vorne an, um ihre Tochter mit ihren Argumenten zu überzeugen.

Als der Mutter die Argumente auszugehen drohen, hält sich Caroline die Ohren mit den Händen zu, schaut sie fest an: «Mama, ich höre dich nicht. Aber ich mache, was du möchtest.» Sie steht auf, geht aus dem Zimmer, legt sich ins Bett. Die Mutter kommt, um «Gute Nacht» zu sagen. Sie kann es sich aber nicht verkneifen, die Angelegenheit nochmals zu erklären. Da gehen Carolines Hände wieder zu den Ohren: «Ich höre nicht, was du sagst! Aber ich mache es!»

Der andere Morgen. Anne Hausmann sitzt am Frühstückstisch, ist völlig verunsichert, weiß nicht, wie sie ihrer Tochter begegnen soll. Caroline kommt dahergestürmt, fröhlich, selbstbewusst. Anne Hausmann hat sich vorgenommen, die abendliche Situation nochmals zu besprechen. Carolines Hände schnellen zu den Ohren hoch: «Ich hör nix, Mama!» Sie löst die Hände von den Ohren, umfasst ein Glas mit Milch und trinkt es mit hastigen Schlucken aus. «Caroline, davon bekommt man Bauchschmerzen.» Caroline lacht. Schon wieder die Erklärungen!

Carolines Hände gehen zu den Ohren. «Jetzt ist aber Schluss!»

Anne Hausmanns Stimme hat einen schrillen Klang. Caroline wirkt ruhig: **«Mama! Ich hör dir nicht mehr zu! Aber ich mache, was du willst!»**

Morgendliches Aufstehen, Bummelei beim Anziehen, das liegengelassene Frühstück, unerledigte Hausaufgaben – in solchen alltäglichen Situationen brechen schnell heftige Gefühle aus. Gesichtsverlust, Ärger, Rachegefühle oder beleidigter Rückzug sind die Folge. Dabei verlaufen diese Konflikte nach einem von allen beteiligten Personen – unbewusst – festgelegten Drehbuch: Die Eltern beobachten eine Situation, die für sie klar ist, für die Kinder jedoch nicht. Die Eltern beobachten einen Sachverhalt, der sich für das Kind einleuchtend darstellt, für die Eltern aber missverständlich.

Aus diesem Missverständnis entwickelt sich in kürzester Zeit Beziehungsstress. Die Eltern wollen «ruhig» bleiben, artikulieren aber nicht klar *ihre* Grenzen. Das Kind stört weiter, ist auffällig, will verstanden, besser: angenommen werden. Irgendwann platzt den Eltern der Kragen, sie deuten – mal schreiend, mal wild gestikulierend, mal gefährlich leise zischend – Grenzen an. Das Kind hält ein, gehorcht, passt sich an – bis am nächsten Tag das neue, alte Spiel von vorn beginnt.

Klare Aussagen

Viele Erziehungsbeziehungen zwischen Eltern und Kindern geraten durch die unklare Sprache der Erwachsenen ins Ungleichgewicht. «Ich rede und rede», erzählt mir Gisela Schwarz, «rede mir den Mund fusselig, bemühe mich, freundlich zu sein, aber nichts passiert. Erst wenn ich die böse Hexe spiele, dann hören sie!» Als sie dies entrüstet erzählt, nicken die anderen anwesenden Eltern zustimmend.

Erwachsene verhalten sich – ich hatte es gesagt – gegenüber Kindern unklar. Sie ärgern sich z.B. über die Bummelei, die Unordnung, zeigen mit ihrer Gestik und Mimik jedoch eine – wenn auch verbissen – freundliche Stimmung an. Das Kind hört zwar Fragen wie: «Würdest du bitte aufräumen?» «Könntest du dich vielleicht beeilen?» Doch Fragen setzen keine Grenzen. Das Kind deutet in der Mimik und Gestik des Erwachsenen Zeichen von Anspannung – z.B. schmale Lippen, schmale Augen, Stirnrunzeln –, die fragende Stimme klingt hingegen noch (!) ausgeglichen.

Kinder können mit solch unklaren Botschaften nicht umgehen. Deshalb erzwingen sie durch ihr Handeln einen in sich stimmigen Erwachsenen, soll heißen: Sie akzeptieren erst Grenzen, wenn sie klar artikuliert werden, wenn Gestik, Stimme und Sinn der Worte übereinstimmen. Mit den Worten des neunjährigen Claudius ausgedrückt: «Wenn ich nicht weiß, was genau läuft, dann mache ich meinen Scheiß weiter. Weil, meine Eltern sind ja immer noch so freundlich. Obgleich ich merk, gleich ist's so weit. Gleich explodiert sie. Und dann platzt sie auch. Gut, denke ich, hab ich doch nicht falschgelegen.»

Claudius formuliert intuitiv, was die Kommunikationspsychologie durch zahlreiche Untersuchungen belegt hat: 55 Prozent der Kommunikation läuft über Körpersprache, über Mimik und Gestik, 38 Prozent läuft über den Stimmklang und die Art des Sprechens, lediglich 7 Prozent vermittelt sich den Kindern über den Inhalt, den Sinn der Worte. Missverständnisse in der Eltern-Kind-Kommunikation haben ihre Ursache in der Unklarheit, mit der viele Erwachsene Absichten und Grenzen formulieren.

Kontakt aufnehmen

Kinder brauchen authentische Botschaften, müssen wissen, woran sie sind. Bekommen sie keine Klarheit, dann sorgen sie mit ihren Mitteln für Deutlichkeit.

Manuela Hard erzählt: «Mein Stefan ist vier. Früher habe ich geredet und geredet. ‹Hör auf! Lass das!› Das ging und ging und ging ewig weiter. Das fand kein Ende.»

«Was haben Sie verändert?», frage ich.

«Wenn ich etwas möchte, zum Beispiel, dass er aufräumt, dann sage ich nicht mehr ‹Räum auf!›, ‹Räum endlich auf!› oder ‹Wann räumst du denn endlich auf?›. Nein, ich gehe hin, hocke mich vor ihn hin, schau in seine Augen, nehme manchmal seine Hände, formuliere einen kurzen knappen Satz: ‹Stefan, ich möchte, dass du aufräumst!› Meistens klappt das. Manchmal rufe ich aus der Entfernung nur ganz deutlich: ‹Stefan!› Dann weiß er

Bescheid, und meistens hält er sich an die Absprache. Und wenn nicht, dann weiß ich, es geht ihm gar nicht um das Aufräumen. Dann will er mit mir in einen Machtkampf eintreten.»

Manuela Hard hat ihre Priorität auf ein klares, für Stefan verständliches Handeln gelegt: Er *fühlt* sich in Augen- und Körperkontakt angenommen. Er *fühlt*, seine Mutter redet nicht um den heißen Brei herum; sie sagt, was sie erwartet. «Unsere Beziehungen wurden klarer», erinnert sie sich. «Und auch er wurde eindeutiger. Früher erpresste er mich, nötigte mich mit Tränen. Jetzt sagt er deutlich: ‹Ich will das! Ich möchte das!› Und wenn ich dann nicht bei der Sache bin, kommt er auf meinen Schoß, sagt ganz bestimmt: ‹Mama!› Und wenn ich dann immer noch nicht zu ihm hinschaue, dreht er mein Gesicht in seine Richtung, damit ich ihn sehen kann.»

Klarheit in der Sprache und Festigkeit im Gefühl lässt gegenseitigen Respekt entstehen. Partnerschaftlichkeit und Gleichwertigkeit in Beziehungen lassen sich nicht in allen Situationen gleichermaßen leben. Sie sind das Ergebnis andauernder Bemühungen, sind das Resultat eines Prozesses.

Fragen, die keine sind

Szene auf einem Seminar: Anwesend sind Eltern mit ihren neun- bis zwölfjährigen Kindern.

«Seien Sie aufrecht und ehrlich», fasse ich zusammen, «wenn Sie zu Ihren Kindern reden, sagen Sie, was Sie vorhaben, was Sie wirklich wollen. Wenn Sie das nicht tun, erleben Sie Ihr blaues Wunder!»

Kaum habe ich das gesagt, springt der elfjährige Johannes neben mir auf und ruft spontan: «Richtig, Herr Rogge! Richtig!»

Er sieht in Richtung seiner Mutter: «Das sagen Sie mal meiner Mutter!» – «Wieso?» – «Die spinnt nämlich!»

«Johannes!», empört sich die Mutter. «Hör auf zu spinnen!» –
«Du spinnst!» Seine Stimme klingt aufgebracht.

«Johannes, das kannst du nicht einfach behaupten!», greife ich
ein. «Das kannst du nur sagen, wenn du es beweisen kannst!» –
«Kann ich!», ruft er mit erregter Stimme. «Tausend Beispiele kann
ich Ihnen geben!» – «Eines reicht mir!», lache ich ihn an.

«Gestern», erzählt er. «Gestern! Da kommt sie, fragt: ‹Johannes, wollen wir heute zu Oma?› Ich sehe ihr aber an, dass sie will.
Und sie will, dass ich mitkomme!» – «Was machst du dann?» –
«Ich sag dann: ‹Nein!›» Seine Stimme hat einen verächtlichen Unterton. Sie hört sich an, als spucke er das Wort aus.

«Und was passiert dann?» – «Dann textet sie mich zu», antwortet er mit finsterem Unterton. – «Was heißt zutexten?», frage
ich. – «Na ja, Sie würden wahrscheinlich sagen, meine Mutter
labert!»

«Und wie geht das Zutexten?» – «Na ja, dann bleibt sie stehen
und sagt: ‹Johannes, jetzt hör mir mal zu! Du warst schon so lang
nicht mehr bei Oma! Du magst Oma doch auch, oder? Und du
willst schließlich auch Geschenke von ihr haben!›» Er atmet genervt aus: «Und so weiter! Und so weiter!»

«Und wie lange geht das Zutexten?», bin ich neugierig. – «Eine
Viertelstunde!»

«Und dann?» – «Dann sag ich, o. k., ich komm mit!» – Ich muss
schmunzeln. Ihm ist aber nicht zum Lachen zumute.

«Was könnte deine Mutter denn anders machen?», will ich
von ihm wissen.

«Ich hab mir was überlegt!», verkündet er mit Bestimmtheit
und Stolz in der Stimme. – «Was denn? Ich bin neugierig!»

«Na ja, die kann doch kommen und sagen: ‹Johannes, ich will
heut zu Oma. Und ich möchte, dass du heute mitkommst!›» –
«Und was hätte sie davon?» – «Die wäre eine Viertelstunde eher
bei Oma!», verkündet er triumphierend.

Nicht selten bringen Fragen, die bereits klare Festlegungen enthalten, einen Machtkampf mit sich, weil diese Fragen eigentlich keine sind. Wenn Eltern ihre Kinder z. B. fragen: «Wollen wir heute zu Oma?», die Entscheidung zum Besuch aber längst von ihnen gefällt ist, so bleibt den Kindern ein angepasstes «Ja!», ein gleichgültiges «Meinetwegen!» oder ein trotziges, selbstbestimmtes «Nein!». Wenn sie an Entscheidungsprozessen nicht beteiligt sind bzw. werden, dann ist es für Kinder einleuchtender, das Ergebnis mit fester und freundlicher Stimme mitgeteilt zu bekommen: «Ich möchte heute zu Oma und möchte, dass du mitkommst!» Dies muss nicht zu Begeisterungsstürmen beim Kind führen, zeigt ihm aber das Wollen der Eltern an.

Vieles spricht dafür, Kinder am Weg zu einer Entscheidung zu beteiligen, fördert dies doch auch die Bereitschaft, Mut zu eigenen Entscheidungen zu entwickeln und Verantwortung dafür zu übernehmen. Dann ist es wichtig, mit einem offenen Ausgang in das Gespräch zu gehen: «Ich habe mir überlegt, zu Oma zu gehen. Was meinst du?» Oder: «Hättest du Lust, zur Oma zu gehen?» Oder: «Wir könnten mal wieder Oma besuchen. Was hältst du davon?»

Bei diesem Vorgehen darf auf keinen Fall eine Vorentscheidung gefallen sein, das Kind muss spüren, dass es an einer Entscheidung wirklich mitwirkt. Es ist mithin wichtig, sich *vor* dem Gespräch darüber klar zu sein: Teilt der Erwachsene dem Kind eine bereits getroffene Entscheidung mit, oder will er gemeinsam mit dem Kind zu einer Lösung kommen, die alle an der Situation Beteiligten zufriedenstellt?

Ich-Botschaften

Nicht nur Kinder, auch Erwachsene können mit pauschalen Vorwürfen schlecht umgehen. Vorwürfe, die mit «nie», «immer», «nur» daherkommen, enthalten nicht selten direkte oder

indirekte Beschuldigungen. Solche unzulässigen Verallgemeinerungen sollten Sie in jeder Kommunikation vermeiden. Entscheidend ist mithin, *wie* Eltern Störungen thematisieren.

«Das ist unmöglich, dass du ständig unpünktlich bist»,
schimpft Robert Holz seinen Sohn an. Mathias verspätet sich tatsächlich häufiger. «Hab's vergessen», versucht er zu beschwich-
tigen.

«Du vergisst alles. Das ist zum Mäusemelken mit dir.» – «Du
bist nur schlecht gelaunt», kontert Mathias. – «Bis eben hatte ich
gute Laune.» – «Dein Gesicht sah schon beleidigt aus, als du mich
gesehen hast.»

«Jetzt hör aber auf!», erwidert der Vater scharf. – «Was kann
ich dafür, dass du so eine blöde Kindheit hattest.» Mit diesen
Worten verlässt Mathias den Raum.

Nicht der Sachkonflikt stand im Mittelpunkt dieser Auseinandersetzung, sondern eine «Beziehungskiste». Mit der Formulierung «Das ist
unmöglich!» greift der Vater seinen Sohn direkt an. Der wiederum empfindet diesen Satz als «Du bist unmöglich!» oder «Weil
ich zu spät komme, bin ich unmöglich.». Es entsteht ein sprach-
licher Clinch, die Vorwürfe treffen den anderen, statt eines
klärenden Konfliktgesprächs endet alles in beleidigter Wortlo-
sigkeit.

«Aber wie kann ich das lösen? Wie komme ich da raus, dass es
ständig diese Formen annimmt?» Mathias' Vater ist verzweifelt.

Die Zauberformel lautet: Ich-Botschaften formulieren. Ich-
Botschaften benennen den Sachverhalt, geben Auskünfte über
Gefühle und sprechen – falls erforderlich und notwendig – die
Konsequenzen an, die sich aus nicht eingehaltenen Absprachen
ergeben können, z.B.: «Ich finde es nicht in Ordnung, wenn du
länger als abgesprochen wegbleibst. Ich mache mir wirklich Sorgen.» Sind vorher Absprachen getroffen worden, dann könnte so
fortgesetzt werden: «Wir hatten abgesprochen, dass du anrufst,
wenn was dazwischengekommen ist. Und ich hatte gesagt, wenn

du das nicht machst, dass du dann morgen deinen Freund nicht besuchen kannst. Du warst einverstanden.»

Ich-Botschaften legen Wert auf vier wichtige, miteinander zusammenhängende Aspekte:

» Der Erwachsene artikuliert seine Position. Er beschreibt die Situation, wie er sie sieht, spricht seine Gefühle an;

» er beschuldigt sein Kind weder direkt noch indirekt, trennt somit die Sache von der Beziehungsebene;

» Gestik, Mimik, Stimme und Sinn der Worte stimmen überein;

» sind in einem vorherigen Gespräch bereits Konsequenzen thematisiert worden, so werden diese nun umgesetzt.

Wenn Sie Konsequenzen umsetzen, werden Sie allerdings mit Widerstand, Drohung oder Rückzug rechnen müssen.

Die Ich-Botschaft kommt – ich hatte es weiter oben schon ausgeführt – nur beim anderen an, wenn man sich klar ausdrückt.

Ähnliches gilt für einen weiteren Fehler bei der Anwendung der Ich-Botschaft. Manche gutmeinenden Eltern senden unter dem Deckmantel der Ich-Botschaft Betroffenheitsbotschaften aus: «Ich bin jetzt ganz traurig, wenn du das machst», klagt eine Mutter ihre Tochter mit Tremolo in der Stimme an, als Sarah zum wiederholten Male ihren Kot an der Klowand verschmiert hat. Hier stimmen Ton, Körperhaltung und Mimik nicht überein. Die Traurigkeit ist aufgesetzt, eine versteckte Anklage ist eingebaut, mit Liebesentzug wird gedroht.

Und Kinder verinnerlichen solch Betroffenheitskultur sehr schnell, wenden sie gegen ihre «Erfinder» an.

Die Bedeutung des Humors

Pestalozzi hat vor mehr als 220 Jahren sinngemäß formuliert: Lache dreimal am Tag mit deinem Kind, dann geht es dir gut! Ernst genommen haben diesen Satz nur wenige pädagogisch Handelnde – egal, ob Eltern, Lehrer oder Erzieher. Wenn ich Vorträge halte, Seminare veranstalte, dann schaue ich häufig in angestrengte, ernste Gesichter – und ich frage mich dann, möchtest du bei denen Kind sein? Wenn Eltern nicht lachen können – über sich, gemeinsam mit dem Kind –, dann bringen Kinder durch ihr anarchisches Handeln die Eltern in einen anderen emotionalen Aggregatzustand: Und das ist das Schreien, das Ausflippen, das Ausrasten, nach dem Motto: «Oder muss ich mal wieder böse werden!»

Kinder finden Erziehung zum Lachen und Eltern komisch, die Ratgeber lesen oder zu Erziehungsvorträgen gehen. Bei meinen Veranstaltungen ermuntere ich die Eltern, nicht mitzuschreiben, sondern zu lachen, weil, so vermute ich, es am nächsten Tag nichts mehr zu lachen gibt und man am lauten Lachen des Nachbarn oder der Nachbarin erkennen kann: Dem geht es «noch dreckiger» – schallendes Gelächter! Und wenn ich dann anfüge, man solle nach dem Vortrag nach Hause gehen, leise das Kinderzimmer betreten, sein Kind oder seine Kinder anschauen, die da friedlich schlafen, und denken, du bist mein Geschenk, und du bist so normal wie ich, dann folgt auf das laute Lachen eine stille Nachdenklichkeit.

«Humorlose Eltern», so hat einst der bekannte Psychologe Josef Rattner formuliert, «können keine guten Erzieher sein. Denn das Fehlen von Humor lässt schließen auf Mangel an Selbsterkenntnis, Heiterkeit der Seele, mutiger Lebens- und Weltanschauung und Solidarität mit den Mitmenschen!»

Humor verbindet, gemeinsames Lachen im Seminar und Vortrag zeigt: Es geht nicht nur mir so in und mit der Erziehung.

Humor und Lachen stiften Gemeinsamkeit. Und das solidarische Lachen lindert Versagensgefühle, überwindet manch Leid und Schmerz.

Doch halten einige das Lachen nicht aus. «Ich bin enttäuscht», sagte mir einmal eine Mutter in der Pause nach einem Vortrag. «Ich hatte so viel Gutes von Ihnen gehört und fand es einfach nur schrecklich, dass ständig gelacht wurde. Dabei ist Erziehung ein verdammt ernstes Thema!» Andere stehen bei Vorträgen auf, verlassen den Raum – manchmal sogar unter lautstarkem Protest: «Und so etwas nennt sich Vortrag! Das ist Kabarett, Theater, reinste Unterhaltung!»

Aber gerade das brauchen Eltern: Unterhaltung, nur nicht in jener Form der «Super Nanny», die Eltern gnadenlos vorführt (s. S. 22 ff.).

«Der Humor», so hat Sigmund Freud einmal geschrieben, «hat nicht nur etwas Befreiendes wie der Witz und die Komik, sondern auch etwas Großartiges und Erhebendes.» Zum Humor gehörten neben dem Lachen und der Heiterkeit immer auch der Trost und das Mitgefühl. Lachen hat nichts zu tun mit Lächerlich-Machen, genauso wenig wie der Humor mit Sarkasmus oder Zynismus.

«Humor und Lachen», darauf hat Jürg Frick hingewiesen, «führen zu einer physiologischen wie psychischen Reduktion von Angst, aber auch von Ärger, Sorge, Ungewissheit und Belehrung.»

Der Humor ist gesund, er lockert Körper, Geist und Seele. Lachen erschüttert, macht Räume frei für Neues, lässt Kreativität zu, weckt ungeahnte Kräfte. Wenn der Humor begleitet wird von Menschenfreundlichkeit und Mitgefühl, dann kann er Wirkungen entfalten, die für die Erziehung von und die Beziehung zu Kindern wichtig sind:

» Das Lachen schafft Gemeinschaftsgefühle, frei nach dem Motto: Dem anderen ergeht es ja genauso, und so stehe ich nicht alleine mit Schwierigkeiten da!

» Humor kompensiert das Selbstmitleid, bringt es zum Verschwinden, allerdings nur bei jenen, die es auch wollen.

» Im Lachen akzeptiert man seine Fehler, seine kleinen und großen Schwächen, im Lachen bekennt man sich zu seiner Unvollkommenheit, im Lachen wird man geerdet.

Lache dreimal am Tag mit deinem Kind, so hatte es Pestalozzi gefordert. Dieser so einfach anmutende Satz hat von seiner Aktualität nichts eingebüßt. Lachen und Schmunzeln über sich, mit dem Kind – lachen selbst dann, wenn es mal schwerfällt – ist die beste Medizin, eine Medizin mit Nebenwirkungen, keinen schädlichen freilich, sondern jenen, die den Erziehungsalltag auf wunderbare Weise entspannen helfen.

Von der Kunst, nicht perfekt zu sein

Ich komme noch einmal zur Ausgangsfrage dieses Kapitels, nämlich, ob und wie sich Fehler in der Erziehung vermeiden lassen.

Zugegeben: Es ist manchmal ein Kreuz mit der Kindererziehung. «Egal, wie man's macht», erklärt mir ein Vater, «man macht's falsch. Wenn ich sauer bin, mein Kind anschreie, entwickle ich Schuldgefühle. Obgleich ich nach dem Schreien irgendwie erleichtert bin!» Er schaut mich erstaunt an. «Aber wenn ich mein Kind nicht anschreie, obgleich es nervt, sich nicht an Absprachen hält, dann quäle ich mich noch stärker und frage mich hinterher ständig, warum hast du keine Grenzen gesetzt? Warum bist du ständig das Opfer? Wo bleibst du mit deinen Gefühlen?»

Dieser Vater hat sich eine klassische Falle aufgestellt: Er kann nicht «immer richtig» handeln. Entweder er setzt seine eigenen Bedürfnisse hintan, oder er verstößt gegen seine Prinzipien, indem er z. B. sein Kind anschreit.

Zweifellos haben alle Familienmitglieder Anspruch darauf, angemessen behandelt zu werden. Aber dies gelingt nicht immer.

Wer die Schwäche hat, Fehler zu begehen, sollte die Stärke besitzen, sich zu entschuldigen – und nicht unwillig, hingenuschelt oder weil «man» es tut, sondern als ernstgemeinte Wiedergutmachung und mit der Absicht, künftig bessere Konfliktlösungen zu entwickeln.

Eine Mutter berichtet: «Ich habe eine Absprache mit meinen Söhnen. Sie sollen mich mittags dreißig Minuten alleine lassen. Ich brauche diese Ruhe. Aber nach zehn Minuten kommt Benjamin, mein Jüngster, vier Jahre, ins Zimmer, weil er Durst hat. Ich hab zu ihm ganz bestimmt gesagt: ‹Du weißt ja, wo alles steht. Geh!› Dann hab ich mit dem Finger zur Tür gewiesen. Ein klassischer Rausschmiss, er ist gegangen. Und ich hab mir gedacht, war das richtig? Gibt es nicht doch eine elegantere Lösung?» Sie denkt einen kleinen Augenblick nach, dann klingt ihre Stimme ganz bestimmt: «Ja, es muss eine bessere Lösung geben, eine, die alle zufriedenstellt!»

Wiederum eine paradoxe Situation: Da führt eine Handlung zum gewünschten Ergebnis. Der Sohn verstößt gegen eine getroffene Absprache, die Mutter besteht auf Einhalten der Vereinbarung. Sie artikuliert ihre Bedürfnisse. Das Kind akzeptiert dies – wenn auch nicht freudestrahlend. Trotzdem ist die Mutter nicht zufrieden; sollte Benjamin etwa sagen: «Mutter, ich danke dir, dass du so konsequent bist?»

Anscheinend gibt es Menschen, die mit ihrem Erziehungshandeln niemals zufrieden sind. Sie haben Schwierigkeiten, Grenzen zu setzen, aber unendlich mehr Schwierigkeiten mit den Konsequenzen und die allergrößten Probleme mit den eigenen Gefühlen, die sich aus den vollzogenen Konsequenzen ergeben. Wer Grenzen setzt, konsequent handelt, wird nicht geliebt, vielmehr respektiert und geachtet – manchmal auch gehasst. Alle diese Seiten gehören zu einer gefühlsmäßig reifen Eltern-Kind-Beziehung.

Wenn ich mit Eltern Ideen entwickle, wie mit Problemen beim

Grenzensetzen umzugehen ist, höre ich schnell den Satz: «Hab ich alles schon versucht. Das klappt nicht!» Aber was hin und wieder nicht funktioniert, muss nicht für alle Zeiten verworfen werden. Eltern – wie andere pädagogisch Handelnde – sind in der Situation eines Schlossers, der ein unbekanntes Schloss zu knacken hat. Wenn er perfekt sein will, hat er Hunderte von Schlüsseln dabei, die er so lange ausprobiert, bis einer passt. Das kann lange dauern, und manchmal passt überhaupt kein Schlüssel. Der clevere Türöffner benutzt deshalb einen Dietrich. Ein Dietrich öffnet ein Schloss, ohne dessen spezifische Einzelheiten im Detail zu kennen. Mal passt ein Dietrich, mal nicht, dann kommt ein anderer zum Einsatz.

Ein unbekanntes Schloss zu öffnen ist mit der Lösung eines Problems vergleichbar. Wenn man lange über dessen Ursachen nachdenkt, kommt man möglicherweise zu einer absolut richtigen Lösung – meist aber nicht, sitzt doch ein kleiner Specht im Hinterkopf, der ständig auf eine bessere Lösung pocht.

«Wozu»-Fragen verändern den Blickwinkel

Aus ebendiesem Grunde helfen «Warum?»-Fragen wenig, einen Streit, wie er für Eltern-Kind-Beziehungen üblich ist, aus der Welt zu schaffen. Dies gilt insbesondere bei Heranwachsenden – aber natürlich nicht nur bei ihnen. Auf insistierende Warum-Fragen erhält der Erwachsene ein achselzuckendes «Darum!», ein trotziges «Weil andere Schuld haben!», ein verlegenes Grinsen oder ein leises «Weiß nicht!». Kreativer, weil lösungsorientiert, ist die Verwendung von Fragen, die Dietrichen gleichkommen. Diese Vorgehensweise konzentriert sich nicht auf das «Warum?», sondern darauf, *dass ein Kind so handelt*, z. B. bummelt, andere schlägt.

«Wozu?»-Fragen – «Wozu handelt ein Kind so, wie es handelt?» – verändern den Blickwinkel. Sie stellen das Kind mit seiner Umgebung in den Mittelpunkt – z. B. ein Kind, das um sich schlägt, um damit Aufmerksamkeit zu bekommen. Solche «Wozu?»-Fragen zwingen den Erwachsenen zu einer genaueren Beobachtung des Kindes: «Was hat das Kind davon, wenn es so handelt, wie es handelt?» Sie veranlassen uns, unter einer veränderten Perspektive nachzudenken: «Wie kann ich gemeinsam mit dem Kind sein störendes Verhalten verändern?» «Welche Lösungen bietet das Kind an, ohne dass es bisher davon wusste?» Und dies geht – einige Übung vorausgesetzt – schneller, als man glaubt.

Peter Rudolf, ein Vater, hört aufmerksam zu, runzelt die Stirn: «Das mit den Dietrichen ist ja alles schön und gut. Aber auch nicht einfach. Also, wenn ich jetzt sauer auf meinen zehnjährigen Christoph bin. Er hat sich nicht an Absprachen gehalten. Also, ganz konkret: Wenn er sein Zimmer nicht aufräumt, seine Klamotten rumliegen lässt, sodass sie dreckig werden, werden sie nicht gewaschen. Er muss das selber machen. Das ist die Absprache. Gut, ich weiß schon im Vorhinein, dann zieht er ständig die gleichen Sachen an und stinkt dann, oder was weiß ich, was denken die Leute.»

In diesem kurzen Gesprächsausschnitt wird ein weiterer kritischer Punkt perfektionistischer Erziehung thematisiert.

Eltern verzichten deshalb auf Absprache und Konsequenz, weil sie meinen, die Folgen ihres Handelns vorauszusehen. Eltern betrachten konsequentes Erziehungshandeln häufig unter problematischen Vorzeichen («Was alles passieren könnte!»), kaum unter einer produktiven Perspektive – dies selbst dann nicht, wenn sich positive Folgen zeigen, sich Eltern in ihrer konsequenten Haltung bestätigt sehen.

Mit den Dietrichen zu arbeiten meint deshalb, mehr von dem zu praktizieren, was funktioniert: «Tue mehr vom Guten!» Das heißt: Entscheidungen für bestimmte pädagogische Handlungsmuster gelten nur für einen bestimmten Zeitraum, dann werden sie ungültig, die Schlösser haben sich verändert, neue Dietriche müssen her. Dies spricht nicht gegen die alten. Sie sind nicht generell überholt, sie passen nur momentan nicht mehr, müssen deshalb aber nicht verworfen oder gar weggeworfen werden. Weil Kinder (und Eltern) sich entwickeln, entwickeln sich auch die Beziehungen. Und damit verändern sich Grenzen. Dieses Gefühl, nicht zur Ruhe zu kommen, ist das «Nervende», wie es eine Mutter ausdrückt. «Da hast du das Kind sauber, dann kommt es auf diese Schimpfwörter aus dem Kindergarten, und kaum hast du das klar, sitzt es auf dem Hausdach und schreit: ‹Ich bin Tarzan.› Und wenn du gut drauf bist, rufst du: ‹Deine Jane ist hier unten! Komm runter!› Und wenn du schlecht drauf bist, machst du alle Fehler der Welt auf einmal. Und so geht's weiter – du denkst morgens beim Aufstehen schon: Was der Tag wohl heute noch bringt?»

Der Mut zum Fehler

Zwei irrationale Überzeugungen rufen jene Probleme hervor, die viele Eltern und pädagogisch Handelnde im Umgang mit Fehlern machen: Ich werde ärgerlich, vielleicht sogar wütend, wenn der Erziehungsalltag nicht so ist, wie ich ihn mir vorstelle oder vorgestellt habe. Natürlich erschweren Frustrationen, die sich aus den elterlichen Erziehungsaufgaben und dem pädagogischen Auftrag ergeben, den Alltag. Aber vielleicht könnte man Frustrationen auch so annehmen: «Es ist blöd, dass mir momentan die permanenten Schwierigkeiten mit dem Kind passieren. Aber ich denke, ich lerne irgendwann, damit umzugehen.» Oder: «Furchtbar, dass mein Kind dauernd so spät einschläft. Aber ich denke, ich finde dafür eine Lösung. Ich lasse mir Zeit!»

Weniger die Alltagssituationen frustrieren als die Meinungen und Einstellungen, mit denen man viele Erziehungssituationen betrachtet. Eltern und Pädagogen konstruieren ihre Erziehungsrealität selber, indem sie sie – positiv oder negativ – bewerten.

Da viele Menschen schlecht mit Frustrationen umgehen können und deshalb Frustrationen vermeiden, nimmt die Suche nach Rezepten zu, mit denen jede nur denkbare Situation des Alltags scheinbar beherrscht werden kann. Solch ein Perfektionismus versteckt sich hinter Formulierungen wie «Ich sollte ...», «Ich müsste ...» oder «Ich muss ...». Die Psychoanalytikerin Karen Horney hat einmal von der «Tyrannei des Sollte» gesprochen, die einen intoleranten Umgang mit eigenen und den Fehlern der anderen mit sich bringt. Zugleich sind damit die Erziehungsbeziehungen negativ berührt, lenkt man die ganze Energie auf die Vermeidung von Fehlern und nicht auf die Kontaktaufnahme, die Beobachtung, die persönliche Ansprache des Kindes. «Ich ärgere mich schwarz, wenn ich Fehler mache. Ich wollte sie nicht machen. Deshalb sollte ich noch mehr lesen und lernen», so der Kommentar eines Vaters zu seinem Erziehungsverhalten.

Der amerikanische Psychotherapeut Albert Ellis spricht von «Mussturbatoren» («Ich muss», «Alle müssen» ...), die den Druck auf sich selbst und andere vergrößern. Gelassenheit – mit sich und anderen Menschen – geht darüber verloren. Der Perfektionismus schränkt Lösungen ein: Man sucht nach der theoretisch besten, nicht nach der praktikablen, der lebbaren und der realisierbaren.

«Aber wenn ich daran denke», erklärt mir Johanna Krämer, Mutter zweier Kinder, zehn und zwölf Jahre alt, «was ich in meinem Leben schon alles falsch gemacht habe, dann wird mir ganz schlecht.»

«Wie sind Ihre Kinder?», frage ich. – Sie winkt ab: «Ach, die sind schon okay.» Und lächelt: «Die sind wunderbar!»

«Vielleicht haben Sie wunderbare Fehler gemacht!» Sie schaut ungläubig, etwas verständnislos.

«Was würden Ihre Kinder sagen, wenn sie hier wären?» – Frau Krämer ganz spontan: «Dass ich, glaube ich, absolut normal bin. Mal bin ich der Typ Hexe, mal richtig 'ne Mutter zum Kuscheln.»

«Viele Eltern lesen Ratgeber, entdecken dabei die gemachten Fehler in der eigenen Erziehung und bekommen ein schlechtes Gewissen», wie Frau Krämer bei einer anderen Gelegenheit formuliert.

Falsch ist aber nur dann etwas, wenn man weiß, was richtig ist.

Das allgemeine Wissen über Erziehungsfragen nimmt enorm zu. Das macht Erziehung aber nicht nur leichter, sondern führt auch zu Handlungsunsicherheiten. Eltern erfahren von den problematischen Auswirkungen bestimmter Erziehungsstile. Sie fühlen sich verunsichert und fragen sich, welche Auswirkungen ihr Handeln wohl bei ihren Kindern bewirkt hat. Und manche Eltern stellen nun fest, dass ein Fehler, der objektiv einer war, vom Kind produktiv verarbeitet worden ist. Denn Kinder sind nicht allein Opfer, sie sind Gestalter ihrer Welt. Dies darf nicht als Freibrief dafür missverstanden werden, den Willen der Kinder zu brechen, Erziehung als Zurichtung zu inszenieren.

Wenn Eltern Kinder regelmäßig sprachlich oder körperlich züchtigen, dann handeln sie grundfalsch: Das Wissen über die verhängnisvollen Folgen, die sprachliche oder körperliche Attacken für die kindliche Entwicklung haben können, ist mittlerweile Allgemeingut. Sätze wie «Ein paar Schläge haben noch nie geschadet» oder «Kleine Kinder sind wie kleine Hunde. Die brauchen hin und wieder den Stock!» drücken nicht allein fehlenden Respekt vor der kindlichen Persönlichkeit aus, sie beschreiben die Unfähigkeit, nach Möglichkeiten für einen partnerschaftlichen Weg in der Erziehung zu suchen.

So notwendig mithin die Reflexion über Erziehungsstile ist, so wichtig ist es, mit Sensibilität den Fehlern im pädagogischen Handeln nachzuspüren, um dann an deren Überwindung zu arbeiten. Doch haben solche Prozesse nichts zu tun mit Selbstmitleid und Selbstanklage. Wer Energien in die Vermeidung von Fehlern steckt, wer beim Ärger über gemachte Fehler steckenbleibt, handelt rückwärtsgerichtet – und wird die Fehler ständig wiederholen.

Wichtiger, folgen- und erfolgreicher scheint es, sich einzugestehen: «Fehler gehören zu mir.» Oder: «Ich kann Fehler machen.» Damit nimmt man seine Fehler an, sieht sie als Teil seiner Persönlichkeit und kann nach Wegen suchen, seine Probleme und Konflikte anders zu lösen. Glauben Sie mir: Fehler und Schwierigkeiten in der Erziehung ständig zu vermeiden, ihnen aus dem Weg zu gehen, ist schwieriger, als sich ihnen offensiv und produktiv zu stellen.

Elisabeth Klein erzählt, wie sie sich über Bianca, ihre achtjährige Tochter, «schnell ärgert». «Mal ist es ihre Bummelei am Morgen, dann das unaufgeräumte Zimmer, dann sind es die Hausaufgaben. Alles hab ich ihr tausendmal gesagt. Und sie ununterbrochen: ‹Ja, ja.› Aber es ist das gleiche Lied. Wir rasseln ständig zusammen.» Sie schüttelt den Kopf. «Erst bin ich noch ganz ruhig. Sage mir: ‹Nicht schreien, heute nicht!› Das geht auch eine Weile. Aber dann platze ich. Dann rennt meine Tochter aus dem Zimmer, knallt die Tür zu. Ich bleibe genervt sitzen. Und dann zermartere ich mir den Kopf. ‹Du bist eine blöde Mutter. Du solltest ruhig bleiben.› Minutenlang geht das. Manchmal noch länger.» Sie unterbricht sich, ihre Augen gehen zur Tür. «Und wenn dann mein Mann nach Hause kommt, schmunzelt der nur: ‹Ihr mit eurem Beziehungsstress.› Oder ganz pädagogischer Klugscheißer: ‹Das kommt, weil du so inkonsequent bist.›» Es bricht im Stakkato aus ihr heraus: «Ich sollte gelassener werden! Ich sollte konsequenter sein! Ich sollte ruhiger werden! Und ich sollte ... Und ich sollte ... Und ich sollte ... Mein Gott, was ich nicht alles sollte.» Ich warte, bis sie sich beruhigt hat, dann sage ich zu ihr: «Ich kann gelassen sein. Ich kann lassen. Ich kann konsequent sein. Vor allem:

Ich kann Fehler machen. Das sind Ihre Sätze.» Sie sieht mich an. «Aber ich will doch keine Fehler machen, verdammt!»

«Machen Sie keine Fehler?» – «Doch!» Sie wirkt ärgerlich: «Natürlich!» – «Also», sage ich. «Ich mache Fehler. Ich kann sie machen. Und ich lebe noch, auch wenn ich Fehler mache!» – «Hab ich verstanden! Denken Sie, ich bin bekloppt? Ist mir doch im Kopf alles klar. Was soll ich machen?»

«Sie können 25 Fehler am Tag machen!» – «Wie viel?», fragt sie mit einer Mischung aus Lachen und Entsetzen. – «25! Wie viele haben Sie heute gemacht?» – Sie lächelt, denkt kurz nach: «Viele!»

«Ist ein guter Tag. So wenig Fehler. Und schon so viele Anklagen.» – Sie lacht: «Ich wollte mal Richter werden.»

«Nun haben Sie's leichter. Die Richterin und die Beschuldigte sind jeden Tag da!» – Sie runzelt die Stirn. «Versteh ich nicht!» – «Sie spielen jeden Tag das von Ihnen gerngesehene Stück: Ich klage mich an!»

Sie lacht. «Was soll ich denn mit den blöden Fehlern machen?» – «Sie sehen, sie annehmen, sie überwinden. Und wenn sie dann verschwunden sind, schnell neue machen. Denken Sie an Ihr Theaterstück. Das gäb's sonst nicht mehr.»

«Aber ich will ganz andere Stücke spielen!» – «Wollen Sie's, oder können Sie's?» – «Ich kann's. Hoffentlich!»

Wir einigen uns auf ein Vorgehen. Am Abend, wenn sie beginnt, sich Vorwürfe zu machen, wenn sie anfängt, sich über ihre Fehler aufzuregen, solle sie an den «schlimmsten Fehler» des Tages denken, ihm eine Gestalt geben, eine freundliche, keine hässliche Gestalt, eine, die sie gerne anschaut. Dabei könne sie sich sagen: Die gehört zu mir. «Und dann», sage ich zu ihr, «holen Sie sich ein Glas Wein und prosten dem Fehler zu. So fangen Sie an, Ihren Fehler zu genießen.»

Sie wählt sich eine kleine Hexe als Gestalt, die wie ein lustiger Troll aussieht. Aber sie ist weiter skeptisch: «Das soll helfen?»

Wir treffen uns einige Wochen später wieder. «Es ist wie verhext. Ich kann mich nicht mehr ärgern. Meine Tochter beklagt sich, ich wäre so ruhig, würde gar nicht mehr ausflippen. Und ich brauche auch keine 25 Fehler mehr. Heute habe ich noch gar keinen gemacht. Es ist geradezu unheimlich.» Dann berichtet sie, wie sie sich am Abend in den Sessel setzt, es sich gemütlich macht. «Ich sah mich in Gedanken oben am Richtertisch. Bierernst. Fürchterlich, dachte ich, da muss Bianca ja verrückt werden. Ich sagte zu meiner Richterin: ‹Elisabeth, lächle!› Und sie hat gelächelt. So mochte ich mich viel lieber leiden. Ich habe ihr zugeprostet. Und vor meinem Richter stand mein Fehler. Ich hatte Bianca am Nachmittag aus dem Zimmer geschmissen, weil sie ausfällig wurde. Okay! Und ich hab in Gedanken zum Fehler gesagt, das war nicht in Ordnung. Aber kein Grund, in Sack und Asche zu gehen. Am nächsten Tag habe ich mich bei Bianca entschuldigt. ‹Ist schon gut›, hat sie gemurmelt.» Die Mutter denkt nach, lächelt: «Witzig. In den nächsten Tagen, merkte ich, fiel eine Last von mir ab. Ich fühlte mich freier. Und wenn ich mich ärgerte über irgendetwas, sah ich meine Richterin an und sagte: ‹Lächle, Elisabeth!› Das muss auch Bianca mitbekommen haben. Irgendwie hab ich nicht nur innerlich, sondern auch äußerlich geschmunzelt.»

Bianca rückte dann näher an ihre Mutter heran. «Mama, ist irgendetwas mit dir? Früher hast du geschrien, jetzt lachst du. Du bist so ruhig geworden.» Da ist die Mutter ausgeflippt. Sie erinnert sich: «Und da, da ist's mir doch mit einem Mal wieder hochgekommen. Voller Wut hab ich geschrien: ‹Kann ich's dir denn nie recht machen!› Oh, Mensch, war ich sauer. Und wissen Sie, was Bianca gesagt hat?» Ich schüttele den Kopf.

«Gott sei Dank, Mama, du bist noch die Alte.»

Kapitel 3

Grenzen geben Schutz, Raum und Zeit, oder: Was Kinder brauchen

Beim Begriff «Grenzen setzen» hat man schnell negative Assoziationen. Dabei haben Grenzen auch ein positiv-schützendes Moment: Kinder brauchen Raum und Zeit, um zu eigenständigen Persönlichkeiten zu werden, heranzureifen, sich zu entfalten. Heute leben Kinder allerdings häufig eingeengt, haben wenig Raum, um sich auszuprobieren, weil sie ununterbrochen unter Beobachtung und «diagnostischer Begleitung» stehen. Und ihre eigenen Zeiten werden immer knapper, verplant im Freizeitstress, wie sie sind. Auf der anderen Seite gibt es Kinder, die sich in grenzenlosen, weiten Räumen und Zeiten verlieren, die emotional oder sozial vernachlässigt werden und verwahrlost erscheinen.

Von engen Räumen und knappen Zeiten

Sabrina, knapp sechs Jahre, zieht sich im Kindergarten häufig zurück. Sie sitzt dann in der Kuschelecke, spielt mit Puppen, ist in ihr Rollenspiel vertieft. Sabrina wirkt nicht unglücklich, scheint mit sich und ihrer Umgebung zufrieden. Sie kommt jeden Tag in den Kindergarten und «dies gerne», wie ihre Erzieherinnen finden.

Die Zeit dort scheint sie mehr als zu genießen: endlich nicht ständig einen Rahmen vorgesetzt zu bekommen, so wie sie es von zu Hause aus gewohnt ist. Sabrina hat einen «richtigen

Terminkalender», so Rita Schneider, eine ihrer Erzieherinnen. Spontanes Handeln ist kaum möglich: Der Montag ist dem Ballett vorbehalten, dienstags geht es zum therapeutischen Reiten, mittwochs übt Sabrina Klavier, und am Donnerstag nimmt sie Englischunterricht, weil, so meinen ihre Eltern, «unsere Tochter sehr sprachbegabt ist und man eine fremde Sprache in jungen Jahren einfacher erlernt als später!»

Die Erzieherinnen lassen Sabrina in Ruhe: Nur an den Begrüßungs- und Abschiedsritualen und am Frühstück muss sie teilnehmen. Ansonsten beschäftigt sie sich gedankenverloren, wirkt verträumt, taucht ganz in ihre Welt ab. «Sie kann sich», so Rita Schneider, «völlig mit sich beschäftigen, fast sieht es so aus, als ob sie meditiere. Manchmal habe ich den Eindruck», so die Erzieherin weiter, «als ob sie den Kindergarten zur Entspannung nimmt, fast wie eine Art Urlaub. Aber das passt der Mutter überhaupt nicht.» Sie erzählt von zwei Situationen, die sie nachdenklich gemacht haben. «Die mir aber auch zeigten, welche Kraft in Sabrina steckt.»

Sabrinas Mutter will ihre Tochter abholen. «Was hast du denn heute gemacht?», fragt sie. Ohne eine Antwort abzuwarten, fügt sie hinzu: «Oder hast du wieder nur geträumt?» Da zeigt Sabrina ihr eine kleine Figur, die sie vormittags aus Knetmasse geformt hat.

«Was ist denn das?» Die Mutter ist irritiert. «Was soll denn das sein?» Sie schüttelt den Kopf. «Soll das etwa eine Figur sein? Gib mal her!» Sie schaut streng: «Das hast du aber schon mal besser gemacht! Das kann ja in der Zwischenzeit deine kleine Schwester schon besser!»

Urplötzlich drückt Sabrina die Figur mit der Kraft ihrer Hände zusammen. Es entsteht ein unansehnlicher Brei. «Was soll denn das nun schon wieder?», ruft die Mutter ärgerlich. Sabrina zuckt mit den Schultern, wirft die zerstörte Figur ihrer Mutter vor die Füße und rennt weg. «Die ist ja richtig aggressiv», wundert sich die Mutter, und zur Erzieherin gewandt: «Wahrscheinlich ist sie hier im Kindergarten unterfordert. Der ist es zu langweilig! Deshalb flippt sie aus!»

Ein paar Tage später. Die Mutter kommt, findet ihre Tochter aber nicht sofort, weil die im Freigelände – versteckt hinter Büschen – spielt. Sie sitzt auf dem regennassen Boden und beobachtet Regenwürmer, die sich über die feuchte Erde schlängeln. Die Mutter ruft, sie erhält keine Antwort. Dann entdeckt sie ihre Tochter: «Sabrina, steh auf! Der Boden ist nass! Und dann bekommst du eine Erkältung!»

Sabrina bleibt wie festgewurzelt hocken. Die Mutter packt sie am Arm, will ihre Tochter hochziehen. Doch Sabrina macht sich schwer. «Wenn du jetzt nicht mitkommst, fahre ich allein. Dann kannst du sehen, wie du nach Hause kommst», schimpft die Mutter.

«Kannst fahren!», antwortet Sabrina, so als gehe sie der Auftritt der Mutter nichts an. – «Aber wir müssen zum Klavierunterricht!», beharrt die Mutter. – «Hab keine Lust!», mault Sabrina. – «Was heißt hier Lust. Du wolltest Klavier spielen!» Die Stimme der Mutter hat einen lauten Klang. – «Nein! Ich muss!»

«Quatsch!», bürstet die Mutter ihre Tochter ab. «So, nun reicht es!» Sie zieht ihre Tochter ruckartig hoch. Sabrina lässt sich halb gelangweilt, halb aufmüpfig mitziehen. Als beide an einer Pfütze vorbeikommen, springt sie mit voller Kraft hinein. Das Wasser spritzt nach allen Seiten, auch auf die Hose der Mutter. Sabrina fängt laut an zu lachen, während die Mutter faucht: «Sag mal, spinnst du?»

«Sorry!», grinst Sabrina. «Hab ich schon in Englisch gelernt. Sorry, sagt man!»

Mario, fünfeinhalb Jahre, besucht den Kindergarten, er ist ein – wie die Erzieherinnen sagen – «pflegeleichtes Kind». Er weiß um seine Wirkung auf Erwachsene, kokettiert ein wenig mit seiner einnehmenden Persönlichkeit. Marios Eltern kümmern sich intensiv um ihren Sohn. Er wird vielseitig gefördert. Regelmäßigkeit und klare Abläufe zeichnen seinen Alltag aus. Mario spielt viel, ist fleißig, umsichtig, aber er gestattet sich kaum Pausen, geht ständig bis an seine körperlichen und intellektuellen Grenzen. So ist es nicht verwunderlich, wenn er häufig «gestresst» wirkt. Spontanes Handeln sieht man selten bei ihm. Frustrationen vermag Mario nur schwer auszuhalten: Er will «alles richtig machen».

Abends «schlafft Mario», wie seine Mutter sagt, «völlig ab». Er verweigert sich Gesprächen, zieht sich stattdessen schnell in sein Zimmer zurück. Er ist «bockig» und geht auf Spielangebote seitens der Eltern nicht ein. Beim Abendessen spielt er mit den Speisen, «mosert daran herum oder mischt die Situation richtig auf», so erinnert sich der Vater. «Dabei bemühen wir uns doch so sehr um ihn.»

Diese Bemühungen werden im Tagesablauf sichtbar: Morgens besucht Mario den Kindergarten – «Wir haben den besten am Ort ausgesucht» – und auch am Montag- und Mittwochnachmittag. An diesen Tagen arbeitet die Mutter. Der Kindergarten bietet zu dieser Zeit ein sportlich anspruchsvolles Bewegungsprogramm an. Dienstags geht Mario mit seinem Freund Robert in den Blockflötenkurs einer Musikschule; donnerstags fährt man mit einer Gruppe von Kindern – begleitet von den Müttern – auf einen nahen Abenteuerspielplatz. Der Freitag ist dem Einkaufsbummel mit der Mutter vorbehalten. Für die Wochenendgestaltung ist Marios Vater zuständig: «Früher wurde ich alleingelassen. Mario soll es da besser haben.»

In Sabrinas und Marios Alltag sind Tendenzen enthalten, die auch für manch andere Kinder zutreffen dürften: Die Aneignung von Räumen ist für Kinder heute häufig funktional organisiert – fein säuberlich getrennt nach Gelegenheiten zum Spielen, Malen, Matschen, Musizieren ...

Spontane Eroberung von Räumen gestaltet sich schwierig:

Die Straße ist viel befahren, meist gepflastert oder geteert, und selbst ein Tempolimit – sofern es eingehalten wird – setzt den Kindern enge Grenzen. Wiese, Park oder Wald sind für viele Kinder schwer zu erreichen. Wenn man es Kindern schwermacht, sich nach ihren eigenen Vorstellungen und Bedürfnissen zu bewegen – eben nicht nur geplant, sondern ziellos herumstromernd, trödelnd, rennend, mal leise, mal laut, mal die Regeln einhaltend, mal sie verletzend –, hat das Folgen für Orientierungsfähigkeit und Bewegungsgefühl. In dem Maße, wie spontane Betätigung eingeschränkt wird, nimmt der Ausgleich durch pädagogisch überformte Bewegungsprogramme zu: Ballettunterricht statt Toben im Park, Karate im Sportverein statt körperlicher Rangeleien auf dem Weg zur Schule. Um keine Missverständnisse aufkommen zu lassen: Ich habe nichts gegen solche Aktivitäten, wenn sie sich an kindlichen Bedürfnissen und ihrem Entwicklungsstand orientieren.

Viele Kinder sind in einen vollen Terminkalender eingezwängt, werden von einer strengen Zeitorganisation dominiert. Freizeitangebote machen genau abgestimmte Tagesabläufe notwendig, um die verschiedensten Interessen – vor allem, wenn es mehrere Kinder in einer Familie gibt – in Übereinstimmung zu bringen. Da wird manche Mutter zum Zeitmanager und Taxifahrer ihres Kindes. Immer weniger können die ihre Freizeit selbst gestalten. Langeweile, Nichtstun oder Müßiggang wird skeptisch betrachtet und deshalb häufig unterbunden. Wenn Eltern ihre Kinder von einem Ort zum nächsten transportieren – z. B. vom Kindergarten zum Flötenunterricht –, so hat das Auswirkungen auf das Zeit- und Bewegungsempfinden der Kinder. Aneinandergereihte Termine drücken, bestimmen das Tempo und die Abläufe. Wer von Veranstaltungsort zu Veranstaltungsort gefahren wird, verliert Zwischenzeit zum Entspannen, Abschalten oder um sich einzustimmen. Wenn Wege nicht mehr gegangen, also erfahren, sondern vor allem gefahren werden, so wirkt sich das langfristig auf die Erlebnisfähigkeit der Kinder aus: Leben wird am Autofenster betrachtet und huscht so nur noch vorüber.

Mark bestand, als er fast sechs Jahre alt war, darauf, *allein* in den Kindergarten und von dort nach Hause zu gehen. Die Mutter erlaubte es ihm schließlich, weil ihn zwei gleichaltrige Freunde begleiteten. Mark erzählt: «Morgens ging es ganz schnell. Wir wollten zum Frühstück da sein. Das ist so gemütlich bei uns im Kindergarten. Nach Hause haben wir immer gebummelt. Erzählt haben wir uns was. Die ganzen Streiche und so. Bei Regen war's am schönsten. Da konnten wir in den Pfützen planschen. Oder im Sommer, da waren da Mauerritzen an so 'ner alten Mauer. Da waren immer kleine Eidechsen drin. Oder wenn wir ein bisschen Geld hatten, sind wir zu Tante Clara und haben uns Kaugummi gekauft.»

Ein Jahr später besucht Mark die Grundschule in der nächsten Stadt: Morgens nehmen ihn Nachbarn im Auto mit, mittags holt ihn die Mutter ab: «Das ist überhaupt nicht mehr gemütlich. Wir müssen leise sein. Und erzählen können wir uns auch nichts mehr. Mama hört ja mit. Und bei so gefährlichen Sachen, da hört sie immer genau hin. Und dann fragt sie immer. Ja, sie fragt immer: ‹Wie war's? Was für Hausaufgaben habt ihr?› Das nervt! Ehrlich! Aber bald darf ich mit dem Fahrrad in die Schule. Da freue ich mich schon drauf.»

Es geht nicht darum, dass immer mehr Kinder mit Bussen zum Unterricht oder zum Kindergarten gebracht werden. Mir ist bewusst: Viele Kinder brauchen Schulbusse, um überhaupt zum Unterricht zu kommen. Aber vielfach bringen Mütter als Taxifahrerinnen ihre Kinder morgens zur Schule oder zum Kindergarten und holen sie mittags wieder ab.

Was bedeuten die Autofahrten für die Wirklichkeitsaneignung und Raumerfahrung von Kindern, was geht ihnen verloren? Ein selbstorganisierter Weg in die Schule wird in der Regel konzentrierter und schneller bewältigt, um den Beginn nicht zu verpassen. Man geht rascher, durchschreitet Räume zielstrebiger. Die Wahrnehmung ist meist flüchtiger, man lässt sich weniger ablenken. Pünktlichkeit zieht nach sich, Zeit zu organisieren, sich an Sachzwängen zu orientieren. Diese funktionale Zeitorganisation ist manchmal unverzichtbar und Pünktlichkeit eine wichtige Erfahrung. Die Fahrt mit dem Auto ist in der Regel erlebnisärmer, reglementierter, bequemer. Hinzu kommt: Die häusliche Erziehung verlängert sich in den Schulweg hinein.

Auf dem Weg von der Schule nach Hause kann getrödelt werden. Man bleibt stehen, sieht vieles, das man am Morgen übersehen hat. Man macht Umwege, entdeckt Neues oder Vertrautes, verarbeitet schulische Erfahrungen, schimpft auf Lehrer oder Mitschüler, heckt Streiche aus, rangelt um Anerkennung in der Gruppe oder erlebt Freundschaften. Schulwege – ob nun zu Fuß oder mit dem Fahrrad – haben zu tun mit selbstbestimmter und selbstgestalteter Eroberung der Nah- und Umwelt. All das verpasst das Kind als Fahrgast im Mutter-Taxi.

Wer Wege einschränkt, begrenzt das Gehen und Laufen, das Toben und Springen, das Klettern und Balancieren. Sich bewegen und wahrnehmen, fühlen und denken gehören eng zusammen. Durch Bewegung lernen Kinder sich, ihren Körper und ihre Umwelt kennen. Der Schulweg bei Regen ist ein anderer als bei praller Sonne. Der Weg allein lässt andere Erfahrungen zu als der mit Freunden, eine Steinmauer lädt zum Balancieren ein, der vom Busch abgebrochene Zweig wird zur Pistole, die rote Ampel fordert auf, über sinnvolle Regeln nachzudenken. Wege zu beschreiten heißt, Grenzen zu erleben, Widerstand zu spüren, sich abzusetzen, sich zu distanzieren. Ich weiß: Die großräumige Organisation des Schulbetriebes erfordert Schulbusse, erfordert auch Terminabstimmung oder die mobile Überwindung von Räumen. Und natürlich gibt es Schulwege, die gefährlich sind, deren Bewältigung elterlicher Unterstützung bedürfen.

Im Rahmen eines Projektes «Gewaltprophylaxe» war ich vor einiger Zeit an einer Grundschule tätig. Der Schulleiter hatte mich eingeladen, weil er mit Sorge beobachtete, wie seine Schülerinnen und Schüler in der Pause, wie er es ausdrückte, «regelmäßig ausflippen. Die laufen wahl- und ziellos herum, sind kaum zu bremsen. Gut», meint er, «die brauchen das wohl. Ich akzeptiere das auch. Aber», er sieht mich fragend an, «warum rennen die eigentlich alles über den Haufen? Regeln einhalten, ein klein bisschen Ordnung wenigstens, nichts davon!» In den letzten Wochen, so fährt er kopfschüttelnd fort, habe es schon Verletzungen gegeben. «Dabei will ich nicht behaupten, dass sie das mit Absicht machen.» Ihr Verhalten sei, so seine Überzeugung, Ausdruck purer Bewegungsfreude. Und die ließen sie «nun einmal in der Schule raus, weil es woanders wohl nicht geht!»

Ob er eine Idee habe, warum die Schülerinnen und Schüler so heftig agieren würden, will ich wissen. Er habe die Ursachen zunächst in der Schule, beim Kollegium, bei sich gesucht. «Das kann es nicht sein», meint er. «Wir achten schon darauf, dass Bewegung, Sport, Musik und Kunst nicht zu kurz kommen. Aber die Kinder sind doch von vorne bis hinten verplant. Und dann das morgendliche Fiasko vor der Schule, dieser Stau von Autos. Jeder bringt sein Kind bis direkt vor die Tür, damit es bloß nicht nass wird.»

Sein Vorschlag, den Parkplatz vor der Schule morgens für Autos zu sperren und nur noch für Fahrräder zu öffnen, sei unter heftigen Protesten der Eltern abgelehnt worden.

Nach kurzem Nachdenken bat ich ihn, einmal zu ermitteln, wie lange ein Schüler durchschnittlich brauche, um die Schule zu Fuß oder mit dem Fahrrad zu erreichen, bzw. wie lange es mit dem Auto dauert. Das Ergebnis der Befragung: Zu Fuß etwa 20

Minuten, mit dem Fahrrad ca. zehn Minuten und mit dem Auto durchschnittlich fünf Minuten.

Ich schlug vor, probeweise vier Wochen lang zu untersagen, die Kinder mit dem Privat-Pkw in die Schule zu bringen, es sei denn, der Fußweg dauere länger als eine Stunde hin und eine Stunde zurück. Der Rektor lächelte: «Prima Idee! Aber wenn ich das vorschlage, dann killen die mich!» Wenn er nur an die Sache mit dem Parkplatz denke.

«Gut», nahm ich den Faden auf, «ich übernehme das.» Gesagt, getan. Ich wollte einen Vortrag vor den Eltern halten: «Über die Bedeutung der Bewegung für Kinder von Aristoteles bis heute». «Warum Aristoteles?», wollte der Schulleiter wissen. «Macht sich immer gut», antwortete ich. «Erstens spricht das für die Belesenheit des Referenten, zweitens hat Aristoteles tatsächlich etwas dazu gesagt, und drittens holt solch ein Vortragsthema manche Eltern dort ab, wo sie sind!» Er brach in schallendes Gelächter aus: «Abgemacht!»

Der Vortrag fand statt. Eine große Zuhörerschaft hatte sich eingefunden, die meine theoretischen und praktischen Ausführungen richtig und wichtig fand. Zustimmendes Kopfnicken, Zwischenbeifall zeigte das. Nach der Pause eröffnete ich den zweiten Teil des Abends mit den Worten: «Ich fand Ihre Zustimmung toll, und damit es nicht nur bei der Theorie bleibt, schlage ich vor, dass ab Montag kein Kind mehr mit dem Auto in die Schule gebracht wird, es sei denn, der Schulweg dauert länger als eine Stunde hin und eine Stunde zurück.»

Ich machte eine Pause. Es war mucksmäuschenstill im Saal. Ich wiederholte meinen Vorschlag lächelnd, aber im Stimmklang eine Nuance schärfer, um Reaktionen zu provozieren. Und die kamen. Kaum hatte ich den Satz ein zweites Mal formuliert, ging der lautstarke Protest los. Als Argumente wurden die rasenden Autofahrer im Wohngebiet ebenso angeführt wie Sittlichkeitsverbrecher und Entführer.

Eine Mutter ereiferte sich: «Wo sind wir denn? Wenn man jetzt schon seine Kinder nicht mehr mit dem Auto in die Schule bringen kann! Das ist doch Diktatur!» Und eine andere meinte: «Sie denken überhaupt nicht an die schweren Schulranzen.»

Irgendwann – auch auf Initiative des Elternbeirats, der Mitveranstalter und in das Vorhaben eingeweiht war – beruhigte sich die Atmosphäre allmählich. Es wurde ein Kompromiss gefunden: Das Projekt solle zwei Wochen dauern, die maximale Gehzeit eine halbe Stunde hin und eine halbe zurück betragen.

Das Ergebnis: Schon nach kurzer Zeit nahmen die bewegungsorientierten Aggressionen in der Pause erheblich ab. Natürlich gab es immer noch Kinder, die Regeln verletzten. Aber diese Grenzüberschreitungen hatten andere Ursachen. Insgesamt waren die Eltern erstaunt, wie leicht es den Kindern fiel, ihren Weg zu Fuß oder per Fahrrad zu machen, wie entspannt sich die Situation vor allem zu Hause darstellte: Sie kamen meist fröhlich an, hatten ihren Frust auf dem Nachhauseweg gelassen. Nach der Probezeit gab es eine Befragung unter den Kindern. Sie plädierten dafür, das Projekt fortzusetzen.

Parallel dazu fand eine Umgestaltung des Schulhofs statt, der nun viele Freiflächen zum Ausleben des Bewegungsdranges aufweist, aber Rückzugsmöglichkeiten enthält. Der Teerboden wurde entfernt und durch Sand- und Kiesunterlage ersetzt.

Man beteiligte die Kinder an den Planungen, sodass sie zu ihrem Schulhof ein ganz eigenes Verhältnis aufbauen konnten. Die veränderte Gestaltung berücksichtigte elementare Bedürfnisse: Bewegungsdrang, das Bedürfnis nach Nähe, aber zugleich nach Abgrenzung, nach Rückzug, um sich ständiger Beobachtung und Kontrolle durch Erwachsene zu entziehen. Die Schüler und Schülerinnen stellten Verhaltensregeln für den Schulhof auf. Das Resultat: Weil sie sich zunehmend mit «ihrem» Schulhof identifizierten, gingen die Sachbeschädigungen im Pausengelände und am Schulgebäude zurück, nahmen die Pausenunfälle rapide ab.

Die naturnahe Gestaltung schärfte zudem das Umweltbewusstsein der Schüler und Schülerinnen.

Ich beobachte gegenwärtig eine problematische Entwicklung: Wenn Kinder in die Schule kommen, werden Spiel und Sport von den Eltern schnell hintangestellt, kognitives Lernen dominiert. Eltern wollen, dass ihr Kind so schnell wie möglich Lesen, Schreiben und Rechnen lernt. Und so entsteht eine Hierarchie der wichtigen und weniger wichtigen Schulfächer: Deutsch, Englisch und Mathematik oben, Musik, Sport und Kunst unter «ferner liefen».

Da mögen Lehrer und Lehrerinnen noch so sehr ganzheitliche Förderung praktizieren. Beim Zeugnis schon des Drittklässlers fällt der Blick der Eltern zuerst auf die Noten in den «wichtigen» Fächern. Wer in Mathe eine «Vier», in Sport dagegen eine «Eins» hat, der hört dann den Satz: «Könnte es nicht mal ein bisschen umgekehrt sein?»

Dieses Dilemma beginnt mit der ersten Schulklasse. «Nun fängt der Ernst des Lebens an!» Dabei ist der Zeitpunkt der Einschulung willkürlich gewählt. Angemessener wäre es, die Zeit zwischen dem fünften und achten Lebensjahr als einen allmählichen Übergang zu begreifen. Das Kind muss in eine neue, ungewohnte Rolle hineinwachsen. Und dazu braucht es Zeit. Das spielerisch-konkrete Erkunden von Wirklichkeit, wonach das Begreifen über das Greifen, das Erfassen vom Fassen kommt, bleibt nach dem Schuleintritt so wichtig wie zuvor.

Das gilt gleichermaßen für die körperliche Entwicklung. Nur ein Kind, das seinen Körper kennt und akzeptiert, kann sich auf abstrakte Lernvorgänge einlassen. Das Verstehen setze das Stehen voraus, so hat es Pestalozzi einmal formuliert. Nur ein Kind, das mit beiden Beinen auf der Erde steht, das einen Standpunkt hat, kann irgendwann abstrakte Standpunkte einnehmen.

Raum und Zeit sind zwei häufig übersehene Kategorien, wenn es um «Gewaltprävention» geht. Natürlich erzeugen Raum und Zeit nicht zerstörerische Gewalt, aber sie können destruktive Dispositionen genauso verstärken, wie sie physisches und psychisches Wohlbefinden mit sich bringen können. Enge Räume führen zu «Dichtestress», knappe Zeiten verursachen Hektik und Unausgeglichenheit.

Wenn Kinder ständig im Blickfeld anderer sind, wenn Nischen zum Verstecken und Rückzug fehlen, dann fühlen sie sich nicht nur beobachtet, sondern zugleich reglementiert. Kinder brauchen Räume, die Nähe *und* Distanz ermöglichen. Dies mag ein Grund dafür sein, dass Kinder Küchen und Wohnzimmer mit ihrem Spielzeug erobern, doch zugleich das Kinderzimmer brauchen, um für sich zu sein.

Ähnliches gilt für die Zeit: Eng kalkulierte, vorstrukturierte Zeiten lassen Kindern kaum Luft zum Atmen. Aber wenn man ihnen alle Zeit der Welt lässt, bilden sie keine innere Uhr aus, verlieren sich in der Zeit. Auch hier macht es die Mischung: eine Balance aus vorstrukturierter und selbstbestimmter Zeit.

Die regelmäßige Überprüfung des Terminkalenders kann *eine* Möglichkeit darstellen, übermäßige zeitliche Belastungen der Kinder abzubauen. Noch wichtiger: Freizeit soll freie Zeit bleiben. Kinder brauchen Entspannung, das Gefühl, sich einmal fallenlassen zu können. Und dazu zählt – so schwer es Eltern auch aushalten können –, mal in die Luft zu schauen, nur so dazusitzen, sich zu langweilen ...

Über Verwöhnung und laissez faire

Sonja Schneider, Mutter von Markus, vier Jahre, berichtet ziemlich aufgebracht, ihr Sohn bringe sie jeden Morgen zur Weißglut.

«Der sitzt und sitzt und trödelt. Da kann ich machen, was ich will! Aber der sitzt nur so da! Wie ein Buddha und rührt sich nicht.» Sie schnauft: «Wir müssen in den Kindergarten!»

«Wer muss in den Kindergarten?», frage ich freundlich. – «Na, Markus!», antwortet sie gereizt.

«Aber warum sagen Sie dann: ‹*Wir* müssen in den Kindergarten!›» – «Na, was soll ich denn sonst sagen?» Sonja Schneider sieht mich ungehalten an.

«Ich möchte dich in den Kindergarten bringen. Und ich möchte, dass du jetzt mitkommst!», schlage ich ihr sehr verbindlich vor. – «Und was soll das bringen?» Sie zuckt mit den Schultern. – «Dann weiß er, woran er ist!», antworte ich bestimmt.

«Aber klingt das nicht zu autoritär?» Die Mutter wirkt skeptisch. «Erschrickt er nicht und denkt, ich muss immer machen, was Mama will!?»

«Sie wollen doch, dass er mitkommt, oder?» – «Na klar!» Sie setzt sich aufrecht hin, denkt nach. «Aber ich glaube, es gibt da noch ein anderes Problem!» – «Und das wäre?» – «Ich lege ihm drei T-Shirts hin, zum Aussuchen. Und er sitzt und sitzt und sitzt, schaut und schaut und schaut ... Bis ich ihn mir schnappe und schreie: ‹Das ziehst du jetzt an, verdammt!›» Sie legt ihre Stirn in Falten. «Und dann flippt er total aus, wirft das T-Shirt weg, das ich ihm gegeben habe, nimmt sich ein anderes und zieht es bewusst langsam an!» Sie schüttelt den Kopf: «Ich weiß nicht mehr weiter! Diese Provokationen machen mich fertig!»

Tim, vier Jahre, kommt ins Wohnzimmer, ist durstig und wünscht etwas zu trinken. Die Mutter steht auf, beide gehen in die Küche.

«Möchtest du O-Saft?» Tim nickt. Die Mutter gießt ein. – «So, nun trink!»

«Will ich nicht, möchte Milch.» – «Kannst du doch gleich sagen.» Die Milch wird eingegossen.

Tim nimmt das Milchglas, setzt an: «Mag ich nicht, die ist sauer.» – «Ich denke, du bist durstig.» Die Stimme der Mutter wird ärgerlicher. – «Bin ich auch.»

«Was willst du denn nun?» – Tim überlegt kurz. «Kirschsaft!» – Die Mutter geht zum Regal, holt Kirschsaft. – «Nicht diese Flasche, die daneben.» – «Ist doch die gleiche.» – «Nein!» – «Ist aber die gleiche.» – «Nein!» – «Meinetwegen.»

Die Mutter stellt eine Flasche zurück, nimmt die nächste. «So, nun reicht's aber.» Sie gießt den Saft ein. – «Gib mir den O-Saft, ich glaube, der ist doch besser.»

«Tim, ich glaub, ich spinne. Jetzt reicht's aber wirklich.» Die Stimme wird laut. «Nun trinkst du diesen Saft!» Sie drückt ihm das Glas in die Hand.

Tim trinkt einen Schluck, stellt das Glas zurück, verlässt grinsend die Küche, während eine genervte Mutter zurückbleibt.

«Was hätte ich denn sagen sollen?», fragt mich Tims Mutter im Beratungsgespräch. – «Was möchtest du trinken? Wasser oder O-Saft?» – «Und wenn das Kind dann aber Kirschsaft möchte?» – «Dann gibt es Kirschsaft und keine weiteren Diskussionen.»

«Aber wenn er den dann nicht will und doch durstig ist?» – «Ich denke», antworte ich, «er ist nicht durstig, sondern er prüft Sie, wie weit er mit seinen Wünschen gehen kann.»

Auch Markus' Mutter will wissen: «Ja, und was soll ich denn nun machen?» – «Legen Sie ihm *ein* T-Shirt hin.» Sie ist nicht überzeugt. – «Oder entscheiden Sie am Abend vorher mit ihm, welches er anziehen möchte. Oder Sie machen das am Morgen. Aber helfen Sie ihm. Und wenn er sich entschieden hat, dann bleibt es dabei!», antworte ich bestimmt.

«Aber er muss doch lernen auszuwählen, sich zu entscheiden! Es kann doch gar nicht früh genug beginnen.» – Ich lache sie an: «Er muss es nicht lernen! Wenn er dreißig ist, hat er eine Frau, die ihm das Oberhemd morgens hinterherträgt! Und zwar nur eines!»

Nun hält sie es vor lauter Lachen kaum noch aus: «Verdammt! Da haben Sie völlig recht!»

Ob nun beim Getränk, beim Essen, bei der Kleidung oder beim Spielzeug – immer mehr Kinder werden (zu) früh in Entscheidungsprozesse einbezogen. Sie stehen vor dem Kleiderschrank, völlig überfordert von der Auswahl; sie haben sich morgens für ein Essen zu entscheiden, von dem sie mittags nichts mehr wissen wollen. Die Klage von Eltern, aus jeder noch so harmlosen Situation werde in Kürze «ein richtiger Nerv», zeigt, dass sich viele Kinder mit dem erzieherischen Leitbild von Selbständigkeit überfordert sehen – dies besonders dann, wenn keine Absprachen und Regeln für solche Situationen bestehen.

Verwöhnung – Merkmale und Auswirkungen

Verwöhnung geht häufig mit einem überbehütenden Erziehungsstil einher, verbunden mit einem hohen Maß an Kontrolle. Eltern sehen und spüren alles, nehmen dem Kind jede Aufgabe und Herausforderung sofort ab. Frustrationen werden nicht zugelassen, jeder Wunsch wird augenblicklich und auf der Stelle erfüllt. Ich hatte es betont: Kinder brauchen Behütung, Kinder benötigen Unterstützung, aber eine, die sich an ihren Alters- und Entwicklungsbesonderheiten orientiert. Kinder wollen kein Schlaraffenland, sie wollen Eltern, die ihnen eigene Wege zumuten. Aber sie brauchen Eltern, von denen sie in den Arm genommen werden, die Trost spenden, wenn es nötig ist.

Wer Kinder ununterbrochen verwöhnt, der verhindert eigene Erfahrungen (die durchaus auch schmerzhaft sein können), macht sie lebensuntüchtig.

Was Kinder brauchen, kann man nicht kaufen:

» das Gefühl, so angenommen zu sein, wie sie sind,
» verstehende, einfühlende Eltern, die aber Verständnis nicht mit Akzeptanz materieller Maßlosigkeiten verwechseln,

» eine anregende, herausfordernde Umwelt,

» Zuwendung und Wärme.

Von alldem benötigen sie viel. Und sie brauchen Frustrationen, Herausforderungen, weil sie nur darüber zu selbstbewussten und zufriedenen Persönlichkeiten werden.

Verwöhnung verhindert die Fähigkeit zu konstruktiver Auseinandersetzung und zur Leistungsbereitschaft und -fähigkeit, weil den Kindern alles abgenommen wird. Verwöhnung baut Omnipotenzphantasien ebenso auf wie die Tendenz, ununterbrochen im Mittelpunkt stehen zu müssen. Es kommt zu einem abrupten Wechsel von Minderwertigkeitsgefühlen und Größenwahn. Verwöhnung lässt kein Mitgefühl entstehen, aber zugleich das Gefühl: «Keiner versteht mich, keiner mag mich!» **Das verwöhnte Kind resigniert schnell, hat Angst vor neuen Aufgaben, zieht sich zurück, wenn etwas nicht so klappt,** wie es sich das gewünscht hat, und macht einen passiven Eindruck. Verwöhnte Kinder wirken – obgleich sie materiell alles, besser: zu viel haben – seelisch und emotional vernachlässigt.

Laissez faire und erzieherische Gleichgültigkeit

Kai, fünfeinhalb Jahre, kommt jeden Morgen kurz nach acht in den Kindergarten, die Tür zum Gruppenraum laut zuknallend – nach dem Motto: «Hier bin ich!» Breitbeinig steht er da – und erhält seine Aufmerksamkeit. Auf die Frage der Erzieherin: «Bist du da?», antwortet er grinsend: «Na klar!» Und auf die mehr rhetorische Frage «Kannst du die Tür nicht leiser zumachen?» kommt ein eher achselzuckendes «Ich glaub schon!» oder ein lächelndes «Macht so 'n Spaß.».

Und bei der freundlichen Zuwendung seiner Erzieherin: «Guten Morgen, Kai. Schön, dass du da bist», breitet sich Schalk in seinen Augen aus: «Meinst du das wirklich?» Wird er seinem Gefühl nach zu wenig beachtet, geht er auf ein Kind in seiner Nähe zu, zieht es an den Haaren, beißt, kneift – so lange, bis ihm Aufmerksamkeit gewiss ist.

«Kai», so stöhnte seine Erzieherin, «hält sich überhaupt nicht an Regeln. Und wenn wir mal hart werden, dann ist's auch nicht richtig. Dann will er abhauen oder heult.» Sie verdeutlicht das an einer konkreten Situation.

Neulich hätten fünf Mütter, darunter Kais Mutter, mit einer Erzieherin am Tisch gesessen bei Kaffee und Kuchen. Und die Kinder waren mit dabei. Kai «spielte» mit dem Butterkuchen. Er zerteilte ihn in Stücke und zerquetschte diese mit dem Löffel. Mutter: «Kai, lass das!» Sie wendete sich wieder dem Gespräch zu. Kai hörte kurz auf, fing dann erneut an. Mutter: «Kai, ich habe dir gesagt, hör bitte auf.»

Kai schaute «stolz» in die Runde, machte unverdrossen weiter, nahm nun sogar Kuchenstücke in die Hand und knetete kleine Kugeln. Die Mutter schaute zur Seite, ignorierte ihren Sohn. Die erste Kugel landete auf dem Rock der Mutter.

Mutter: «Kai, wie häufig muss ich dir das noch sagen? Hörst du, schau mich an, wie häufig?» – Kai blickte zur Seite.

«Hab ich dir das nicht schon tausendmal gesagt, man spielt nicht mit dem Essen.» – Kai sah weiterhin weg, beendete jedoch sein «Spiel».

Kai: «Ich will noch Kakao.» Die Erzieherin füllte Kakao in einen Becher. Kai begann, mit dem Löffel im Becher Wellen zu machen. Durch eine unvorsichtige Bewegung fiel der Becher um. Der Inhalt ergoss sich über die Hose des Jungen. Die Mutter, in einer Mischung aus Ärger und Zorn: «Siehst du, das hast du davon! Ich hab's dir tausendmal gesagt!»

Kai sah wehleidig seine verschmutzte Hose an. – Die Erzieherin: «Kai, geh bitte in den Waschraum. Wasch die Hose aus.» Kai blieb sitzen. Die Erzieherin, ganz bestimmt und fest: «Kai, ich möchte, dass du jetzt sofort in den Waschraum gehst.»

Kai stand auf, er hatte Tränen in den Augen, ging Richtung Waschraum. Die Mutter sah die Erzieherin ärgerlich-hilflos an und folgte ihrem Sohn: «Komm, Kai. Ich geh mit und helfe.» Sie legte ihren Arm um seine Schultern.

«Wie gesagt», schließt die Erzieherin, «dies ist nur eine Situation unter vielen. Zu Hause kann er anscheinend machen, was er will.» Ein anderes Mal räumte er das Küchengeschirr aus dem Schrank und warf es auf den Boden. Kais Mutter hatte sich geweigert, mit ihrem Sohn zu spielen – «Er war einfach zu frech gewesen. Und ich bin absolut hart geblieben, obwohl er mich wüst beschimpft hat. Bis ich das Klirren hörte. Als ich das sah, hab ich gebrüllt.»

Wer mit Familien in Beratungen oder auf Bildungsveranstaltungen zu tun hat, wer in Kindergärten und Schulen arbeitet, der begegnet häufiger den Auswirkungen eines Erziehungsstils, der keine Grenzen setzt, der sieht sich mit Schwierigkeiten und Problemen konfrontiert, die auch und nicht zuletzt aus einem Laissez-faire-Stil im Alltag resultieren: Da werden Kinder zum Schrecken für die Gemeinschaft, sei es in der Familie, dem Kindergarten oder der Schulklasse. Sie benehmen sich unerträglich, handeln un-sozial und ohne Rücksicht auf Verluste, Schädigungen und Verletzungen, weil nur die Durchsetzung eigener Bedürfnisse zählt; die Umgebung wird unterjocht und terrorisiert.

Kais Verhalten ist Provokation und Hilfeschrei zugleich. Er macht auf sich aufmerksam, möchte Konsequenzen – eben Grenzen und Regeln – spüren. Kai will sich *angenommen und zugehörig fühlen*. Er möchte eine eigene Identität haben, über die er sich ausdrücken kann, er will seine Kompetenzen und Stärken beweisen.

Der Laissez-faire-Stil macht Kinder dagegen unfähig, soziale Beziehungen einzugehen und Kontakte aufzunehmen. So wie die Überbehütung nur räumliche Enge und körperliche Nähe zulässt, damit erdrückt, Eigenständigkeit und Autonomie unterbindet, so bietet der Laissez-faire-Stil den Gegenpol: Hinter der – aus elterlicher Sicht – vermeintlich unbegrenzten großen Freiheit verbirgt sich unpersönliche Distanz, eine – für das Kind – unüberschaubare Weite, die Verlassenheitsangst und Einsamkeit aufkommen lässt und bald unerträglich wird. Widerstand und Auseinandersetzung können ebenso die Folge sein wie zerstörerische Aggressivität, Übermotorik oder Distanzlosigkeit. Solche Verhaltensweisen sind Ausdruck einer verzweifelten Suche nach Halt und Orientierung, nach Standort und Standpunkt, nach Sinn und Nähe.

Übersieht Erziehung diese Wünsche, kommt es zu Schwierigkeiten und Handlungsunsicherheiten

» *in der emotionalen Orientierung.* Die Kinder fühlen sich in der Gruppe unwohl, entwickeln nur schwer Kontakte zu anderen Menschen. Ihnen fehlt das Gefühl, für andere wichtig zu sein. Daraus erwachsen Probleme, sich anderen gegenüber angemessen zu verhalten: Die Kinder erscheinen distanzlos, oder sie sind schüchtern, angepasst und zurückgezogen;

» *in der sozialen Orientierung.* Meist fehlen diesen Kindern persönliche Vorbilder, die Grenzen, Regeln und moralische Verhaltensrichtlinien vorleben; Vorbilder, an denen sich Kinder orientieren, anlehnen, an denen sie sich zugleich reiben und mit denen sie sich auseinandersetzen können. Die fehlende soziale Orientierung zeigt sich weiter in der Verbindlichkeit, mit der Kinder getroffene Absprachen einhalten: Sozial desorientierten Kindern fehlt Erfahrungssicherheit: Sie halten starr an bestimmten Vorhaben fest, zeigen sich wenig flexibel und scheuen vor neuen Erfahrungen zurück;

» *im Wunsch nach Individualität.* Der Laissez-faire-Stil gestattet den Kindern nicht, sich selbst zu respektieren. Fehlende Selbstachtung führt zur Missachtung anderer, dazu, sie nicht in ihrer Würde anzuerkennen. Der Laissez-faire-Stil verlangt ihnen Leistungen ab, die sie – schon entwicklungsbedingt – nicht erbringen können. Es bleibt das Gefühl der Inkompetenz;

» *im Wunsch nach Stärke.* Die Kinder fühlen sich entscheidungsschwach, sie haben Schwierigkeiten, Verantwortung zu übernehmen, mit materiellen Frustrationen fertig zu werden und ihre – zweifellos vorhandenen – Kompetenzen situations- und sozial angemessen einzusetzen. Fehlende Bestätigung im Handeln wird ersetzt durch den Wunsch nach Herrschen und Machtausübung, gepaart mit egozentrischer Eigensinnigkeit. Mit Laissez-faire-Verhalten wird kein Vertrauen aufgebaut, werden Auseinandersetzungen umgangen. Die «lange Leine» wechselt unvermutet mit impulsiven Strafaktionen, eine unsichere Toleranz wechselt mit undurchsichtiger Kontrolle, Verschmelzungswünsche mit willkürlichem Liebesentzug. So basiert das Grenzensetzen im Laissez-faire-Stil nicht auf gegenseitigem Respekt, sondern darauf, wer der Stärkere ist. Die Grenze wird schnell zur Strafe, zum Symbol dafür, wer verloren hat. Dies ist der Beginn eines neuen Teufelskreises: Da Frustrationen nicht ausgehalten werden, schlägt Strenge schnell in erneute Verschmelzungswünsche um. Und alles fängt von vorne an.

Kais Eltern gingen mit ihrem Sohn in eine Familienberatung, parallel dazu habe ich Kai im Kindergarten begleitet. In der Anfangszeit wurde auf vier Schwerpunkte geachtet: die klare Regelung von Kais Tagesablauf und den Ablauf seines Vormittags im Kindergarten durch vier feste Termine – das Begrüßungs- und Abschiedsritual sowie zwei abgesprochene Zeiten mit den Erzieherinnen, die dann nur Kai zur Verfügung standen; man bezog u. a. Spiele ein, um die Integration in die Gruppe zu fördern. Über Rollenspiele versuchte man, ihm die Notwendigkeit von Regeln vorzuleben und zu vermitteln; Kais Stärke war das Basteln von Masken. Seine von allen anerkannten Kompetenzen setzte man nun konstruktiv ein: Er verwaltete das Material, und er half anderen Kindern beim Basteln; um Kais Körpergefühl zu stärken, führte man zusätzlich ein Bewegungstraining für ihn ein.

Kai entwickelte soziale Beziehungen zu anderen, er nahm einen eigenen Standpunkt ein. Um diesen zu gewinnen, setzte er sich zunächst einmal immer an den gleichen Tisch, um von dort aus seine Aktivitäten zu entfalten. Kai war zusehends bereit, Verantwortung zu übernehmen. Er hatte nun konstruktive Möglichkeiten, sich auszudrücken und auch abzugrenzen. Rückfälle in sein distanzlos-grenzenloses Verhalten gab es nach wie vor. Hier hatte seine Gruppe Strategien entwickelt, Kai, der früher der «Klopper» hieß, nicht mehr abzustempeln, ihn vielmehr zu ermutigen, sein verändertes Verhalten beizubehalten.

Zutrauen und verwöhnen

An der Geschichte von Kai lassen sich vier erzieherische Grundhaltungen zeigen, wie das maßlose Verwöhnen überwunden werden kann:

» die Selbständigkeit des Kindes fördern, d. h., zunächst nicht Aufgaben für das Kind zu lösen, sondern dem Kind Hilfe zur Selbsthilfe anzubieten.

» dem Kind Verantwortung übertragen, ihm zeigen, dass man Zutrauen in seine Fähigkeiten hat.

» dem Kind auch Frustrationen zumuten und ihm in solchen Situationen Rückhalt anbieten.

» und schließlich klare und verlässliche Grenzen formulieren, die Achtung und Respekt für alle Beteiligten garantieren.

Kinder brauchen Ermutigung

Sarah, sieben Jahre, kommt mittags von der Schule nach Hause. Ihre Mutter ist mit den beiden jüngeren Geschwistern, Patrizia, ein Jahr, und Johannes, zwei Jahre, intensiv beschäftigt. Beim gemeinsamen Mittagessen achtet die Mutter sehr genau auf Patrizias und Johannes' Tischmanieren. Sarah verhält sich unauffällig und berichtet beiläufig davon, wie sie in der Schule von zwei Schülern ständig gehänselt und belästigt wird.

Die Lehrerin würde die Situation in der Schule ständig falsch beurteilen, beim Streit, der schnell zu Handgreiflichkeiten führe, gebe sie «mir immer die ganze Schuld. Ich geh nicht mehr in die Schule», erklärt sie der Mutter ganz bestimmt. Zunächst versucht diese, manches von dem Gehörten zu relativieren. Sarahs Erzählungen werden in den Tagen darauf drastischer, ihre Drohungen, die Schule nicht mehr zu besuchen, trägt sie mit immer größerem Nachdruck vor.

Die Mutter nimmt Kontakt zur Lehrerin auf und erfährt im Gespräch, wie sich Sarah in der Schule wohlfühlt, wie sie durch ihr Sozialverhalten positiv auffällt. Sie schlichtet manchen Streit. Deshalb ist sie bei den Mitschülern und Mitschülerinnen äußerst beliebt. Sarahs Mutter ist einerseits erfreut, andererseits wütend, hat ihre Tochter sie doch belogen. Sie stellt Sarah mittags zur Rede, fragt danach, *warum* sie die Unwahrheit gesagt habe. Sarah streitet alles ab, bezichtigt nun ihrerseits die Lehrerin der Lüge, schreit die Mutter an und verlässt mit dem herausgepressten Satz «Ihr mögt mich doch alle nicht!» den Mittagstisch, schließt sich in ihr Zimmer ein.

In den Tagen nach diesem Gespräch verschärft sich die häusliche Auseinandersetzung zwischen Mutter und älterer Tochter. Sarah versucht, ihren Vater als Koalitionspartner zu gewinnen. Er solle doch mal «richtig mit der Lehrerin sprechen»; Mama «glaubt dieser blöden Pute doch mehr als mir». Der Vater verbündet sich mit seiner Tochter, macht seiner Frau Vorwürfe, sie sei zu leichtgläubig und lenke zu schnell ein. «Ich glaube, ich muss da mal hin.»

Als die Müllers diese Situation auf einem Elternseminar vorstellen, frage ich Sarah: «Du kommst nach Hause, und kein Schwein sieht dich, nicht?» Sie sieht mich mit einem kaum wahrnehmbaren Lächeln an. «Könnte es sein, Sarah, dass Mama sich mehr mit dir beschäftigen soll, wenn du nach Hause kommst?» Sie nickt spontan, fühlt sich verstanden, ihr ganzer Körper entspannt sich. «Erzähl mal, wie ist das, wenn du nach Hause kommst?»

Und dann berichtet Sarah detailgenau, wie sie das Haus betritt, ein Küsschen von der Mama bekommt. Sarah ist entrüstet: «Aber die sieht mich nicht mal richtig! Oder sie fragt einfach nur so: ‹Wie war's in der Schule?› Diese Frage kann ich nicht mehr hören. Fürchterlich!» Sarah fühlt sich nicht an- und ernst genommen, sie vermag ihre Bedürfnisse aber auch nicht direkt anzusprechen – und sie will es möglicherweise auch nicht. Denn spielt sie die kompetente Tochter, wird sie von der Mutter doch nur mehr oder minder übersehen. So holt sie sich ihre Aufmerksamkeit, indem sie die Fragen nach der Schule auf eine Weise beantwortet, die ihr Beachtung garantiert. Ihre Mutter macht sich Sorgen, kümmert sich damit um Sarah.

Und so besteht für Sarah überhaupt kein Grund, von den «Schauergeschichten» abzulassen. Denn würde sie das tun, wäre die mütterliche Aufmerksamkeit dahin. Weil die Mutter diesen Beziehungsaspekt der Störung nicht erkennt, ihre Tochter vielmehr der Lüge bezichtigt, bringt Sarah den Vater ins Spiel. Nun steht sie endgültig im Mittelpunkt. Sie führt ihre Eltern wie Marionetten in einem Spiel vor, dessen Regeln sie beherrscht, dessen Ausgang sie freilich auch nicht kennt.

Als mir Sarah mitteilt, wie allein sie sich fühlt, wenn die «Mama sich mit den beiden anderen» beschäftigt, frage ich: «Wie wäre es schön kuschelig?» – «Mama soll nur bei mir sein und mich drücken!»

Die Familie entwickelt im Laufe des Beratungsgesprächs ein Begrüßungsritual, das nur Frau Müller und Sarah gehört. Patrizia und Johannes sind in dieser Zeit ausgeschlossen. Während des Mittagessens übernimmt Sarah zudem Verantwortung für ihre beiden Geschwister. Die «Gruselgeschichten» aus der Schule haben bald ein Ende. Sarah braucht sie nicht mehr, weil sie nicht nur persönliche Zuwendung bekommt, sondern durch Zuweisung von Verantwortung – in Erziehungsfragen – in ihrem positiven Sozialverhalten bestätigt wird.

Wenn «Wozu»-Fragen, die sich die Mutter selbst stellt und beantwortet, keine Entspannung bringen, wenn selbst logische Konsequenzen störende Handlungen nicht ändern, **dann helfen zwei weitere Fragen: «Kann mein Kind etwas nicht?» bzw. «Will mein Kind etwas nicht?»**

Viele Eltern vermuten bei störend-auffälligem Verhalten ihrer Kinder schnell einen Machtkampf, Renitenz oder Trotz, versuchen, über Drohung, Strafe oder mit physischen – z.B. dem Klaps – wie psychischen Zwängen – z.B. Liebesentzug – Wohlverhalten des Kindes zu erzwingen, Grenzen zu setzen bzw. auf der Einhaltung von Grenzen zu bestehen. Aber Kinder, die bestimmten Aufgaben nicht nachkommen, die vereinbarte Regeln und Rituale nicht einhalten, die festgelegte Grenzen missachten, wollen nicht unbedingt in einen Machtkampf eintreten, wollen sich nicht rächen, gar die Eltern hilflos machen – manche Kinder *können* bestimmte Aufgaben nicht erledigen und überschreiten deshalb Grenzen.

Diese Kinder haben *noch* keine entsprechenden Fähigkeiten ausgebildet. Viele Eltern überfordern ihre Kinder, sehen sie als kleine Erwachsene, nehmen die Grenzen ihrer momentanen Fähigkeiten nicht wahr.

Denn Grenzen zeigen Kindern an, was sie können, helfen bei der Orientierung.

Bevormundung und Verharmlosung

Eine Lehrerin stellt in einer Beratung Johannes, sieben Jahre, vor. Er ist – wie sein Vater sagt – «der letzte Trottel. Wenn der was macht, ist sofort Chaos.»

Johannes weiß von sich: «Ich werd sowieso nichts mehr. Ich werd Straßenfeger.» Auf Angebote zur Kooperation lässt er sich, so die Lehrerin, nicht mehr ein. Er hat offensichtlich selbst schon die Zuschreibung der Eltern vom Versager übernommen. Ein solcherart entmutigtes Kind kommt nur schwer aus dem Teufelskreis von Verhaltenszuschreibung und der Bestätigung dieser Zuschreibung heraus. Resignation, Rückzug, Abbruch von Kommunikation können sich in der Folge ebenso ergeben wie zerstörerische Aggressionen. Solche Kinder haben – wie sie mir im Gespräch berichten – «nichts mehr zu verlieren». Sie schlagen um sich, schädigen sich und andere. Kinder, die keine Chance auf die Entwicklung einer eigenen Identität haben, können auch bei anderen Menschen keine Autonomie zulassen.

Die vierjährige Anna hat Eltern, die sich bei ihrer Erziehung als Rot-Kreuz-Helfer missverstehen – ununterbrochen im Einsatz. Anna war als Dreijährige ein quirlig-aufgewecktes Kind, sehr fordernd, zupackend. Kein Wunder, wenn ihr manches im ersten Zugriff misslang – ob beim Basteln, beim Bauen, beim Aufräumen oder beim Spielen. Wer Anna jetzt erlebt, hat ein weinerliches Kind vor sich, das sich nichts zutraut. Ständig umgeben von helfenden Händen, die Annas Missgeschicke in wehleidiger Tonlage kommentieren: «Ach, Anna, Schätzchen, das tut mir leid!» – «Ach, Annachen!» – «Dafür bist du noch zu klein!»

Anna erfährt Eltern, die Nähe und Bindung geben möchten,

ihre Tochter damit aber unterdrücken, besser: bedrücken. Anna braucht eigenständige Erfahrungen; nur durch eigenes Tun, das auch Frustrationen und Misserfolge mit sich bringen kann, kann sie wachsen.

Neben den selbsternannten Rot-Kreuz-Helfern sind es Schwarz- und Hellseher, die Apokalyptiker oder Besserwisser, die Kinder in ihrem Wunsch nach Eigenständigkeit und unverwechselbaren Handlungen entmutigen.

Bei Tom, sechs Jahre, reiht sich Missgeschick an Missgeschick. Alles, was er anfasst, zerbricht – im wahrsten Sinne des Wortes. «Siehst du, Tom, ich hab's kommen sehen», hört er von seinen Eltern dann mit einer Mischung aus Anklage und Mitleid.

Viele Eltern haben entmutigte Kinder; Kinder, die nicht bereit sind, Verantwortung zu übernehmen oder konstruktiv an Lösungen mitzuarbeiten, weil sie von ihren Eltern nicht ernst genommen werden.

Simon, knapp fünf Jahre, will mit dem Messer an einem Stück Holz schnitzen. Er rutscht ab, verletzt sich, aus einer kleinen Wunde rinnt Blut. Er rennt zur Mutter, nicht unbedingt verzweifelt, aber doch voller Schmerz und Wut darüber, es wieder nicht geschafft zu haben.

Simons Mutter sieht sich die Wunde an, holt ein Stück Pflaster: «Na, Simon, ist doch nicht ganz so schlimm.» Er kriegt einen freundlichen Klaps auf die Schultern, geht zurück zum Basteltisch, sitzt vor Messer und Holz, als der Vater ins Zimmer kommt, sich das Werkzeug und das Material schnappt: «Das kriegen wir schon hin!» Simon schaut kaum hin, während der Vater bastelt, der nach ein paar Minuten eine kleine Figur fertiggestellt hat. «Na, sei mal nicht traurig. Das passiert eben noch.»

Was Kindern in solchen Situationen nicht hilft, ist das Herunterspielen bzw. die Nicht-Annahme ihrer Gefühle. Für Simon ist «es schlimm», sich verletzt zu haben; die körperliche Wunde schmerzt wohl weniger als die seelische, das Erleben einer erneuten Frustration. Und Simon hilft man nicht damit, dass – wie der Vater es formuliert – «wir es schon schaffen». Simon möchte es allein schaffen, kann es aber noch nicht. Wenn ihm die Verantwortung aus der Hand genommen wird – und dies wortwörtlich –, fühlt er sich als Opfer, das nicht und von niemandem verstanden wird.

Ein Pflaster tut zwar gut, eine vom Vater fertig geschnitzte Puppe zeigt zwar ein Ergebnis, doch für Simon wären aufmunternde Worte und eine tröstende Umarmung hilfreicher gewesen – und ein Gespräch darüber, wie man Messer geschickter anfassen kann, um selbständig zum Erfolg zu kommen. Dann hätte sich Simon vermutlich mit neuem Selbstvertrauen an einen weiteren Versuch gewagt.

Störung und Vernachlässigung

Jessica, neun Jahre, fällt der Erzieherin im Hort auf, weil sie mit dem Essen spielt. Versuche, mit ihr gemeinsam eine Lösung zu finden, scheitern. «Sie wartet geradezu unheimlich darauf, bestraft zu werden», beobachtet die Erzieherin. «Erst dann scheint sie glücklich zu sein.» Jessica lebt in einer paradoxen Situation. Sie ist das älteste Kind in einer Geschwisterreihe mit vier jüngeren Kindern, darunter einem Zwillingspärchen. Jessica erfährt zu Hause keine Aufmerksamkeit, keine liebevolle Zuwendung, jene Wärme, jenes Urvertrauen mithin, die notwendig sind, eine Entwicklung zur Eigenständigkeit, zu einer eigenen Identität überhaupt erst zu ermöglichen. Jessica hat früh begriffen: Nur wenn ich störe, falle ich auf. Jessica wird häufig bestraft, die Eltern schreien sie an, sperren sie in ihr Zimmer. Beim Essen muss sie – falls sie stört – an einem kleinen Extratisch sitzen, darf dann kein Wort sagen. Isst sie ihr Essen nicht auf, muss sie so lange sitzen bleiben, bis der Teller leer ist. Manchmal hockt sie stundenlang vor ihrem Teller.

«Jessica fordert», so die Erzieherin, «ständig übervolle Teller. Aber sie weiß, das Essen schaffe ich nie. Und auch wir waren natürlich nicht glücklich darüber und haben dann entsprechend gemeckert. Jetzt bekommt sie kleine Portionen, kann nachfordern – und jetzt spielt sie mit dem Essen. So hat sie uns wieder im Griff.»

Kinder, die keine Beachtung finden, die keine emotionale Zuwendung erleben, fühlen sich schnell vernachlässigt und entmutigt. Kontaktaufnahme gelingt diesen Kindern ausschließlich über störend-negatives Handeln. So geraten sie in den Mittelpunkt. Bestrafungen erleben sie – paradox genug – als eine zwar schmerzliche, aber überhaupt als eine Form der Nähe. Bestrafungen erzeugen in diesen Kindern das Gefühl von Niederlagen und Unterlegen-Sein, die dann Rache und Vergeltungsphantasien nahelegen. Das Kind fordert die Bestrafung von Eltern oder pädagogischem Fachpersonal heraus, um in ihnen dann das Gefühl von Minderwertigkeit – «Du bist eine schlechte Mutter!», «Du kannst nur strafen!» – hervorzurufen. Durch Bestrafung entmutigte und entmündigte Kinder lassen sich nur schwer auf konstruktive Konfliktlösungen ein, haben sie doch folgende Überzeugung verinnerlicht: Wenn man positiv und konstruktiv mitarbeitet, steht man nicht mehr im Mittelpunkt.

Nun gibt es Kinder, die arbeiten konstruktiv mit – nur deshalb, weil sie Lob und Anerkennung brauchen, weil sie sich beim anderen beliebt machen wollen.

Vom Loben und Ermutigen

Kinder zu ermutigen – das ist keine Technik, das stellt eine Kunst dar, die viel Fingerspitzengefühl erfordert und eine ständige Reflexion des eigenen erzieherischen Handelns.

Der zentrale Grundsatz der Ermutigung lautet: Vertrauen Sie dem Kind! Nur so wird sein Selbstvertrauen gestärkt! Und dazu zählt: Das Kind lernt, auch eigene Unvollkommenheiten anzunehmen, sich Fehler einzugestehen, Niederlagen zu akzeptieren. Das gelingt aber nur dann, wenn es Hoffnung auf Veränderung hat.

Thomas, elf Jahre, besucht die erste Klasse des Gymnasiums. Er steckt in der Vorpubertät und bringt seine Eltern, insbesondere seinen Vater, mit seinen schulischen Leistungen «auf die Palme». Thomas hatte während der Grundschulzeit viel Spaß an der Schule, «doch urplötzlich», so seine Eltern, «ließ sein schulisches Engagement nach!»

«Null Bock!», meinte sein Vater erzürnt. «Und ich weiß, wohin das führt, wenn man kein Abitur hat! Ich sehe das an mir. Man hat einfach keine Chance auf Aufstieg!» Er macht eine Pause: «Und deshalb gibt es bei mir nur eines: Lernen! Lernen! Lernen!»

Das sah dann so aus: Der Vater strich seinem Sohn sämtliche Freizeitaktivitäten – bis auf zwei Termine im Sportverein. «Ein bisschen Bewegung braucht er schon!» Stattdessen setzt sich der Vater mit Thomas zwei bis drei Stunden am Abend hin und übt mit ihm «dort, wo er schwach ist: Mathe, Englisch, Bio, Physik ...!» Der Vater wundert sich: «Und Thomas macht mit, kann dann auch alles!» Er stockt: «Aber jede Arbeit verhaut er am Tag danach!» Deshalb lerne er noch mehr mit seinem Sohn. Neulich sei er so sauer gewesen. Da habe er ihm vier Tage Hausarrest verpasst. «Meiner Frau kann ich das mit dem Lernen nicht überlassen. Die ist zu weich! Die gibt zu schnell nach!»

Als ich Thomas mit der Aussage seines Vaters konfrontiere, antwortet er lächelnd, er könne das Gelernte schon, aber er wolle nicht. «Also, wenn ich dann in der Schule vor dem Heft und den Aufgaben sitze, dann will mir nichts einfallen!» Er schmunzelt: «Also, mir fällt natürlich was ein. Ich denke daran, wie dem Alten die Kinnlade runterklappt, wenn der die schlechten Noten sieht!»

Ein absolut geiles Gefühl sei das, den so fertig zu sehen. «Der wird blass, zittert, schmale Lippen, die Augen zucken. Dann schreit er laut los. Meine Mutter kommt hinzugestürzt: ‹Rudi! Beruhige dich!› Aber das macht ihn noch wütender!»

«Und das mit dem stundenlagen Lernen, nervt dich das nicht?» – «Nö, der bestraft sich doch selber! Der würde lieber fernsehen! Das kann er jetzt nicht!»

«Und die Sache mit dem Hausarrest?», bin ich neugierig.

Er sieht mich hintergründig an: «Sie kennen meine Mutter nicht! Ein paar liebe Worte! Ich streichle sie, kuschle mich an sie! Mehr mache ich nicht, ehrlich nicht! Und dann sagt sie: ‹Aber Papa nichts sagen, hörst du!›» Dann macht er eine kleine Pause: «Mal sehen, wie lange der das aushält?!» Dann nickt er sich bestätigend zu: «Ich hab viel Kraft!»

Ob er denn von seinem Vater nie etwas Positives gehört hätte, will ich wissen.

«Doch, das schon!», erklärt Thomas. «Aber da war dann schon wieder eine kleine Spitze drin.» Wenn er mal mit einer besseren Note nach Hause gekommen sei, habe sein Vater nur gestöhnt: «Wenn das doch immer so wäre!» oder «Siehst du, es geht doch!»

Kinder sind hellhörig. Man sollte sie nicht unterschätzen, wenn man mit oder zu ihnen redet. Angemessener als «Wenn das doch immer so wäre!» hätte der Vater – im Sinne einer Ermutigung – formulieren sollen: «Finde ich prima, wie du das gemacht hast!»

Ermutigung ist – so der Pädagoge Jürgen Frick – eine ungeheure Kraft, die nicht allein die Selbstachtung des Kindes erhöht, sondern den Glauben an sich stärkt und hilft, Frustrationen zu überwinden, Niederlagen anzunehmen, und so ansport, einen neuen Versuch zu starten. Allerdings muss sich das Kind angenommen wissen, so wie es ist – und nicht, wie es Eltern oder andere gerne hätten. Doch – darauf haben Rudolf Dreikurs und seine Mitarbeiter hingewiesen – muss man Ermutigung vom Lob unterscheiden. Die *Ermutigung*

» hebt auf die Kompetenz des Kindes ab (z. B.: «Prima, dass du dem Jens Mathe erklären konntest!»);

» lenkt die Aufmerksamkeit auf die inneren Werte des Kindes (z. B.: «Finde ich toll, wie du deinem Bruder beigestanden hast!»);

» überträgt Verantwortung, ohne das Kind zu überfordern (z. B.: «Schön, dass du mir geholfen hast!»);

» weiß, dass Unvollkommenheit zur Entwicklung gehört und Kinder anspornt, ein eigenes Leistungsbewusstsein zu entwickeln.

Das *Lob*

» belohnt eher das Individuum, lenkt alles auf das Kind (z. B.: «Ich bin stolz auf dich!»);

» macht nicht selten abhängig von äußerlicher Ermunterung (z. B.: «Hab ich das nicht prima gemacht, was krieg ich dafür?»);

» kann den Leistungsdruck verstärken (z. B.: «Das ist prima, wie du das gemacht hast, aber beim letzten Mal hast du schöner gemalt. Versuch es noch einmal!»).

Vielleicht liest sich diese Unterscheidung zu pädagogisch korrekt. Und von einem oder dem anderen Lob, das mal spontan ausgesprochen wird, nehmen Kinder keinen Schaden: besser ein Lob als eine andauernde Entmutigung und Erniedrigung. Doch sind Kinder sehr genau: Sie spüren die Unterschiede, die im Lob und in der Ermutigung enthalten sind.

Rituale geben Halt

Die Entritualisierung des Alltags stellt sich als ein ähnlich großes Problem wie die Entgrenzung dar, wenn man über einen Rahmen nachdenkt, der Kindern Verlässlichkeit und Vertrautheit bedeutet. Um Räume und Zeiten selbstbewusst zu erobern, brauchen Kinder wie das «kleine Hänschen» den Stock und den Hut, der sie begleitet. Sie brauchen Symbole, die ihnen Sicherheit geben.

Doch lernen viele Kinder Rituale nicht kennen, oder sie werden ihnen häufig nur halbherzig angeboten. Dabei verliert das Ritual seinen zentralen Wert: Es lebt aus der Wiederholung, daraus, dass sein Zeitpunkt, sein Ablauf für alle Beteiligten klar ist. Es ist fraglos da, wird praktiziert, wird immer aufs Neue gelebt.

Rituale sind nur dann problematisch, wenn sie rigide umgesetzt, als Dogma missverstanden, als Machtmittel missbraucht werden. Das mag ein Grund dafür sein, warum man sie in letzter Zeit in Frage gestellt oder leichtfertig aufgegeben hat. Es ist vor allem die emotionale Bedeutung, es sind Werte und Normen eines zwischenmenschlichen Miteinanders, die im Ritual aufgehoben sind. Fehlen Rituale, so fühlen Kinder sich gefühlsmäßig alleingelassen, wissen sie nicht oder nicht mehr, woran sie sind, woran sie sich halten können.

Aus einem fairen Kampf wird eine brutale Prügelei. Man kritisiert zu Recht, Kinder könnten nicht mehr angemessen raufen, spürten nicht mehr, wenn die Mitkämpfer nicht mehr können oder möchten. Es wird nicht selten auf am Boden liegende Kinder, die ganz offensichtlich den Kampf beenden wollen, weiter «eingedroschen». Das hat nichts damit zu tun, dass «Kinder immer brutaler, gewalttätiger» werden. Der Grund liegt vor allem darin: Man lässt Kinder mit ihren Aggressionen allein, zeigt ihnen nicht, was sie mit ihren Schlägen und Tritten, ihren Boxhieben und würgenden Fingern anrichten können.

In einem Boxkampf geht es fairer zu als bei manchen Schlägereien auf dem Schulhof. Die Boxer halten sich an vorgegebene Regeln. Und sollten sie diese im Eifer des Gefechts vergessen, werden sie durch den Eingriff des Ringrichters daran erinnert. Lässt man Aggressionen ihren Lauf, gewinnen die zerstörerischen Impulse die Oberhand.

Dies gilt auch für Kinder. Aber umgekehrt funktioniert es auch nicht: Aggressionen aus dem Alltag zu verbannen. Sie gehören nämlich zum Leben. Damit sie beherrschbar bleiben, müssen sie eingebunden werden in Aggressionsrituale, die sich durch klare Absprachen auszeichnen – vor allem dadurch, dass die Kinder wissen, was sie dürfen und was sie nicht dürfen, was zu einem Kampf gehört und was nicht: z. B. beißen, kratzen, spucken, würgen, den anderen fertigzumachen. Oder positiv formuliert: Kinder müssen lernen, die Regeln des Kampfes zu beherrschen. Und dazu zählt, den anderen als Persönlichkeit zu respektieren.

Gemeinsam essen statt getrennt schlingen

Für viele Kinder gibt es kein Frühstück mehr. Manch Mittagessen ist auf Fastfood, ein Stück gekaufte Pizza reduziert. Und auch für das Abendessen gilt Unverbindlichkeit. Zweifellos lassen viele Tagesabläufe Gemeinsamkeiten nicht mehr zu. Dazu stellen sie sich zu unterschiedlich dar, lassen sich nur schwer oder gar nicht vereinbaren. Aber es gäbe dann ja noch das Wochenende, wo jene Essensrituale, die im Alltag nicht zu praktizieren sind, gelebt werden könnten. Es kommt mir beim Essensritual nicht auf formvollendetes Verhalten oder die korrekte biologisch-dynamische Mahlzeit an – dies ist ein anderes Thema. Mindestens genauso wichtig ist das Miteinander am Tisch, das Sich-Ansehen, das Sehen und das Zuhören, das Sich-auf-einander-Einlassen, die gemeinsame Freude am Essen, der- oder demjenigen Dank zu sagen, der die Mahlzeit bereitet hat. Wenn man das Essen nur noch nebenbei, im Gehen oder Stehen einnimmt, so entwertet man nicht nur den materiellen Gehalt der Speise, man löst zugleich die sozialen und emotionalen Bindungen auf, in die das Essen eingewoben ist.

Wer selbst keine Essensrituale pflegt, darf sich nicht wundern, wenn auch die Kinder diesem Gemeinschaftserlebnis keine Bedeutung mehr beimessen.

Essstörungen können – müssen nicht! – die Folge fehlender Essensrituale sein, neben ungesunder Ernährung und zu wenig Bewegung. Um nicht missverstanden zu werden: Diese Rituale lassen sich in vielen Familien nicht mehr jeden Tag praktizieren, aber sie sollten ihren regelmäßigen Platz in jeder Familie haben.

Rituale gestalten Übergänge

Deshalb sind sie für Kinder unverzichtbar: der Übergang von der Nacht in den Tag – das Guten-Morgen-Ritual; vom Tag zur Nacht, um Abschied zu nehmen von der Hektik des Tages – das Gute-Nacht-Ritual. Fehlen diese Rituale, so reagieren die Kinder zu Recht orientierungslos: Sie kommen nicht wirklich im Tag an oder – umgekehrt – können nicht einschlafen.

Wenn Kinder morgens im Kindergarten abgegeben werden, brauchen sie ein Ritual, um nicht nur körperlich, sondern auch mental anzukommen. Am ersten Schultag gibt es eine Vielzahl von Ritualen – die Schultüte, den Gottesdienst oder danach ein gemeinsames Essen mit den Verwandten. Es reicht nicht, den Kindern zu sagen, nun «seid ihr groß», dies muss auch in rituellen Handlungen und Symbolen zu spüren sein.

Gerade in Krisenzeiten können Rituale dem Kind Halt und Verlässlichkeit geben – sei es bei Krankheit oder Tod eines Angehörigen, bei Kriegen und Katastrophen, die dem Kind medial nahegebracht werden, bei Umzügen und dem damit verbundenen Verlust von Freunden. Wenn Kinder Krisen erleben, dann ist es wichtig, gewohnte Rituale weiterzuführen, weil in ihnen das fraglos Normale enthalten ist.

Störungen und Auffälligkeiten im Verhalten eines Kindes verweisen nicht selten auf das Fehlen eines Rituals oder auch darauf, dass Rituale abgeschafft und nicht durch andere ersetzt worden sind.

Ramona Albert kommt in die Beratung. Sie habe seit einem halben Jahr mit ihrer zwölfeinhalbjährigen Heike ständig Stress.

«Wir fetzen uns nur noch», meint sie mit einer Mischung aus Resignation und Genervtheit. Und sie wisse nicht, woran das liegt. Es sei eigentlich nichts passiert, «keine Krankheit, kein Stress zwischen mir und meinem Mann. Gut», sagt sie, «Heike ist gewachsen, nimmt frauliche Formen an. Aber das allein kann es nicht sein!»

Ich gehe mit ihr die Tagesabläufe durch, ob sich dort etwas geändert habe. Sie denkt sehr intensiv nach, schüttelt heftig den Kopf: «Mir fällt nichts ein! Absolut nichts!» Mit einem Mal stockt sie: «Ich weiß nicht! Lachen Sie mich nicht aus! Die Geschirrspülmaschine!», ruft sie und bricht in Lachen aus. – «Was ist damit?», bin ich gespannt.

«Na ja!», erklärt sie. Vor einem halben Jahr habe sie sich so ein Ding angeschafft. Sie sei lange Zeit dagegen gewesen. – «Ich verstehe das noch nicht ganz!», frage ich vorsichtig nach. – «Bevor die Maschine kam, haben Heike und ich gemeinsam abgewaschen. In dieser Zeit haben wir gequatscht. Das war unsere Zeit. Da durfte keiner stören.»

«Und jetzt? Welche Zeit gibt es jetzt für Sie beide?» – Sie zuckt mit den Schultern, blickt mich an, prustet laut los: «Muss ich die Geschirrspülmaschine verkaufen?» Bevor ich etwas sagen kann, meint sie: «Tu ich aber nicht!»

«Dann schaffen Sie ein anderes Ritual!»

Sie geht nach Hause, überlegt mit ihrer Tochter. Sie sprechen ab, nach dem Mittagessen zusammenzusitzen und zu reden.

«Wir nennen das», so die Mutter später, «unseren Weibertratsch.» Dann stockt sie, sieht mich an, also, sie habe nie gedacht, wie wichtig Rituale sind. «Dabei ist die Heike doch schon so groß. Und trotzdem besteht sie drauf.»

Das Fehlen von Ritualen gefährdet kindliche Entwicklung ebenso wie die ständige Reflexion des eigenen Erziehungsstils. Mehr denn je ist die Kombination eines reflexionsoffenen Erziehungsstils mit elterlicher Unterstützung gefordert. Autonomie des Kindes entwickelt sich nur auf der Basis einer gefühlsmäßigen Erziehungsbeziehung, die von einem unterstützend-begleitenden Rahmen umgeben ist. Nur Wachsen-Lassen macht orientierungslos, das bloße Einlassen auf kindliche Bedürfnisse führt zur Haltlosigkeit des Kindes. Kinder brauchen wertende Feststellungen, um sich normativ orientieren zu können.

Ein selbständiges, sinnerfülltes Leben ist nur auf der Grundlage eines inneren Halts möglich, aber der innere bedarf des äußeren Halts. Gefühlsbindungen sind nicht nur wichtig für die Suche nach Orientierung, sie sind die Basis für Erziehungsbeziehungen, die auch Auseinandersetzung und Reibungen vertragen. Heute scheint vielen Kindern äußerer Halt zu fehlen, das Gefühl, angenommen zu sein. Fehlender Halt hat zu tun mit fehlenden Ritualen. Erwachsene haben Schwierigkeiten mit Ritualen, die sie mit Erstarrung, mit Machtausübung, mit Inhaltsleere und mit Zwang gleichsetzen. Viele haben erprobte Rituale im Erziehungsalltag über Bord geworfen, um nur nicht wie die Eltern von einst zu erscheinen. Tatsächlich können Rituale auch einengen, dies vor allem dann, wenn mit ihrer Anwendung die Durchsetzung von Hierarchie und Macht verbunden ist.

Aber anstatt jegliche Rituale über Bord zu werfen, ihre Bedeutung zu verleugnen, sollte man sich fragen: Welche Rituale hat man in der eigenen Kindheit als bedeutsam erlebt, sodass man sie an die eigenen Kinder weitergeben möchte? Welche Rituale hat man als einengend erlebt, sodass man sie aufgeben kann? Rituale können mehrdeutig und widersprüchlich sein. Ihre fraglose Normalität, mit der sie den Menschen in seinem Tages- und Wochenlauf, den Jahreszeiten, ja dem Lebenslauf begleiten, lässt sie ja erst haltlos erscheinen. Rituale braucht man nicht zu erfinden, sie sind «da» – und zugleich kann man neue Rituale schaffen, um dem Ungewohnten den Mantel des Gewöhnlichen umzuhängen.

Die Entritualisierung des Erziehungsalltags dagegen hat Orientierungslosigkeit bewirkt:

» Wer nicht Abschied genommen hat, kommt nicht an, kann sich nicht auf neue Erfahrungen einlassen.

» Bilden Kinder keine Entspannungsrituale aus, sind ungestüm-chaotische Ausbrüche oder mangelnde Frustrationstoleranz die Folge.

» Ein Kind, das neue Räume betritt, sucht sich instinktiv Ankerpunkte: den festen Sitzplatz, das Lieblingsspielzeug, den vertrauter werdenden Lehrer, die Zeiteinteilung in Unterricht und Pause.
Häufig verkennen Pädagogen die Wünsche der Kinder nach Festigkeit. Wenn diese ihrer Ansicht nach zu lange an einem Ort sitzen, mit nur einem Gegenstand spielen, werden die Kinder mit der gesamten Fülle des Angebots konfrontiert.
Ein solches Vorgehen verwirrt Kinder. Neue Situationen und wechselnde Einflüsse verlangen nach Einfachheit, nach Reduktion der Eindrücke. Dies bieten die Rituale, sie sind eine Kraft, um sich als eigenständige Persönlichkeit inmitten des Chaos zu behaupten.

» Da Aggressionen nicht aus dem Alltag auszublenden sind, bleiben Rituale und Symbole, über die ein gekonnter Umgang mit Aggressionen möglich ist. Rituale haben deshalb konfliktreduzierende Bedeutung.

Die Vielfältigkeit von Ritualen – und auch ihre Kraft – macht eine weitere Situation deutlich. Melanie ist knapp vier Jahre, sie besucht neuerdings den Kindergarten. Am ersten Tag erscheint sie als Vampir verkleidet: das Gesicht leicht weiß geschminkt, einen «Vampi»-Umhang über die Schultern gehängt. Melanies Mutter bittet die Erzieherin um Entschuldigung, diese findet das eher lustig, den anderen Kindern ist's egal. Auch in den folgenden Tagen erscheint Melanie als Vampir verkleidet. Auffällig: Nur wenn sie in den Kindergarten geht, inszeniert sie diesen Auftritt. Ansonsten geht sie fröhlich und aufgeweckt als Melanie durch den Alltag.

Nach dem Aufstehen und dem Frühstück betritt sie das Badezimmer, schminkt sich sorgfältig ihr Gesicht, wirft sich den «Vampi»-Umhang um, schmiert sich etwas Gel ins Haar, überprüft vor dem Spiegel, ob alles passend ist, und geht zum Kindergarten.

Nach etwa zwei Wochen fängt Melanies Mutter an, sich zu beunruhigen, will ihre Tochter von der Inszenierung abhalten – vergeblich. Melanie droht, dann nicht mehr den Kindergarten zu besuchen. Dies beunruhigt nun die Erzieherinnen, die Melanies Auftritt mit dem pädagogischen Konzept des Kindergartens in Zusammenhang bringen. Die Kinder nehmen an Melanie keinen Anstoß, sie empfinden alles als selbstverständlich und normal.

Melanie ist trotz ihres Alters als starke Persönlichkeit anerkannt, die über viele kreative und soziale Fähigkeiten verfügt.

Da ich im Kindergarten beratend tätig bin, bittet die Mutter mich, nachdem nochmals sechs Wochen verstrichen waren und Melanies «Vampi»-Auftritt anhielt, um ein Beratungsgespräch. Sie mache sich Sorgen, ihr sei das alles nicht geheuer – vor allem deshalb, weil die Leute anfingen, über Melanie zu reden: «Ich will mir nicht vorwerfen lassen, nichts unternommen zu haben.»

Melanies Vater, der beim Gespräch dabei ist, sieht «das lockerer. Das vergeht irgendwann. Ich hab mich früher als Indianer verkleidet.»

Mit dieser Argumentation ist die Mutter überhaupt nicht einverstanden, sie bezichtigt ihn der Verharmlosung.

Nachdem die Eltern den Raum verlassen haben, kommt Melanie herein. Ich kenne sie aus meinen Beobachtungen im Kindergarten.

Melanie hat sich für das Gespräch nicht als Vampir verkleidet: «So kenne ich dich gar nicht», eröffne ich das Gespräch. Sie lacht: «Ich hab ‹Vampi› zu Hause gelassen. Die schläft. Muss sich ausruhen.»

Man nennt Melanie im Kindergarten «Vampi». Dann erzählt sie mir, wie sehr sie Vampire möge. Die «helfen mir. Das ist gut. Ich hab ganz viele Bücher darüber.» Und dann berichtet sie mir, was sie alles über Vampire weiß. Sie besitzt ein ungeheures Wissen, ich staune, erfahre manches mir Unbekannte über Vampire. Ihr gefällt, dass ich sie mit ihrem Wissen, ihrer Kompetenz ernst nehme.

«Du magst also Vampire?», frage ich. Sie nickt: «Ja, das sind meine Freunde. Die sind immer da und helfen mir.»

«Was meinst du, Melanie, wie lange wirst du sie noch brauchen?» – Sie stutzt, schaut mich an, dann meint sie ganz spontan und selbstsicher: «Bis ich groß bin!»

«Wann bist du denn groß?» – Sie ist irritiert, wirkt sprachlos. – Ich lache sie an: «Wenn du fünf bist, sechs oder sieben Jahre?» – Ohne lange zu überlegen, antwortet sie mir: «Wenn ich fünf bin, bin ich groß. Hat Mama auch gesagt. Dann kann ich mich alleine wehren!»

«Kann es sein, dass du das mit ‹Vampi› abgesprochen hast?» Sie lächelt spontan, nickt: «Hat ‹Vampi› mir versprochen! Wenn ich groß bin, kann ich alleine!»

Als ich die Mutter später darauf ansprach, wusste sie nichts damit anzufangen. Sie überlegte hin und her, suchte nach Erklärungen.

«Kann es sein, dass ein Satz gefallen ist wie ‹Wenn du in

den Kindergarten kommst, dann musst du aufpassen, da geht's manchmal grob zu!›?»

Sie ganz spontan: «Verdammt, ja. Aber nur so ganz beiläufig, als sie mal wieder frech war, hab ich gesagt: ‹Wenn du im Kindergarten bist, schimpfen die Kinder mit dir und sind dann auch böse mit dir.› Sie hat kurz nachgedacht: ‹Dann hol ich meine Freunde.› Ich hab darüber nicht weiter nachgedacht. Aber hängt das damit zusammen?»

«Es kann sein. Ich vermute es. Melanie hat ein Ritual entwickelt, mit dem sie ihre Ängste auffängt. So fühlt sie sich sicher.» Sie sieht mich fragend an: «Und wie lange wird das wohl noch gehen?»

«Bis zum fünften Geburtstag!»

«Wie lange?» Ihre Stimme bekommt einen lauten Klang: «Noch so lange! Aber warum denn bis zum fünften Geburtstag?»

«Sie haben Melanie mal gesagt, mit fünf Jahren sei sie groß!»

«Stimmt! Neulich erst mal wieder! So lange muss ich das noch aushalten? Ich werde verrückt! Nein, das geht nicht! Da muss jetzt was Richtiges her. Diese Tour läuft nicht mehr!» Sie redet sich in Rage, macht ein ärgerliches Gesicht: «Sie haben zu viel Verständnis für meine Tochter!»

Während Melanie ihre Rituale selbstbewusst fortsetzte, selbstsicherer und eigenständiger wurde, rannte die Mutter von Arzt zu Therapeut, von Homöopath zu Beratungsstellen und erhielt dort die unterschiedlichsten Informationen: Die einen dramatisierten ihrem Gefühl nach, redeten davon, Melanie bearbeite dadurch frühkindliche Probleme, die anderen bagatellisierten ihr zu sehr, das würde schon wieder vergehen. Die Erzieherinnen konnten Melanies Rituale in der Zwischenzeit mit Gelassenheit annehmen. Die Kinder taten es ohnehin die ganze Zeit.

Der fünfte Geburtstag nahte, das Team wollte Melanie eine Freude machen. Man verwandelte den Gruppenraum in eine «Vampir»-Höhle, kreierte Vampir-Getränke, ein Vampir-Kuchen wurde gebacken, alle – die Kinder wie die Pädagogen – verkleideten sich als Vampire, um, wie es eine Erzieherin ausdrückte, «Melanie eine Freude zu machen. Wir waren irgendwie stolz auf sie. Sie ging ihren Weg so ganz selbstbewusst. Das fanden wir toll.» Melanie durfte an diesem Tag etwas später kommen, schließlich wollte man sie gebührend empfangen. Alles war gerichtet, die Vampire standen bereit, das Geburtstagskind zu begrüßen.

Melanie wusste von nichts. Die Tür des Kindergartens ging auf, Melanie trat ein – mit Jeans und Pullover bekleidet. Sie schaute verdutzt drein; die anderen Kinder, die Erzieherinnen noch mehr.

«Melanie ist normal», rief ein Kind. «Das gibt's doch gar nicht!», meinte die Gruppenleiterin spontan. Melanie zuckte nur die Schultern: «Ich bin groß», sagte sie. «Ich bin groß, ich bin kein ‹Vampi› mehr. Ich bin doch fünf.»

Kinder erfinden Rituale, in und mit denen sie sich unsichere Lebenssituationen begreiflich machen, sie auf eine anschauliche Weise bewältigen. Rituale bieten Halt und Orientierung. Rituale, auch die selbstgeschaffenen, zeichnen sich durch einige zentrale Bestandteile aus:

» Das Ritual hebt sich vom Alltag ab. Das Ritual lebt durch seine Stilisierung – z. B. den Vampir – und die bewusst gestaltete Inszenierung – z. B. das morgendliche Schminken, die Verkleidung. Vor allem die Wiederholung, mit der das Ritual vollzogen wird, gibt dem Kind Sicherheit und Selbstvertrauen.

» Das Ritual lebt durch das Handeln. Begreifen geht über das Greifen – dieser Grundsatz, der den Entwicklungsprozess von Kindern kennzeichnet, ist im Ritual auf eine ebenso konstruktive wie phantasievolle Weise aufgehoben. Das Ritual ist eingebunden in eine sinnliche Inszenierung.

» Das Ritual bietet Verlässlichkeit, signalisiert Zugehörigkeit.

Es unterteilt gewohnte Abläufe: den Tag, die Woche, den Monat, das Jahr. Das Ritual erleichtert Übergänge, hilft bei der Bewältigung von Krisen.

» Das Ritual hat einen Anfang und ein Ende: Melanie praktizierte dies jeden Tag auf ihre Weise. Sie verwandelte sich für eine bestimmte Zeit in einen Vampir, der ihr Kraft gab, eine für sie unbestimmte Lebenssituation zu bestehen.

» Durch das Ritual kann das Ungewohnte – z.B. Melanies Gang in den Kindergarten – alltäglich werden. Das Ritual bewahrt nicht nur auf, es schafft neue Gewohnheiten, es ermutigt, macht Lust, Räume jenseits gewohnter Grenzen kennenzulernen.

Soll ein Ritual nicht zur formalen Inszenierung erstarren, ist es selbst der Veränderung, ja einem Ende unterworfen. Als Melanie selbstsicher genug ist, braucht sie ihre Inszenierung nicht mehr, sie hat andere Fähigkeiten und Möglichkeiten gefunden, ihren Weg zu gehen.

Wenn der Weg das Ziel ist, Wege erst im Gehen entstehen, dann sind Rituale wie Geländer, die Halt bieten. Manche dieser Stützen begleiten den Menschen viele Jahre, andere werden zurückgelassen oder ausgetauscht.

Manche Rituale sind zeitlos oder gebunden an Jahreszeiten und Feste, müssen nicht ständig neu erfunden werden; andere gewinnen ihren Wert aus aktuellen Krisensituationen, wie Melanies Inszenierung beweist.

Der äußere Halt, den Rituale bieten, ist wichtig für das innere Wachstum nicht nur der Kinder. Die zunehmende Entritualisierung des Alltags, des Lebens schlechthin, hat eine «neue Unübersichtlichkeit» mit sich gebracht. Klare und offene Rituale, die eingebunden sind in den Prozess von Entwicklung und Leben, geben Kraft; Rituale geben Auskunft, wie man Leben sinnvoll und inhaltsreich inszenieren kann. Vor allem Kinder spüren die große Bedeutung, die Rituale und die damit verbundenen Symbole haben. Und da Kinder Rituale selber schaffen können, haben sie ein selbstbestimmtes Mittel in der Hand, ihre innere und äußere Wirklichkeit zu gestalten. Dazu brauchen sie elterliche Ermutigung und Zauberkräfte, die im Ritual aufgehoben sind.

Kapitel 4

Grenzen setzen und konsequent erziehen – hört sich leicht an, ist aber nicht einfach

Grenzen setzen von Anfang an

Vielen jüngeren Kindern werden Grenzen gezogen, indem Erwachsene etwas verbieten oder auf Gefährdungen hinweisen: «Du kannst die Kerze noch nicht anmachen. Du bist noch zu klein dazu!» oder «Du kannst das Porzellan noch nicht tragen, das ist zu schwer für dich!» Solche Verbote bringen aber den Reiz mit sich, das Untersagte heimlich zu tun. Ständige Hinweise wie «Pass auf!» oder «Sei vorsichtig!» bedeuten für manche, dass sie es sich selbst nicht zutrauen – und scheitern. Kinder brauchen Erfahrungen, an denen sie wachsen. Kinder brauchen Grenzen, die für sie spürbar sind.

Ein Wintertag in einer süddeutschen Kleinstadt. Seit Tagen herrscht klirrender Frost. Der Gartenteich der Familie Schmidt ist zugefroren, gleichwohl noch nicht zum Betreten geeignet. Die Schmidts warnen ihre Kinder Tom, zweieinhalb, und Jakob, viereinhalb, davor, das Eis zu betreten. Der Teich hat eine große Faszination. Hinweise auf die Gefahren überhören die Kinder. Ermahnungen helfen nicht, Verbote schon gar nicht.

Tom und Jakob bringen andere Kinder mit, um ihnen den zugefrorenen Teich zu zeigen. Vorsichtig gehen sie an den Rand des mit Eis bedeckten Gewässers. Sie betreten die Fläche nicht, gleichwohl strahlt sie auf die Kinder eine ungeheure Anziehungskraft aus. Dann hört Jakob zufällig davon, das Eis müsse mindestens zehn Zentimeter dick sein, bevor man es betreten könne. «Unser Eis ist dicker», beharrt er. Sein Vater – ermüdet vom vielen Reden – hat eine Idee. Er nimmt die Kinder mit zum Teich, bepackt mit einem Bohrer und einem Zollstock: «Ich bohr jetzt ein Loch. Wenn das Eis dünner ist als zehn Zentimeter, geht ihr nicht aufs Eis! Verstanden?!»

Jakob nickt, Tom macht keine Anstalten.

«Tom, sag ja!» Jakob gibt seinem Bruder einen Stoß. «Ja!», meint auch Tom kleinlaut.

Der Vater bohrt ein Loch. Nach fünf Zentimetern spürt man das kalte, nicht gefrorene Wasser. Das Loch wird größer gemacht, sodass die Kinder ihre Finger ins Wasser stecken können.

«Keinen Schritt aufs Eis!» Die Stimme des Vaters klingt eindeutig. Jakob nickt, Tom tut es mit zeitlicher Verzögerung auch. Man einigt sich darauf, einen Meter Abstand zum zugefrorenen Teich zu halten, jeden zweiten Tag zu bohren, falls das Frostwetter anhält. Die Kinder halten sich an die Absprache. Nach ein paar Tagen war das Eis tragfähig, und es gab für Jakob und Tom kein Halten mehr.

Kinder wünschen sich Anschaulichkeit, konkrete Bilder und Symbole, die ihnen helfen, Grenzen zu erkennen oder sich in abstrakten Vorstellungen zurechtzufinden.

Vorbereiten und Umlenken

Paul, knapp drei Jahre, spielt mit seinen Bauklötzen. Er konstruiert einen Turm, der nach dem vierten Klotz ständig in sich zusammenbricht. Paul gibt nicht auf. Geduldig versucht er, den Turm so hoch zu bauen, wie es irgend geht. Da schaut seine Mutter ins Zimmer. «Paul, wir müssen gehen. Sonst kommen wir zu spät!» «Gleich», antwortet Paul, ohne aufzusehen.

«Paul, bitte!», drängelt die Mutter. – «Ja doch, gleich!» Paul klingt genervt. Die Mutter verlässt den Raum.

Paul startet einen neuen Versuch. Ganz vorsichtig setzt er die Klötze aufeinander. Vier stehen schon aufeinander. Er nimmt den fünften Klotz, balanciert ihn vorsichtig auf die anderen. Da reißt die Mutter die Tür auf: «So, nun ist Schluss mit der Spielerei!» Sie ist ärgerlich. Paul erschrickt, stößt mit dem letzten Klotz ungeschickt gegen die anderen. Der Turm fällt in sich zusammen.

«Blöde Mama!», flucht Paul. Die Mutter will ihren Sohn wegziehen, doch der schmeißt sich zu Boden, macht sich stocksteif. Als die Mutter etwas fester zupackt, nimmt Paul seine Klötze, wirft sie nach ihr, doch blind vor Wut trifft er sie nicht. Erst nach zehn Minuten hat er sich so weit beruhigt, dass sie losfahren können.

Nina, zweieinhalb, und ihre Mutter, Franziska Schröter, haben jeden Abend Stress. Nina geht nach dem Abendessen und dem «Sandmännchen» in den oberen Stock, um sich die Zähne zu putzen. Danach folgt das Gutenachtritual mit einer Geschichte, einem Lied, dem Gebet und dem Kuss. Doch seit einigen Wochen funktioniert der Ablauf nicht mehr so, wie es sich die Mutter vorgestellt hat. Und beim Vater ist es nicht viel anders. Nina trödelt beim Zähneputzen. Es vergeht Minute um Minute, ohne dass im Badezimmer etwas passiert. Die Mutter reagiert zunehmend ungeduldig. Das Gutenachtritual entwickelt sich zu einer äußerst nervigen Angelegenheit. Drohungen, keine Geschichten mehr vorzulesen, fruchten ebenso wenig wie die Ankündigung, sich nicht mehr ans Bett zu setzen und Ninas Nacken zu kraulen. Dazu ist die Mutter zu inkonsequent – und Nina zu hartnäckig. Sie setzt alles ein, was sie an gefühlsmäßigen Techniken draufhat, wenn sie nicht bekommt, was sie will: von der undurchdringlich-versteinerten Miene über helles Kreischen bis hin zum Wutanfall, bei dem ihre Kuscheltiere, die Bettdecke und das Kissen durch den Raum fliegen.

«Oder», so die Mutter, «sie springt wie ein Rumpelstilzchen

auf der Matratze herum. Also», sie wirkt nachdenklich, «ich weiß nicht, wo das noch enden soll.»

Arne, knapp zwei Jahre, ist ein kleiner Forscher. Nichts ist vor ihm sicher. Er geht jeder Sache auf den Grund – und das im wahrsten Sinne des Wortes: Vor einiger Zeit hatten es ihm die mit Erde gefüllten Blumentöpfe seiner Eltern angetan. Arne nahm die schwarze Masse und verteilte sie auf dem Fußboden der Wohnung. Dann waren es die Steckdosen, und «jetzt ist es die CD-Anlage, die er versucht, mit viel Mühe auseinanderzunehmen», so der Vater. «Die Steckdosen, gut, die konnte man mit einer Sicherung ungefährlich machen. Aber bei meiner Anlage?» Er schüttelt den Kopf. Zweimal seien jetzt schon die Techniker da gewesen. «Diese CD-Anlage übt eine ungeheure Faszination auf Arne aus. Das ständige ‹Nein, Arne!› nervt mich. Dieses Hinterhergerenne finde ich zum Kotzen, und anscheinend feure ich ihn damit nur an. Wenn ich ihn dann wegziehe und wegtrage, in einen anderen Raum, dann schreit er herum, strampelt, wütet, steht komplett neben sich, er tritt mich.» Der Vater überlegt: «Ich versteh ihn ja irgendwo. Das ist doch das Alter, wo man vieles erkundet. Aber muss man sich denn alles gefallen lassen? Also, ich weiß nicht.»

In diesen Situationen sind zwei für das Kleinkind typische Konflikte enthalten, die mit dem Grenzensetzen zu tun haben.

Die Kinder werden sich ihrer Fähigkeiten bewusst. Sie entwickeln sich zu kleinen Forschern, die hinter die Dinge schauen wollen. Dabei handeln sie nach dem Motto, wonach der abstrakte Begriff über das Greifen konkret wird. Kinder lernen anschaulich nur das, was sie in den Händen halten. Dabei ist es ihnen egal, ob es sich um Blumentopferde oder eine teure CD-Anlage handelt: Alles wird auseinandergenommen. Die Kinder wollen nichts kaputt machen, sie wollen hand-greiflich erfahren, wie ein Gerät von innen aussieht. Oder was man mit dem Material so alles anstellen kann. Das Kind wird sich aber nicht nur seiner motorischen und intellektuellen Fähigkeiten bewusst und will diese anwenden, es will zugleich mitbestimmen – nicht über einen Sachverhalt als vielmehr über den Zeitpunkt, an dem eine Aktion geschieht.

So stecken hinter vielen Auseinandersetzungen nicht Inhalte – sei es das Zähneputzen, das Zubettgehen oder die Spielunterbrechung –, es geht vielmehr um das «Wann». Kinder fordern – manchmal lautstark, manchmal leise, aber stets beharrlich – Mitsprache ein.

Um dies an den eingangs dargestellten Situationen zu verdeutlichen:

Bei *Paul* entspannte sich der Konflikt dadurch, dass die Mutter ihm eine Sanduhr ins Zimmer stellte: «Wenn der Sand durchgelaufen ist, dann möchte ich gehen!» So kamen alle Beteiligten zu ihrem Recht: Die Mutter konnte die Termine einhalten, Paul sein Spiel beenden. In der Sanduhr war die Zeit auf einen konkreten Begriff gebracht. Damit konnte Paul besser umgehen als mit abstrakten Formulierungen wie «gleich» oder «bald». Kinder im Kleinkindalter brauchen genaue Ankündigungen, wann eine Aktivität zu beenden ist oder eine neue anfängt.

Ninas Mutter machte sich klar, dass der Widerstand ihrer Tochter nicht so sehr dem Zähneputzen an sich galt als vielmehr dem von der Mutter bestimmten Zeitpunkt. Also veränderte sie das Ritual und bezog ihre Tochter mit dem Satz ein: «Wann möchtest du die Zähne putzen – vor der Gutenachtgeschichte oder danach?» Nina schaute überrascht, überlegte kurz: «Danach!» Nach der Geschichte stand Nina ohne Murren und ohne gesonderte Aufforderung auf, putzte sich die Zähne, kam zurück und ließ sich den Nacken kraulen. Gemeinsam sangen sie ein Lied und beteten.

Da ist schließlich noch *Arne*. Als der Handwerker das dritte Mal bei Arnes Eltern auftauchte, hatte der eine Idee. Am Nachmittag desselben Tages brachte er eine ausrangierte Anlage vorbei, an der Arne seinen Forscherdrang ausleben konnte. Der Vater erklärte, die gehöre nun ihm. «Dafür gehört mein Gerät mir. Ich gehe nicht an deines, du nicht an meines! Verstanden?» Arne nickte, er war stolz auf seinen Besitz und zeigte allen seine Anlage und wie es im Inneren aussieht. Nur einmal machte er sich noch auf den Weg, um das Gerät seines Vaters näher zu untersuchen. – «Arne!», rief der Vater. Arne schaute ihn an, lächelte und verschwand mit einer kleinen Zange in seinem Zimmer.

Damit sind drei Techniken angesprochen, wie man Grenzüberschreitungen im Kleinkindalter vermindern – aber nicht verhindern! – kann.

» Man sollte Kinder in diesem Alter nicht aus Tätigkeiten reißen, sondern anschaulich ankündigen, wann die Aktivität zu beenden ist.

» Kinder sollten den Zeitpunkt mitbestimmen können, wann eine Handlung auszuführen ist; gegebenenfalls werden Rituale verändert.

» Man sollte Kindern ihren Drang lassen, hinter die Dinge zu schauen, ihre Aktivitäten aber so umlenken, dass die Interessen aller Beteiligten gewahrt bleiben.

Kleinkinder beschreiben und beobachten

Wer Kinder in der Kleinkindphase begleitet, tut gut daran, eine gewisse Portion Gelassenheit an den Tag zu legen. Man muss beim Grenzensetzen vieles probieren. Manches führt zum gewünschten Ergebnis, manches ins absolute Chaos. Versuch und Irrtum sind angesagt. Nur eines sollte man nicht tun: den Kindern generell «bösen Willen» zu unterstellen. Nicht selten haben Grenzüberschreitungen im Kleinkindalter, vor allem in der Trotzphase, altersspezifische Ursachen.

Rainer und Hannelore Neuss sitzen mir gegenüber. Sie haben sich wegen Jannik, vier, und Noah, zwei Jahre alt, angemeldet. Beide sehen besorgt aus.

«Die streiten nur noch!», eröffnet der Vater das Gespräch. – «Einfach furchtbar!», ergänzt seine Frau. Sie habe sich das mit der Erziehung so nicht vorgestellt.

«Wie lange schlafen die beiden?», will ich wissen. – Die Eltern schauen sich an, überlegen: «Wenn's gutgeht, zehn Stunden ... den Mittagschlaf dazugerechnet.»

«Und wie lange ist Jannik im Kindergarten?» – «Mit Hinbringen und Abholen», so die Mutter, «wohl um die vier Stunden.»

«Also streiten sie sich vielleicht zehn Stunden?», frage ich ganz ernst.

Rainer Neuss lacht: «Na ja, wenn Sie das so sehen, dann fetzen die sich doch nicht nur!» – «Aber man achtet eben nur darauf, was einem nicht passt», stellt seine Frau fest. «Die ruhigen Stunden vergisst man eben!» Beide werden nachdenklich. «Da wird man den Kindern gegenüber schon manchmal ungerecht!»

«Tja», resümiert der Vater am Ende des Gesprächs. «Wenn ich es mir recht überlege, streiten sie vielleicht eine Stunde.» Er überlegt: «Wenn's hoch kommt! Aber diese sechzig Minuten, die reichen allemal!»

«Marcel», so Yvonne Schäfer, «ist andauernd aggressiv.» Marcel ist drei Jahre, «der Jüngste», erklärt die Mutter. Die zwei älteren Kinder seien ohne große Probleme groß geworden, «aber der Marcel, der hat's in sich.» Der mache alles das, was die anderen sich nicht trauten. Der schlage völlig aus der Art. «Der hat Lust an der Zerstörung. Und dann seine unsoziale Art. Marcel ist absolut unhöflich. Und: kein Bitte, kein Danke, rein gar nichts. Man muss sich wirklich schämen, wenn man den so sieht.»

Als ich die Mutter frage: «Was mögen Sie an Ihrem Sohn?», stutzt Yvonne Schäfer und zuckt unwillkürlich zusammen. Nach einem kurzen Moment des Nachdenkens antwortet sie langsam: «Eigentlich alles!» Sie stockt. «Nein! Nicht alles! Aber doch vieles! Er ist doch mein Marcel!» Sie überlegt: «Nur diese egozentrische Ader, die mag ich nicht! Die mag ich wirklich nicht!»

Auf Seminaren höre ich von Müttern und Vätern häufig, ihre Kinder seien trotzig, würden sich ständig an Grenzen reiben. Alle nicken, so als verstünden sie sich, als interpretierten sie das Wörtchen «trotzig» ähnlich. Frage ich dann genauer nach, was sie unter «trotzig» verstehen, so kommen ganz unterschiedliche Antworten: Die einen denken an ein ständiges «Nein! Nein!», die zweiten an ein Kind, das sich auf den Boden wirft, anderen fällt der Junge ein, der nach Vater oder Mutter tritt, wenn seine Wünsche nicht erfüllt werden, sie berichten von Kindern, die strampeln, die weglaufen, die nicht bereit sind, sich auch nur einen Millimeter aus ihrer starren Haltung zu bewegen, oder von Kindern, die meist das tun, was ihnen untersagt worden ist.

Fragt man hundert Eltern danach, was sie mit der Eigenschaft «trotzig» verbinden, erhält man ebenso viele Definitionen. Was in einer Familie Anlass bietet, in die Luft zu gehen, stellt sich bei einer anderen als Nichtigkeit dar. Und natürlich umgekehrt. Jede Familie hat ihr Thema mit Grenzüberschreitungen in der Trotzphase des Kindes. Deshalb ist es auch so wenig hilfreich, wenn sich Eltern nach dem Motto unterstützen: «Bei mir funktioniert das einfach! Musst du auch mal probieren!» Solche Tipps führen meist in ein Chaos oder bauen Versagensgefühle auf: «Warum klappt es bei mir nicht? Was mache ich nur falsch?»

Mit Zuweisungen wie «Die streiten immer!», «Die vertragen sich nie!», «Die gehorchen nicht mehr!», «Die tun nie, was man möchte!» blendet man – ich hatte es weiter oben ausgeführt – vor allem den Teil der Erziehungswirklichkeit aus, der funktioniert.

Kinder in der Trotzphase zu begleiten heißt eine beobachtende und eine beschreibende Perspektive einnehmen.

Statt resigniert festzustellen «Mein Kind ist trotzig, weil es ständig Grenzen überschreitet» könnte man sagen: «Mein Kind strampelt», «läuft weg», «lässt sich nicht anziehen», «schlägt um sich» oder «wirft sich auf den Boden». Mit solchen Formulierungen beschreibt man grenzüberschreitende Aktionen, anstatt unbarmherzig zu diagnostizieren. Denn wenn ein Kind trotzig ist, kann man nichts verändern. Wenn es trotzig handelt, also strampelt, um sich tritt, sich auf den Boden wirft, dann kann man eingreifen – ob mit Erfolg, das steht auf einem anderen Blatt.

» Neben die Beschreibung muss die Beobachtung treten. Formulierungen wie «immer», «nie» oder «nur noch» sind undifferenziert. Fragen Sie sich stattdessen: Bei welchen Anlässen macht es das? Bei welchen Personen gibt es einen Auslöser?

» Wo treten die grenzüberschreitenden Handlungen auf? Gibt es bestimmte wiederkehrende Situationen, die zur Eskalation führen?

» Warum überschreitet mein Kind Grenzen? Vermag es den Sinn einer Grenze nicht einzusehen? Will es auf sich aufmerksam machen? Will es mir zeigen, Grenzen und Regeln neu zu bestimmen?

Natürlich nützen diese Fragen nichts, wenn das Kind gerade Grenzen überschreitet. Aber sie können dem Erwachsenen im Nachhinein helfen, eigene Antworten zu finden, um vielleicht in Zukunft anders einzugreifen – beflügelt von der Hoffnung, die nächste grenzüberschreitende Aktion gekonnter und angemessener zu begleiten.

Bei Anne Hartwig, Mutter von Annika und Johanna, fünf und drei Jahre alt, gab es «morgens ständig Theater. Wir haben uns nur noch angegiftet. Wenn ich aufwachte, dachte ich sofort an den Stress, der mich erwartet. Und der kam dann wie von selber, wie das Amen in der Kirche!» Sie grinst: «Aber es war nicht jeden

Morgen so. Manchmal ging es ganz friedlich zu!» Sie denkt nach: «Wenn ich ausgeglichen war, keinen Stress verbreitet habe. Die Kinder haben sich halt von mir anstecken lassen, ich mit meiner Hektik.» Das hätte natürlich auch an ihrem Perfektionismus gelegen, «alles und jedes richtig und gut zu machen.» Sie lacht: «Wenn ich nun morgens im Bett liege und ich spüre, das ist nicht mein Tag, wenn ich fühle, ich müsste eigentlich im Bett bleiben, dann setze ich mich nicht mehr unter Druck, dann lasse ich auch mal fünfe gerade sein, ermahne die Kinder nicht ständig. Oder ich werde auch mal richtig laut, so absolut unpädagogisch.» Sie denkt nach: «Mein Perfektionismus hat die Reibereien mit den Kindern irgendwie auch gefördert. Sie wollten mir wohl zeigen, dass es auch anders geht!»

Das Grenzensetzen im Kleinkindalter ist eine ebenso schwierige wie lohnende Aufgabe. Schwierig wird sie immer dann, wenn man gegen das Kind agiert, die eigenen Prämissen an oberster Stelle sieht. Lohnend kann das Setzen von Grenzen dann werden, wenn die Kinder spüren, dass auch ihre Bedürfnisse, ihre Interessen geachtet und respektiert werden, ohne dass dabei die Eltern ihre Erziehungsverantwortung aus der Hand geben. Gerade jüngere Kinder brauchen von ihren Eltern das Gefühl von Halt und Geborgenheit, und beides ist in Regeln, Ritualen und Grenzen aufgehoben. Nur, und das macht das Setzen von Grenzen im Kleinkindalter so nervend, müssen sich Rituale, Regeln und Grenzen an der Entwicklung des Kindes orientieren, und dieses macht gerade zwischen dem ersten und vierten Lebensjahr viele Schübe und Veränderungen durch. Eine Mutter hat das einmal so ausgedrückt: «Wenn du denkst, du hast es geschafft, das Kind akzeptiert Anweisungen, dann stehst du vor der nächsten Herausforderung und fängst noch einmal von vorne an!»

Die «Streu»-Ordnung im Kinderzimmer

«Ich verstehe nicht», sagt die Mutter von Ralph und Mario, elf und acht Jahre, und schüttelt den Kopf, «wie die sich in ihren Sauställen wohlfühlen.» Sie sei ja nun «wirklich kein Putzteufel», aber wenn sie die Zimmer ihrer Kinder betrete, dann treffe sie der Schlag.

«Das sieht aus, als ob da eine Bombe eingeschlagen hat.» Sie blickt finster drein: «Und wenn die dann nichts finden, kommen sie zu mir angekrochen. Und ich suche dann mit ihnen.» Sie versprächen augenblicklich Besserung, «aber darauf gebe ich keinen Heller mehr». Schon nach ein paar Tagen sehe es «wieder so wild aus wie zuvor».

So lange hielte sie es gar nicht aus, meint die Mutter von Carmen und Ina, acht und fünf Jahre, als sie das hört. «Auch wenn's mir stinkt. So alle drei Wochen stürme ich die Zimmer, wenn die in der Schule sind. Dann mach ich da Ordnung.» Zack, zack gehe das. Sie grinst: «Und wenn die nach Hause kommen, fluchen sie, weil sie nichts mehr wiederfinden.» Sie schmunzelt: «Ist mir doch egal. Aber den Mund rede ich mir nicht mehr fusselig. Die hören ja doch nicht, wenn ich sie darum bitte aufzuräumen. Also mach ich's gleich selber.»

«So weit kommt das noch», greift Lenas Mutter in das Gespräch ein. «Mit sieben kann man doch ein wenig Ordnung halten.» Sie sieht die anderen Mütter an: «Meine ich jedenfalls. Das ist nun wirklich nicht zu viel verlangt, oder?» Die anderen bestätigen sie. «Ich kündige Lena an, wann ich auch bei ihr sauber mache. Ich gehe dann mit dem Staubsauger rein. Und wenn sie nicht wegräumt, was am Boden liegt, wird das weggesaugt.» Sie zieht die Augenbrauen hoch: «Dann schreit sie zwar rum, ich solle ihr die Sachen ersetzen.» Vehement schüttelt sie den Kopf: «Aber so weit kommt's noch!» Dann lacht Lenas Mutter: «Die Methode ist nicht pädagogisch wertvoll, aber sie hat zumindest dazu geführt, dass

Lena am Tag, bevor ich ihr sage, ich sauge, etwas aufräumt, na ja, ein klein bisschen aufräumt.»

Wenn ich die zahllosen Eltern-Klagen über Unordnung und unaufgeräumte Zimmer betrachte, könnte ich daraus schließen: Ordentliche Kinder gibt es außerordentlich selten. Sie selbst empfinden sich dagegen keineswegs als schlampig, sie haben nur ihr ganz eigenes Ordnungssystem – und finden selbst im größten Durcheinander zielsicher den Legostein, den sie gerade brauchen. Es sei denn, Eltern bringen mit ihrem «Aufräumfimmel», so der neunjährige Dirk, Unordnung in das kreative Durcheinander. Unordnung ist für die Eltern eine ärgerliche, nervige Sache, aber sie lässt keine Rückschlüsse auf den Charakter des Kindes zu. Und: Eltern gehen mit der Unordnung der Kinder widersprüchlich um. Mal lieben sie ihre kleinen Chaoten, weil sie selber gut drauf sind. Mal flippen sie bei jeder Kleinigkeit aus, formulieren im Ärger Sätze wie: «Räumt ihr denn *niemals* auf!»

Ordnung hat zweifellos eine praktisch-ästhetische Seite – das ahnen oder fühlen auch die Kinder. Als sich beim zehnjährigen Arne zum ersten Mal seine Freundin Beatrice ankündigte, verwandelte er sich in einen Putzteufel; und als die achtjährige Susanne es in ihrem unaufgeräumten Zimmer zu ungemütlich fand, kam sie selber auf die Idee, etwas mehr Wohnlichkeit zu verbreiten. Als Johannes seinen Atlas nicht mehr wiederfand, der im unendlichen Chaos seines Zimmers verschwunden war, und er selber für die anfallenden Kosten aufkommen musste («Das schöne Taschengeld!», fluchte er, das müsse er nun «für so 'n Mistatlas ausgeben!»), ordnete er zumindest seine Schulsachen an einen dafür bestimmten Platz.

Gerade bei jüngeren Kindern zwischen zwei und sechs Jahren muss man unterscheiden, ob sie nicht aufräumen wollen oder es nicht können. Jüngere favorisieren eine «Streuordnung», die natürlich im Gegensatz zur gewünschten «Häufchenordnung» der Eltern steht. Dass sie sich darin gut zurechtfinden, kann man beispielsweise beim Memory-Spiel beobachten, wo sie nicht selten die Erwachsenen besiegen, weil sie sich genauer merken können, wo sich einmal umgedrehte Spielelemente befinden.

Jüngere Kinder verlieren aber leicht den Überblick, wenn zu viel herumliegt. Sie haben dann keine Lust, Ordnung zu schaffen, weil das ihre Kompetenzen übersteigt. Deshalb kann es im Kindergartenalter sinnvoll sein, sie beim Aufräumen zu unterstützen:

» Das Zimmer zu entrümpeln – in Absprache mit dem Kind – kann zu neuer Übersicht führen. Und sollte ein Kind sich nicht trennen wollen, kann man ein Spiel woanders aufbewahren. Und manches Spielzeug wurde in einer Einzelaktion entfernt, ohne dass das Kind dies überhaupt bemerkt hätte.

» Man kann mit den Kindern auch Aufräum-Rituale absprechen: Man vereinbart einen Termin, hilft je nach Alter und Entwicklungsstand eine Zeit lang und lässt das Kind dann eigenständig weiterarbeiten. Solche Vereinbarungen werden dann akzeptiert, wenn die Kinder spüren, dass die Eltern ihre Ordnungsvorstellungen akzeptieren.

Doch aufgepasst: Auch Kinder müssen sich an Absprachen halten. Und sollten sie dies nicht tun, obgleich die Eltern ihnen entgegenkommen, müssen sie die Folgen ihrer Grenzüberschreitung fühlen.

Max, knapp fünf Jahre, bestand jeden Abend auf seinem «Gutenachtritual»: dem Lied, der kleinen Geschichte, dem Kuss. Da er aber jeden Tag sein Zimmer in mehreren Schichten vollgemüllt hatte, stieß sich die Mutter fast allabendlich ihre Zehen an den Legos, wenn sie auf dem Weg zu Max' Bett war. Sie fluchte, Max versprach, am anderen Abend ein wenig aufzuräumen – doch nichts geschah.

«Er hält sich eben nicht an die Absprachen», erklärt sie mir ziemlich wütend. «Er verspricht etwas, aber er hält sich nicht daran.»

«Wenn er sich nicht an Absprachen hält, dann gibt es eben kein Gutenachtritual!» – «Herr Rogge», ruft sie spontan, «Max braucht sein Ritual, sonst schläft er nicht! Dann ist mein Max traurig und unglücklich. Aber gibt's denn nicht irgendeinen Tipp?»

Ich überlege: «Na ja, Sie könnten ihm doch sagen: Aufzuräumen brauchst du nicht! Aber einen Weg kannst du frei räumen, von der Zimmertür zum Bett!» – «Klasse Idee!», ruft sie spontan aus. «Toll!»

«Gemach! Gemach!», lache ich. «Schneisen wachsen zu. Und dann?» – «Ja, und dann?» Sie sieht ratlos aus. Dann schlägt sie vor: «Ich erinnere ihn, mir einen Weg frei zu machen!» – «Und wenn er's dauernd vergisst?», bleibe ich beharrlich. – Sie denkt nach: «Ja, und dann?» – «Ich hätt 'ne Idee: Wenn er keine Schneise schlägt, dann bleiben Sie an der Tür stehen, singen das Lied etwas lauter. Lesen die Geschichte auch etwas lauter. Sie sprechen das Gebet. Der Pfarrer kommt auch nicht zu jedem persönlich. Und den Kuss hauchen Sie ihm zu.»

Sie bricht in Lachen aus. «Hört sich gut an!»

Max' Mutter geht nach Hause, erklärt ihrem Sohn das Vorhaben. Der verspricht, abends sofort einen Weg frei zu räumen.

«Immer, Mama, immer baue ich einen Weg!», erklärt er mit großer Ernsthaftigkeit: «Du musst mich nur daran erinnern!»

«Und wenn du das nicht machst?» – «Dann kommst du nicht, das weiß ich.» Er lacht: «Aber ich mach dir immer einen Weg! Ehrlich!»

Und tatsächlich, er schafft einen breiten Weg, der acht Tage hält. «Dann ist er zugewachsen», wie die Mutter feststellt.

Sie erinnert ihn dreimal im Laufe des Tages, und er verspricht hoch und heilig, ihn «bald» wiederherzustellen. Doch nichts geschieht.

Das Gutenachtritual naht. Er kniet auf seinem Bett, ruft nach der Mutter. Sie bleibt an der Tür stehen.

«Mama, kommst du nicht?», fragt er irritiert. – «Max, ich habe es dir gesagt!» – «Mama, bitte!» Seine Stimme klingt flehend.

Die Mutter singt das Lied, lauter als sonst. Max hört zu. Als das Lied zu Ende ist, wieder sein bittendes «Mama!», doch sie lässt sich nicht erweichen. Sie erzählt die Geschichte.

«Mama, Küsschen!» Max hält ihr seine Wange hin. Doch sie haucht ihm von der Tür zwei Küsse zu. – «Kommst du nicht mehr her?» Er blickt verzweifelt, sein Ton ist traurig.

Dann atmet Max tief aus, legt sich in sein Bett: «Gut, dann leg ich mich jetzt hin und sterbe!» – «Bis morgen, mein Schatz!»

Ganz hält es Max' Mutter nicht aus. Als sie gegen Mitternacht in ihr Bett geht, schaut sie bei Max vorbei. Vorsichtig öffnet sie die Zimmertür, will einer Fee gleich über alle Gegenstände und Figuren fliegen, um ihren Schatz nicht zu wecken – doch, welche Überraschung! Ein breiter Pfad öffnet sich ihr zum Bett hin. Sie geht vorsichtig zu ihrem Sohn, legt ihr rechtes Ohr auf seine linke Brust. Er atmet. Sie lächelt: «Altes Schlitzohr!» Dann küsst sie ihn auf die Stirn.

Trödeln: Der Trick mit der Langsamkeit

Hannes ist ein «Morgenmuffel».

Er sitzt gegen Viertel vor sieben vor seinem Kakao und sieht den Blasen nach, die entstehen und zerplatzen. Hannes würde bis in alle Ewigkeit da sitzen, gäbe es nicht Marion Weber, die ihn mit immer heftiger werdender Stimme umkreist. «Du kommst zu spät, Hannes!» oder «Hannes, heut fahr ich dich aber nicht!»

Aber je schriller die Mutter, umso ruhiger wird Hannes.

Bis er um kurz vor halb acht aufspringt, «Mist!» fluchend, seine Sachen im Eiltempo zusammensuchend, und dann, die Jacke im Laufen anziehend, zur Bushaltestelle rennt.

«Pass auf!», ruft die Mutter hinterher. Doch dafür hat Hannes kein Ohr. Außer Atem erreicht er die Haltestelle: «Mist! Verdammter Mist!» In der Ferne sieht er die Rücklichter des Busses entschwinden. Aber Hannes kommt nicht in Panik, weil fast im selben Moment der Weber'sche Familien-Van auftaucht. Die Fensterscheibe geht runter, und eine Stimme säuselt: «Steig ein, Schatz, du kommst sonst zu spät!»

Hannes wäre ja blöd, würde er das nicht tun. Also setzt er sich auf den Beifahrersitz und knurrt: «Nun fahr schon los und überhol den Bus, Mensch!»

Als ich diese Geschichte auf einem Seminar erzähle, brechen alle in Lachen aus. Als sie sich beruhigt haben, sieht mich Carola Meinicke, Mutter des elfjährigen Marco, an: «Also, ich mag das ja gar nicht erzählen, bei mir war's noch viel schlimmer.» Dieser Satz macht alle neugierig.

«Also gut, ich erzähl's mal.»

Marco muss morgens schon früh zum Bus. Deshalb steht er alleine auf. Er macht es gern. Marcos Mutter bleibt noch im Bett. Marco hatte sich das gewünscht: «Ich bin doch groß. Ich kann das alleine!»

Aber ganz vertraut Carola Meinicke ihrem Sohn nicht. Sie schläft unruhig. Erst wenn die Haustür zuschlägt, sei sie beruhigt.

«Dann weiß ich, er ist auf dem Weg.»

Doch an diesem Morgen steht sie auf, nachdem Marco gegangen ist. Sie geht in den Flur – und was sieht sie? Auf dem Garderobentisch liegt Marcos Monatskarte für den Bus. Sie erschrickt – und ohne sich weiter Gedanken zu machen, rennt sie aus dem Haus, ihrem Sohn hinterher. Sie sieht ihn in der Ferne. Zwar ruft sie: «Marco! Marco!» Doch der hört nicht. Als sie am

Nachbargrundstück vorbeiläuft, kommt Marcos Freund Janosch aus der Gartenpforte. Er grinst Marcos Mutter an: «Mensch, Frau Meinicke! Haben wir jetzt schon Fasching?»

Sie bleibt abrupt stehen, sieht an sich hinunter und ist entsetzt. Sie hat noch immer ihren Schlafanzug an.

Die Seminarteilnehmer können sich vor Lachen kaum noch halten.

Wer kennt sie nicht – die Klagen über die trödelnden Kinder am Morgen oder Abend, wenn diese nicht in die Jacken und Schuhe kommen, um rechtzeitig irgendwo zu erscheinen. Viele Eltern fühlen sich für die Unpünktlichkeit und schlechten Angewohnheiten des Kindes persönlich verantwortlich. Folglich braucht sich das Kind nicht zu verändern, weil es um den in letzter Sekunde helfenden Engel weiß, der – wenn auch murrend – die Kastanien aus dem Feuer holt.

Kinder üben so eine indirekte, aber äußerst wirksame Macht über die Eltern aus. Sie spüren, wie unangenehm es Vater und Mutter ist, wenn sie unpünktlich im Kindergarten oder zum Unterricht erscheinen. Auf dieser Klaviatur spielen sie genüsslich und können die Drohungen, jetzt sei Schluss mit den permanenten Rettungsaktionen, einfach überhören. Denn die Taten der Eltern sprechen eine andere Sprache als die meist im Zorn ausgestoßenen Worte. Sollte es tatsächlich einmal anders laufen, und die Eltern wollen nicht mitspielen, dann haben Kinder ihre «Killer» parat, mit denen sie unangemessene Strafandrohungen mit einem Gemenge aus Charme, Hinterlist und dem Gespür für das Wesentliche aushebeln. Da wäre die Wasserkraft-Methode (das ist verschärftes Schluchzen) oder der Appell an den Ehrgeiz der Eltern («Gut, dann schreibe ich eben eine schlechte Note. Aber ihr seid schuld!»). Oder es wird der Satz mit dem entsprechenden Gesichtsausdruck hingehaucht: «Na ja, dann hast du mich eben nicht mehr lieb.»

Kinder kennen die Achillesfersen ihrer Eltern am besten. Wenn sie dieses Wissen für sich benutzen, dann tun sie das, weil sie gut für sich zu sorgen wissen – so als wollten sie ihren Eltern sanft, doch unerbittlich zeigen: Seht, was ihr von uns lernen könnt! Wenn ihr schon schwach seid und auf unsere Überredungskünste so schnell reinfallt, dann müssen wir eben stark sein!

Kinder müssen die Folgen fühlen, die sich aus ihrem Verhalten, z. B. der morgendlichen Trödelei, ergeben. Jedes Kind hat die Freiheit, Grenzen zu überschreiten, getroffene Absprachen zu missachten, verabredet Regeln zu übertreten, aber es muss zugleich Verantwortung für das eigene Tun übernehmen. Es geht also nicht, den Kindern die Freiheit zu geben und den Eltern die Verantwortung, nach dem Motto: «Ich ziehe die Handschuhe nicht an, aber Mama ist schuld, wenn ich friere!» oder «Ich mag mich nicht beeilen, aber wenn ich zu spät komme, hat Papa die Schuld!»

Monika Seibold berichtet von Sohn Patrick. «Der ist morgens eine lahme Ente. Er geht alleine in den Kindergarten. Aber ehe es so weit ist, habe ich tausend Schweißausbrüche. Und er gibt den Oberklugscheißer: ‹Reg dich nicht auf! Die fangen dort erst an, wenn ich komme!› Das stimmte auch. Die warteten tatsächlich, bis Patrick eintraf.

Aber eines Tages hatte auch Martina, seine Erzieherin, die Schnauze gestrichen voll. Sie sagte, wenn er nicht rechtzeitig komme, müsse er so lange vor der Tür warten, bis das Morgenlied vorbei sei. Martina hat's leidgetan, mir auch. Noch als er nach Hause kam, war er todtraurig, Tränen liefen über sein Gesicht. Ich habe ihn dann in den Arm genommen, getröstet, aber nicht die Glucke raushängen lassen. Doch das Erlebnis führte noch nicht zu einer Verhaltensänderung.

Am nächsten Tag stand ein Wanderspaziergang an. Er kam

wieder zu spät, die Gruppe war weg. Er musste den Tag über zu einer anderen Erzieherin, die er partout nicht mochte. Da musste er ganz brav sein, und das ist für meinen Sohn die schärfste Übung.»

Sie grinst: «Als er an diesem Tag aus dem Kindergarten kam, meinte er: ‹Mama, ich möchte pünktlich bei Martina sein! Hilfst du mir?› Also hab ich drei Eieruhren gekauft, die eine Melodie spielen: eine, damit er weiß, wann er spätestens aus dem Bett muss, eine fürs Waschen, eine, dass er weiß, jetzt geht's los. Er durfte sich die selber einstellen. Patrick wollte länger im Bett bleiben und entschied sich, dafür kürzer zu frühstücken. Tja, und er war pünktlich – ohne Stress, ohne Hektik.» Sie schmunzelt. «Das ist jetzt absolut ruhig bei uns. Neulich hat er zu mir gesagt: ‹Lass uns mal wieder unpünktlich spielen, und dann schreist du.›»

Patrick hat die Konsequenzen seines Tuns erfahren und daraus seine Schlüsse gezogen. Diese Geschichte verdeutlicht noch etwas anderes: In vorbestimmte Zeitstrukturen eingebunden zu sein muss nicht in Stress und Hektik enden. So ist es Patrick gelungen, noch in der morgendlichen Situation sein individuelles Tempo zu bestimmen, sich so einzurichten, wie er es als angenehm empfindet. Dies kann gelingen, wenn die erwachsenen Bezugspersonen dem Kind einen verlässlichen Rahmen anbieten, in dem es sich entwickeln, Missgeschicke aushalten und eine eigene Lösungsstrategie entwickeln kann.

Das «leidige» Zubettgehen

Ziemlich ratlos wirken Martin und Roswitha Schneider in ihrer Mischung aus Hilflosigkeit und Wut. Ihre Tochter, die dreijährige Petra, schlafe partout nicht ein. Sie zögere alles hinaus. «Meistens muss einer von uns bei ihr schlafen», berichtet der Vater. «Wir haben alle Tricks ausprobiert, Schlaftrainings mit ihr gemacht usw. Nichts klappt. Was sollen wir bloß machen?»

«Noch ein zweites Kind zeugen!», antworte ich spontan.

«Wie bitte?» Die Mutter von Petra wirkt irritiert. – «Das schläft meistens ein», erkläre ich schmunzelnd, «und Sie erleben sich als Eltern mit einem einschlafenden Kind.» – «Wirklich?» Sie schaut ihren Mann an: «Das wäre doch schön, oder?» Und nach einer Pause fügt sie hinzu: «Sie glauben gar nicht, wie man zum Versager abgestempelt wird, wenn das Kind nicht durchschläft. Und dann diese Schuldgefühle!»

Martin Schneider ist nicht ganz zufrieden: «Aber jedes Kind kann doch einschlafen!»

«Manches Kind *will* nicht einschlafen!», erkläre ich den beiden. «Sie finden das Zubettgehen langweilig, fürchten sich vorm dunklen Zimmer oder haben Angst, in der Nacht zu sterben und die Eltern nicht mehr wiederzusehen. Manchmal verbirgt sich hinter Zubettgehproblemen auch Furcht vor Träumen. Wieder andere Kinder haben das Gefühl, abgeschoben zu werden, oder phantasieren, die abendliche Trennung von den Eltern sei endgültig.»

Probleme, die mit dem Zubettgehen zusammenhängen, verursachen in vielen Familien Stress. Es wäre fahrlässig, die Ursachen dafür ausschließlich bei den Eltern zu suchen. Das Temperament und die Konstitution des Kindes prägen nachhaltig das abendliche Zubettgehverhalten.

Jedes Kind hat ein individuelles Schlafbedürfnis. Um das richtige Maß herauszufinden, eignet sich ein Schlaftagebuch, in das man über Wochen die Schlaf- und Wachzeiten des Kindes notiert. So lässt sich feststellen, wie viel Schlaf ein Kind braucht und ob ihm die Eltern zu viel (oder zu wenig) Schlaf verordnen.

Die individuellen Unterschiede sind breit gestreut: Während einige Säuglinge 18 Stunden schlafen, kommen andere mit zwölf

Stunden aus. Und mit der körperlichen, emotionalen und intellektuellen Reifung verändern sich die Schlafbedürfnisse. Im Durchschnitt brauchen sie weniger Schlaf, aber einige haben sogar mehr nötig.

Der fünfjährige Robert schlafe schlecht ein, erzählen mir Hermann und Rita Hager. Worauf sie das zurückführen? Ratlosigkeit. Ob es Zeiten gebe, in denen das Problem weniger auftauche, will ich wissen. «Im Urlaub!», antwortet Roberts Mutter. Da gehe es ruhiger zu. «Stimmt schon», pflichtet Herr Hager seiner Frau bei. «Wir sind im Alltag sehr eingespannt, manchmal fällt das Gutenachtritual in der Woche ganz aus. Dann habe ich ein schlechtes Gewissen. Am nächsten Tag darf Robert dann länger aufbleiben. Und am übernächsten Tag fragt er, warum er heute so früh ins Bett muss.» Das alles sei im Urlaub lockerer. «Da ist man gelassener und zugleich auch konsequenter.»

Gerade wenn ihr Mann unter der Woche mal nicht da sei, erläutert mir Frau Hager, dürfe Robert länger aufbleiben. «Dann lege ich mich manchmal zu ihm. Ich benutze ihn eben hin und wieder als Kuschelkissen. Aber Sorgen mache ich mir schon, denn ich weiß, wie viel Zeit ein Kind zum Schlafen braucht. Oft schläft Robert nicht sofort ein, spielt in seinem Zimmer noch oder brabbelt vor sich hin. Dann schaue ich nach und dränge ihn zum Einschlafen.»

Auch wenn ein Drittel aller Kinder mit Einschlafproblemen zu kämpfen hat, sollte man kein Riesenproblem daraus machen, wenn sie nach dem Zubettgehritual noch eine Weile wach liegen. Kinder schlafen nun mal nicht auf Kommando ein. Sie inszenieren nach dem Gutenachtkuss oder dem Lied noch eigene Rituale, mit denen sie endgültig zur Ruhe kommen. Sie nehmen sich ihr Kuscheltier, vertrauen ihm Sorgen, Nöte oder spannende Erlebnisse aus dem Alltag an.

Manchmal haben Zubettgeh- und Einschlafprobleme oberflächlich anmutende Ursachen, die mit kleinsten Veränderungen anzugehen sind. Dies kann an den Hagers veranschaulicht werden:

» Bindet man das Zubettgehen nicht in ein ruhiges Ritual ein, geraten alle Beteiligten unter Druck. Rituale zeichnen sich durch Regelmäßigkeit und durch einen immer gleichen Ablauf aus. Passt der nicht mehr, so kann man ihn neu gestalten oder mit anderen Inhalten füllen. Rituale, über die jeden Abend diskutiert wird, verlieren an Wert, geben keine Vertrautheit und Sicherheit. In das Ritual kann das Erzählen über Erlebnisse des Tages eingebunden sein. Dadurch entlastet sich ein Kind von seinen Sorgen.

» Kinder brauchen das Schmusetier oder einen anderen Gegenstand, der das Gefühl des Alleinseins nicht aufkommen lässt. Die Heranwachsenden lernen so, sich bei Einschlafproblemen selber zu helfen. Deshalb sind Rituale besonders hilfreich, die das Kind selbst entwickelt. Ständiges Nachschauen der Eltern, aber auch unregelmäßige Schlafenszeiten sind nicht dazu angetan, Zubettgeh- und Einschlafprobleme zu beseitigen.

» Wenn Kinder chronisch über das zu frühe Zubettgehen klagen, liegt das möglicherweise auch an zunehmender Selbständigkeit. Führen Sie ein Schlaftagebuch. Bedenken Sie: Sie haben kein unnormales Kind, wenn es nicht ins Bett will oder verzögert einschläft.

«Mein Sohn», so schildert Manuels Mutter die Situation, «kommt fast jede Nacht mit seinem Bettzeug angedackelt. Das muss doch irgendwann aufhören. Er ist doch schon vier Jahre alt. Da kann er doch mal in seinem Zimmer bleiben.»

«Haben wir auch gedacht», erzählt der Vater von Theresa. «Unsere Tochter ist jetzt acht und legt sich noch jede Nacht zu uns.» Manchmal mache die sich so breit oder wühle herum, dass «ich ausziehe oder meine Frau. Dabei hat Theresa ein schönes Zimmer.»

Viele Eltern berichten von der nächtlichen Besetzung des Elternschlafzimmers. Dabei reagieren Kinder höchst unterschiedlich: Die einen krabbeln vorsichtig zu Mama (seltener zu Papa), schlafen schnell ein; andere künden laut von ihrer Ankunft, nehmen besitzergreifend Platz, wälzen sich hin und her, treten um sich – Nachtruhe, ade!

Durchschlafprobleme treten bei vielen Säuglingen und jüngeren Kindern auf, die erst ihren eigenen Schlafrhythmus finden müssen – frühestens beginnt er sich im vierten Lebensmonat einzupendeln. Auch das kann von Kind zu Kind höchst unterschiedlich sein. Und schon die kleinste Unregelmäßigkeit, die aus der Sicht des Erwachsenen noch so selbstverständlich sein mag, kann den gewohnten Schlafrhythmus – vor allem bei Jüngeren – außer Kraft setzen. Das kann der bevorstehende Urlaub ebenso sein wie die Vorfreude auf das Weihnachtsfest, der angekündigte Besuch der Großeltern wie der nahende Schulbeginn – von einer gerade überwundenen Krankheit, der Geburt eines Geschwisterkindes, einem Umzug oder Krisen in der Beziehung der Eltern ganz zu schweigen.

Man kann Fünf- oder Sechsjährigen ihr eigenes Bett eher mit Argumenten schmackhaft machen als Zweijährigen, die sich nach Zuwendung und Nähe sehnen. Und man sollte nicht vergessen: Kinder, die nachts kommen, sind alles andere als unselbständig. Gerade wenn sie tagsüber eigene Wege gehen und autonom handeln, ihre Eltern kaum brauchen, suchen sie nachts Geborgenheit, um für den kommenden Tag aufzutanken.

Doch Eltern sind keine Tag und Nacht geöffneten Tankstellen! Sie haben das Recht auf einen ungestörten, gesunden Schlaf, weil sie Energien für ihre Aktivitäten brauchen. Solange sie sich nicht durch den Einzug der Kinder in ihr Schlafgemach gestört fühlen, sollten sie allerdings auch nicht von einem Durchschlafproblem reden.

«Mich hat es schon genervt», erzählt mir eine Mutter. «Ich konnte schlecht wieder einschlafen. Dann habe ich meinem Sohn einen Ring von mir in ein gebrauchtes Halstuch gewickelt und ihm unter das Kopfkissen gelegt. Und wenn er aufwachte oder leicht schlief, hat er sich das Tuch gegriffen und ist selig wieder eingeschlafen.»

«Ich habe es», schmunzelt eine andere Mutter, «mit meinen Locken geschafft. Das hat mir meine Friseuse geraten. Als sie mir die Haare abschnitt, habe ich ein Büschel zusammengebunden und es meinem Sohn unter das Kissen gelegt. Der schläft jetzt durch.»

Diese Mütter haben alltägliche «Hausmittel» gewählt, um den Gang ins Elternschlafzimmer überflüssig zu machen: Schläft Ihr Kind häufig bei Ihnen im Bett ein, weil es dort so gemütlich ist, **beziehen Sie das Kinderbett mit dem Kopfkissen, Decke und Laken, in denen Sie einige Tage gelegen haben.** Wenn Ihr Kind in der Nacht aufwacht, erfährt es durch die vertrauten Gerüche elterliche Nähe.

Dasselbe funktioniert mit einem «Schweißtuch»: Die Mutter legt sich drei, vier Tage lang ein Stofftuch in Höhe des Bauchnabels an, sodass es einen unverwechselbaren, nur dem Kind vertrauten Geruch annimmt. Oder Sie legen ein getragenes Kleidungsstück unter das Kopfkissen des Kindes. Wenn Sie befürchten, auf diese Weise einen kleinen Fetischisten heranzuziehen («Aber fixiere ich meinen Sohn nicht dadurch auf bestimmte Objekte?», fragte mich jüngst eine besorgte Mutter), nehmen Sie das Schmuse-objekt des Kindes. Vertraut ist das Kuscheltier aber nur, wenn es durch den Speichel unverwechselbar geworden ist. Sie habe neulich den Teddy ihres Sohnes gewaschen, berichtet eine Mutter, weil sie befürchtete, er werde davon krank. «So schlimm sah der aus. Aber mein Sohn hat ein Theater gemacht und kam jede Nacht zu uns. Erst als der Teddy wieder gestunken hat, blieb er in seinem Bett!»

Aber solche Tipps sind keine Allheilmittel! In jedem Fall ist Gelassenheit angesagt. Rigidität und Prinzipienreiterei wirken sich eher hinderlich aus. «Mein Sohn ist jetzt schon sechs», berichtet eine Mutter ängstlich. «Und er kommt noch fast jede Nacht.»

«Was ist Ihre größte Angst?» – «Dass er damit nie aufhört!», antwortet sie spontan.

«Wenn der eine Freundin hat, kommt er bestimmt nicht und stellt sie Ihnen im Bett vor!», prognostiziere ich. – «Meinen Sie?», lächelt sie irritiert. «Sollte er das doch tun, komme ich sofort zu Ihnen, Herr Rogge!»

Man kann Durchschlafprobleme ebenso dramatisieren wie durch pädagogisches Handeln verstärken.

Ein Kind, das nachts weint, will Unterstützung. Bekommt es die nicht, schläft es unruhiger ein, wacht häufiger auf, um sich der Nähe von Mutter und Vater zu vergewissern. Auch tagsüber agiert es unsicher. Darum ist Hilfestellung beim nächtlichen Erwachen wichtig. Aber es gilt, einen Mittelweg zu finden: Gibt man zu viel oder zu wenig Aufmerksamkeit, kann sich das Problem verselbständigen. Nicht bei jedem leisen Gewimmer muss man ins Kinderzimmer rennen, um das Kind in den Arm zu nehmen. Kurze Momente der Unlust können Kinder aushalten, wenn sie sich in der Beziehung sicher und aufgehoben fühlen. Sitzt die Verunsicherung tiefer, werden die Kinder lautstark um Hilfe nachsuchen. Ein zu früher Eingriff hält Kinder davon ab, selbst nach einer Lösung für den Frust zu suchen.

Nochmals: Zubettgehschwierigkeiten, Durchschlafprobleme sind normal und nicht allein erziehungsbedingt. Temperament und Konstitution des Kindes prägen das Verhalten in diesen Fragen entscheidend mit. So dienen pädagogische Maßnahmen nur bedingt als Korrektiv. Gleichwohl gibt es einfache Möglichkeiten für Eltern, Probleme anzugehen und eigene Lösungen zu finden:

» Prüfen Sie zunächst: Wollen Sie wirklich die Schlafprobleme der Kinder ändern? Oder ist es Ihnen recht, wenn Ihr Kind manchmal länger aufbleibt, um Ihnen die Einsamkeit zu vertreiben? Wenn man Veränderungen nicht *tatsächlich* will, sollte man sich nicht unter Druck setzen. Das Leben in chaotischen Zuständen kann süßer sein als ein bitteres Leben in Normen, denen man vergeblich gerecht werden will. Dann gilt es aber, sich im Chaos häuslich einzurichten.

» Schlaftagebücher können das Ausmaß der Schlafschwierigkeit genauer bestimmen. Und dann wird manchmal deutlich, dass das Problem gar nicht so gravierend ist, wie man annimmt. Oder man begreift, dass die Lösung des Problems naheliegt, z.B. die Erkenntnis, dass eine Erkrankung mitverantwortlich ist.

» Fragen Sie sich: Haben die Ein- und Durchschlafprobleme mit der Stimmung in der Familie zu tun? Liegen diese Probleme in der Geschwisterrivalität begründet? Stören gemeinsame Schlafräume die unterschiedlichen Rhythmen der Kinder? Lassen Sie *zu viele* Ausnahmen beim Zubettgehritual zu? Lassen Sie sie dann zu, wenn Sie ein schlechtes Gewissen haben? Oder drückt sich in den Problemen eine wachsende Selbständigkeit des Kindes aus? Führen Sie das Gutenachtritual konsequent und zu festgelegten Zeiten durch?

» Suchen Sie nicht nach Schuldigen, wenn es zu Problemen kommt, finden Sie Lösungen. Die liegen näher, als man denkt. Wenn Kinder aufwachen, dann kann eine eingeschaltete Nachtbeleuchtung, ein vertrauter Gegenstand helfen. Nehmen Sie Ihr Kind nicht sofort aus dem Bett, zeigen Sie keine übertriebenen Beileidsbekundungen. Streicheln Sie Ihr Kind nur kurz! Äußern Sie die Erwartung, dass es schon bald wieder einschlafen wird.

» Kinder können (durch)schlafen lernen – irgendwann! Eltern können dabei Hilfestellung anbieten, das Tempo vorgeben können sie nicht. Das bestimmen die Kinder. Und die Geschwindigkeit kann höchst unterschiedlich sein. Vergleichen Sie deshalb Kinder nicht ständig miteinander. Damit setzen

Sie sich und Ihr Kind unter Druck, erzeugen Versagensgefühle und berauben sich letztlich selbst des Schlafes.

Die ewige «Streiterei» der Geschwister

Jonas, fünf Jahre, hat einen kleinen Bruder bekommen, der viel Zuwendung braucht, weil Paul nicht ganz gesund ist. Vor allem das Füttern erfordert viel Zeit. Jonas fühlt sich vernachlässigt und beginnt nun, betont langsam und «wie ein Schwein», so der Vater, zu essen. «Der kleckert und wird nicht fertig. Wenn wir dann Konsequenzen ankündigen und er allein weiteressen soll, geht das ganze Theater weiter.» Erst als der Vater den Säugling füttert, die Mutter sich bei den Mahlzeiten neben Jonas setzt und behutsam auf ihn eingeht, lässt sein störendes Verhalten nach.

«Aber», so die Mutter, «er hat doch viel Zuwendung bekommen. Ich bin so häufig für ihn alleine da gewesen!» – «Wann?», will ich wissen. – «Na, wenn der Kleine geschlafen hat!», antwortet sie selbstbewusst.

«Das war eine Zuwendung zweiter Wahl», erkläre ich. «Um es aus der Sicht von Jonas zu formulieren: ‹Wenn der kleine Bruder schläft, bin ich gerade gut genug!›»

Kinder und Eltern nehmen einander höchst unterschiedlich wahr – was die Eltern als ausreichend und gerecht empfinden, beurteilen Kinder oft ganz anders. Zuwendung ist aus der Sicht der Heranwachsenden eine Frage der Qualität. Deshalb registrieren sie ganz genau, wie Vater und Mutter mit dem kleinen Bruder oder der jüngeren Schwester umgehen. Und sie schauen darauf, ob die Eltern bestrebt sind, Zuspruch und Zuwendung gleichmäßig auf alle zu verteilen. Dabei bewerten Kinder ganz konkretes Handeln: dass der größere Bruder länger aufbleiben darf, dass die Mutter der kranken Schwester mehr Aufmerksamkeit gibt, dem langsameren Bruder länger bei den Hausaufgaben hilft, sich dem schmächtigeren Geschwisterkind gegenüber toleranter beim Essen verhält, der stilleren Schwester geduldiger begegnet.

Eltern versuchen sicher, ihre Liebe gleichmäßig auf alle Kinder zu verteilen, aber sie verhalten sich ungleich. Und das ist ebenso normal wie lebensnotwendig: So braucht das neugeborene Kind eine intensivere Begleitung als das ältere Kind im Trotzalter; das Kind, das gerade in den Kindergarten kommt, benötigt andere Formen von Nähe als die Schwester, die die Einrichtung schon seit zwei Jahren besucht.

Gerade die Verschiedenheit der Situationen macht ein differenziertes Handeln notwendig. Das wirkt aus der Sicht eines betroffenen Kindes nicht unbedingt gerecht. Aber bedenken Sie: Sollten Sie es schaffen, es allen Kindern irgendwie recht zu machen, bleibt eine Person übrig, der Sie nicht gerecht werden – Sie selbst!

Geschwisterrivalität ist normal

«Unser Jüngster», sagt Beate Knabe, «der Markus, der ist jetzt neun. Er ist ein Nachzügler. Die anderen Geschwister sind schon aus dem Haus oder sind gerade dabei, auszuziehen. Mit denen lief in der Erziehung alles glatt. Na ja, meistens eben ... Aber der Markus, der fordert uns.» Sie lacht: «So richtig böse kann man ihm auch nicht sein. So sind die Nachzügler wohl», meint sie.

«Die Anja», erzählt ihr Vater, Horst Schneider, «die Anja ist ein typisches Mittelkind.» Sie mache ständig Sorgen. «Wo es bei der Älteren und den Jüngeren keine Probleme gibt, da entstehen bei ihr welche. Immer passiert etwas.» Er schüttelt den Kopf. «Die steht sich selber im Wege, aber so sind Mittelkinder wohl, oder?»

«Viola ist ein Einzelkind, wie man sie überall sieht und beschrieben findet», erläutert ihre Mutter, Anna Wagner. «Viola ist jetzt acht und hat große Schwierigkeiten, zu anderen Kontakt aufzunehmen. Überall will sie im Mittelpunkt stehen, und wehe, es geht nicht nach ihrem Willen.» Anna Wagner sieht sorgenvoll aus: «Ich mach mir da schon meine Gedanken, wie das wohl später weitergeht!»

Sie habe ein «Sandwich-Kind, ein richtiges Mittelkind», erzählt mir eine Mutter: «Der Ronald, der ist jetzt acht Jahre und so ganz anders als die beiden anderen. Die sind eher introvertiert, spielen ein Musikinstrument.» Ronald dagegen sei neugierig, frech, lese nicht, würde gerne fernsehen, sei künstlerisch eine Null. Das mache ihr Sorgen, weil «Sandwich-Kinder es schwer haben».

«Das Beste am Sandwich», lache ich sie an, «das Beste ist doch in der Mitte. Oben ist ein vertrocknetes Brötchen, unten auch. In der Mitte sind Salat, Schinken und eine saftige Tomate!»

Sie bricht in Lachen aus: «Mein Ronald als saftige Tomate!» So habe sie ihn noch nie gesehen.

Eltern weisen Kindern bestimmte Rollen zu. Und umgekehrt merken Kinder, welche Rollen sie in einer Familie besetzen können, um nicht unterzugehen.

Kinder wollen sich voneinander abgrenzen. Und ihr Alter, ihr Geschlecht, ihr Temperament unterscheiden sie. Konflikte sind vorprogrammiert. Man hat lange Zeit über die Bedeutung der Geschwisterposition für das Leben eines Kindes nachgedacht. So prägend sie auch sein mag, letztlich scheint doch der psychosoziale Rahmen bedeutsamer, in dem Geschwister aufwachsen: Trennungs- und Scheidungserfahrungen, Krankheit oder Tod in der Familie, Umzug, die Beziehung der Eltern oder die Bedeutung der Großeltern. Nicht zu vergessen sind die Eigenschaften, die Kinder schon mit auf die Welt bringen. Sie sind beschriebene Blätter, aber welches Buch des Lebens daraus wird, das bestimmt letztlich die Erziehung.

Kinder entdecken schnell jene Seiten des Familienskripts, die noch nicht verfasst sind. Und sie füllen dann die bis dahin leeren Kapitel.

Pia, sechs Jahre, schubst ihre dreijährige Schwester Grete weg, als diese einen Legostein nimmt, den Pia für ihren Turm benötigt.

«Gib ihn her, blöde Kuh!», zischt sie. Grete fällt hin, rappelt sich auf, schaut dann ihrer Schwester interessiert zu. Als Pia einen bestimmten Stein sucht, ihr Blick über die unterschiedlichen Farben und Formen schweift, ruft Grete: «Da ist er!» Sie springt auf, macht einen Schritt nach vorn, bückt sich, fasst nach dem Stein, will ganz offensichtlich ihre Schwester unterstützen.

«Was machst du da?», fragt Pia verärgert. «Lass das!»

Aber Grete hat den Stein schon in der Hand. Pia steht auf, springt auf ihre Schwester zu, und mit den Worten «Her damit, das ist meiner!» zieht sie am Stein. Grete will ihn jetzt nicht mehr hergeben. Pia zerrt erst und lässt dann unvermittelt los. Grete fällt mitsamt dem Stein auf den Teppich, der mit Legosteinen bedeckt ist. Sie tut sich offensichtlich weh. Sie schreit auf und lässt dabei den Stein los. Pia holt ihn sich blitzschnell. Als sie über ihrer Schwester steht, die wie am Spieß brüllt, meint sie ganz cool: «Das haste davon!»

Nun tritt Grete mit einem Mal um sich, trifft Pias Schienbein. Pia bückt sich nach vorn, reißt an Gretes langen blonden Haaren, und im Nu sind die beiden Schwestern im Kampf verkeilt, bei dem Grete nicht nur einsteckt, sie teilt auch selber heftig aus. Als sie Pia dann in den Unterarm beißt, erhält sie von ihrer älteren Schwester einen Nasenstüber, so heftig, dass sie schrill aufschreit. In diesem Moment stürzt die Mutter ins Zimmer.

«Pia, was hast du denn da schon wieder gemacht!»

«Aber die hat …!»

«Kannst du denn nicht *einmal* nachgeben!»

Dann hockt sie sich zu Grete, der die Tränen über die Wangen laufen: «Komm her, mein Schatz! Nun wein mal nicht!» Sie nimmt Grete in den Arm: «Was hat sie nur wieder mit dir gemacht?» Gretes Schluchzen steigert sich augenblicklich.

«Ihr habt mich sowieso nicht lieb!» Mit diesen Worten verlässt Pia überstürzt das Zimmer, die Tür laut hinter sich zuknallend.

Niklas, acht Jahre, kommt zu seiner Mutter gelaufen. Er sagt mit weinerlicher Stimme: «Dorothea hat mir schon wieder was weggenommen.» Dorothea ist Niklas' Schwester, fünf Jahre alt. «Ein kleines Aas», wie die Mutter feststellt. «Ein Wirbelwind! Die hat Niklas von der Körpergröße schon fast eingeholt.» Sie denkt nach. «Und wenn die miteinander kämpfen, dann zieht Niklas den Kürzeren.»

Die Mutter schüttelt den Kopf. «Der lässt sich aber auch alles gefallen!» Und dann schildert sie eine weitere Situation.

Die Mutter sitzt im Wohnzimmer. Die Geschwister spielen getrennt: Niklas ist mit einem Puzzle beschäftigt, Dorothea schaut ein Bilderbuch an, das sie schwungvoll umblättert. Dabei stößt sie immer wieder an Puzzleteile und verschiebt sie.

«Lass das, Doro», bittet Niklas mit leiser Stimme. Aber die denkt überhaupt nicht daran. Sie macht munter weiter. Niklas sucht nach einem Puzzleteil. Dorothea wirft einen Blick auf das unfertige Gebilde, dann auf die umherliegenden Teile. Plötzlich lacht sie – sie hat das passende gefunden und nimmt es an sich.

«Gib her», meint Niklas, als er das Puzzleteil in Dorotheas Hand sieht. Doch die grinst ihren Bruder nur herausfordernd an. Nach mehreren vergeblichen Versuchen wendet sich Niklas an seine Mutter: «Mama, die ärgert mich schon wieder!»

«Doro, komm, gib Niklas das Teil!»

Dorothea sieht ihre Mutter abschätzig an, wirft das Teil weg, steht auf, tritt auf das Puzzle und bringt es vollends durcheinander.

«Mama!», ruft Niklas in einer Mischung aus Weinerlichkeit und Empörung, «Mama, die ist so gemein!»

Um Sabrina, neun Jahre, machen sich ihre Eltern «wirklich Sorgen». Die Mutter erzählt: «Unsere Älteste, die ist schon sehr vernünftig, aber häufig krank. Mal hat sie Schnupfen, dann Husten, dann Bauchschmerzen. Aber sie bleibt kaum lange im Bett. ‹Mama, ich muss dir ja helfen›, sagt sie dann, und schon unterstützt sie mich wieder.» Der Vater wirkt nachdenklich: «Wenn andere über die Kinder klagen, sie mögen im Haushalt nicht mithelfen, also bei Sabrina gibt es keine Probleme. Die sieht genau, wo sie zupacken muss. Und wie die sich um ihre Geschwister kümmert!»

Sabrina hat zwei Brüder, sieben Jahre und ein Jahr alt, sowie eine Schwester, die vierjährige Stefanie. Sabrina hilft ihrer Mutter, «wo sie nur kann», wie diese feststellt. Das sei ihr manchmal fast unheimlich. «Eigentlich müsste sie doch gewaltig eifersüchtig sein. Aber keine Spur davon.» Sie sei unglaublich fürsorglich, «ganz lieb zu uns, zu allen. Als ich neulich mal tief ausgeschnauft habe, weil ich fertig war, legte Sabrina den Arm um meine Schulter und meinte: ‹Mama, leg dich mal hin, ich mach das schon!›»

Wenn man über Eifersucht nachdenkt, über die Rivalität zwischen älteren und jüngeren Geschwistern, denkt man unwillkürlich an deren aggressives Erscheinungsbild: Das ältere Kind beherrscht das jüngere, zwingt ihm seinen Willen auf, ist darauf aus – mit welchen Mitteln auch immer –, den gebührenden Abstand zu wahren. Und dabei spielt es keine Rolle, wie groß der zeitliche Abstand ist: Auch ein Dreizehnjähriger kann auf seinen fünfjährigen Brüder ausgesprochen gemein reagieren, falls der ihm zu nahe kommt, ihn einschränkt, Kompetenzen in Frage stellt.

Eifersucht ist nicht allein rational zu verarbeiten. Sie ist ein Gefühl, das im älteren Kind wirkt – ausgelöst durch Unsicherheit, Ratlosigkeit, ja Hilflosigkeit. Deshalb zankt es, verhält sich wenig sozial und kaum situationsangemessen. Das ältere Kind spürt: Wenn ich normal, nett handle, halten mich alle für vernünftig, übersehen mich alsbald – «Dann sieht mich kein Schwein», wie der neunjährige Martin mir einmal erzählte. «Aber wenn ich meinen jüngeren Bruder an den Haaren ziehe, kratze, dann kommt meine Mutter sofort.»

Erst wenn das ältere Kind fühlt, dass es bei seinen Eltern aufgehoben ist, kann es seine Abgrenzungs- und Unterdrückungsversuche unterlassen und das jüngere Geschwisterkind akzeptieren.

Zwei weitere Formen der Eifersucht übersieht man häufig, verschwinden sie doch nicht selten hinter der grellen Fassade, mit der die aggressiv-störende Variante daherkommt. Manch älteres Kind nimmt eine Opferposition ein, lässt sich viel vom jüngeren gefallen. Es erhält elterliche Aufmerksamkeit, indem es sich als «bemitleidenswertes Wesen» inszeniert.

Wieder andere Kinder holen sich Zuspruch, indem sie besonders vernünftig und selbständig auftreten und vor allem die Mutter unterstützen. Meist sind es Mädchen, die in die Rolle der Helferin schlüpfen und sich dabei nicht selten emotional überfordern. Sie möchten mehr, als sie zu geben vermögen – sie schwächeln, schon die kleinste Erkältung wirft sie manchmal um. Und auch damit erhalten sie wieder Zuwendung.

«Aber was soll man denn gegen Eifersucht tun?», fragt Barbara Knauer. «Also, ich kann mich doch nicht noch mehr um meinen achtjährigen Julius kümmern. Der bekommt nun wirklich alle Aufmerksamkeit dieser Welt!» Sie atmet tief aus: «Mehr geht wirklich nicht!»

«Das stimmt», ergänzt Günter Hinzmann. «Also, was wir uns alles beim Ältesten schon haben einfallen lassen. Wo soll das nur enden?» Er sieht mich an: «Das Beste wäre wohl gewesen, wir hätten unseren Mario, den Jüngsten, nicht bekommen!» Er lacht: «Aber der gehört dazu. Und daran muss sich unser Ältester nun mal gewöhnen. Der würde ihn aber am liebsten im Heim abgeben!»

Margret Schröder meldet sich zu Wort: «Gut, ich verstehe,

wenn die miteinander kämpfen, aber wenn ich sehe, das wird mir zu grob, darf ich denn dann überhaupt nicht mehr eingreifen?» Sie denkt nach: «Da bin ich doch gefordert, oder?» Sie überlegt: «Tja, das ist eine wirklich schwierige Entscheidung.»

«Das ist in der Tat schwierig», greift Maike Scharp in das Gespräch ein: «Unsere Anja ist jetzt fünf. Als Niklas so ein Jahr war», sie überlegt, «da war Anja so dreieinhalb.» Und dann fährt sie mit ernstem Gesicht fort: «Anja hat ihren Bruder ständig geschlagen, war gar nicht mehr lieb. Ich bin ausgerastet, hab sie immer in ihr Zimmer gesteckt, wenn sie bös war, aber das war absoluter Mist. Richtiger Liebesentzug!» Sie sieht mich an: «Anja hat dann angefangen einzukoten, wollte die Windeln wiederhaben. Auf Ihren Rat hin habe ich mit Anja regelmäßig einmal in der Woche etwas unternommen, während mein Mann Niklas genommen hat. Dann haben wir eine Kuschelphase inszeniert, sodass einer von uns bei Niklas war, der andere sich ungestört um Anja kümmern konnte. Dabei haben wir sie massiert, in Babysprache mit ihr geredet. Das hat sie genossen. Schließlich habe ich Anja dazu gebracht, mich zu unterstützen, wenn ich Niklas sauber mache. Da war sie die Große.» Sie lacht: «Und irgendwann hat Anja gesagt, Niklas ist unser kleiner Hosenscheißer, und ich bin die Große, nicht, Mama?»

Diese Familie hat sich überzeugend der Geschwisterrivalität angenommen. Rivalität ist normal und bedeutet zunächst den Versuch der Geschwister, sich den größtmöglichen Anteil am Kuchen der elterlichen Zuwendung zu beschaffen.

Die Eltern haben Anja durch ein Ritual die Gewissheit gegeben, dass sie nicht übersehen wird. Beim Kuscheln haben sie Anjas Wunsch erfüllt, sich als kleines Kind zu fühlen. Gerade die Geburt eines Geschwisterkindes bringt die Älteren oft zum Regredieren, um so Aufmerksamkeit zu erhalten. Schließlich lebt der Säugling das Modell vor, wie man ungeteilte Zuwendung bekommt: Hunger im Bauch und die Windeln voll. Indem Anja sich an der Pflege von Niklas beteiligte, würdigte man sie als «große» Schwester, die *über* dem Bruder steht. Sie braucht die Windeln nicht mehr, sie nimmt sie ihrem Bruder ab und entsorgt sie.

«Gute Worte» bringen die Eifersucht nicht zum Verschwinden. Und ständige Beteuerungen wie «Wir haben dich doch genauso lieb!» oder «Du bist unser Größter, du darfst doch schon viel mehr!» helfen auch nicht weiter. Das älteste Kind fühlt sich in seiner Stellung, seiner Position bedroht. Es braucht Sicherheiten, und die können in Ritualen aufgehoben sein (vgl. S. 132 f.).

Um das an den vorher aufgezeigten Situationen zu konkretisieren:

» Maria Heber, Steffens Mutter, bot ihrem Sohn ein «verändertes Gutenachtritual» an. Er durfte länger aufbleiben, die Mutter las ihm eine andere, vor allem längere Geschichte vor als seinem Bruder Mark. Er durfte das Licht im Kinderzimmer selber ausmachen. Wenn sein Bruder mittags schlief, blieb die Mutter mit Steffen allein, der auf ihrem Schoß saß. Jedes Mal sagte sie als Erstes: «Jetzt sind wir beide alleine. Das ist schön!» «Findest du das wirklich?», wollte Steffen wissen. «Klar!» Und dann umarmte Steffen seine Mutter. Jeden zweiten Samstag machte Steffens Vater mit seinem «Ältesten» eine Fahrradtour, eine «Männertour», wie Steffen stolz formulierte. Natürlich bekam auch Mark seine Rituale. Nur achteten die Eltern darauf, dass sie sich von Steffens Ritualen klar unterschieden.

» Die Mutter von Pia hatte beobachtet, dass die Auseinandersetzungen dann besonders stark waren, wenn sie Pia gemeinsam mit Grete vom Kindergarten abholte. Pias Vater brachte seine Tochter regelmäßig morgens in den Kindergarten, ihre Mutter holte sie jeden zweiten Tag ohne Grete ab, die bei einer Freundin blieb. An diesen Tagen durfte Pia bestimmen, wie der Nachhauseweg gestaltet wurde. Mal wollte sie noch auf den Spielplatz, mal einen Umweg machen, mal schnell in ihr Zimmer. Als Pia sicher war, dass sie sich auf ihre Mutter verlassen konnte, ließen ihre Attacken auf Grete allmählich nach.

» In Niklas' Gutenachtritual baute die Mutter eine Massage ein. Sie streichelte sanft seinen Rücken, und da er dabei wie ein Kätzchen schnurrte, nannten die beiden das «unser Kätzchen-Spiel». Und immer, wenn Niklas Zuwendung brauchte, wollte er kurz wie eine Katze gekrault werden. Zudem überlegten die Eltern mit Niklas, wie er sich gegenüber seiner Schwester behaupten könne. Und um die ständigen Vergleiche der Kinder untereinander aufzuheben, meldete der Vater Niklas zu einem Schwimmkurs an. «Dorothea hasste nämlich das Schwimmen. Und Niklas hatte den Wunsch geäußert, mit uns schwimmen zu gehen», so der Vater. Schon bald darauf konnte Niklas Techniken anwenden, um seine Schwester in die Schranken zu weisen.

» Bevor Sabrina und ihre Mutter aufstehen mussten, legte sich die Tochter zur Mutter ins Bett und kuschelte dort für zehn Minuten. Dann gingen beide – nach dem Waschen und Anziehen – in die Küche, um gemeinsam das Frühstück vorzubereiten und alleine zu frühstücken. «Das genoss Sabrina, bevor dann die Chaoten kamen», so die Mutter. Zusätzlich gingen die Eltern einmal im Monat mit Sabrina abends zum Essen aus. Die jüngeren Geschwister blieben dann bei den Großeltern. Beim ersten Mal stellte Sabrina ihre Eltern auf die Probe. «Können wir die drei nicht noch holen?», fragte sie, als man im Gasthaus saß. «Fast hätte ich ‹ja!› gesagt», meinte die Mutter, um sofort hinzuzufügen: «Das wäre wohl ein Fehler gewesen, denn dann hätte Sabrina bestimmt gedacht: ‹Siehste, die wollen doch nicht nur mit mir alleine sein!›»

«Einverstanden», erklärt mir eine Mutter, «wie Sie das so mit den Ritualen erklären. Aber wenn das Geschrei groß ist, das Geheule, das Geplärre ... Wenn ich denke, die bringen sich um. Was soll ich dann machen? Dann kann ich mich doch nicht raushalten. Das bringe ich einfach nicht!»

Andere Eltern nicken spontan: «Es ist so verdammt schwer, sich nur herauszuhalten!» Und tatsächlich ist es nicht einfach, cool zu bleiben, weiter die Zeitung zu lesen, das Gespräch fortzusetzen, wenn Kriegsgeschrei aus dem Kinderzimmer tönt, man das Gefühl hat, dort werde jemand massakriert, wenn weinende Kinder angerannt kommen, um Hilfe bitten oder petzen. Aber von Kindern provozierte Eingriffe der Eltern in die Schlacht im Kinderzimmer gewähren nur einen kurzen, brüchigen Frieden. Denn kaum hat man ihnen den Rücken gekehrt, geht der Kampf unvermindert weiter. Und wer die Eltern als Koalitionspartner herbeigerufen hat, wird erst recht Zielscheibe von Aggression.

Kinder lernen voneinander – eben nicht allein Hilfsbereitschaft, Solidarität und Trost, sondern auch die ganze Palette negativer Gefühle und Verhaltensweisen.

«Aber muss denn der Streit immer so aggressiv sein? Müssen die sich denn immer in den Haaren liegen?», fragt Isolde Kramer, «können die sich nicht vernünftig streiten!» Sie sieht mich an: «Das ist doch wirklich nicht zu viel verlangt, oder?»

«Die beiden sind doch drei und fünf, haben Sie mir gesagt.» – Sie nickt. – «Überlegen Sie sich einmal, Sie kämen jetzt nach Hause, es herrschte Ruhe. Sie gehen zum Kinderzimmer, knien sich vor die Tür, blicken durchs Schlüsselloch.» Sie schaut mich erstaunt an.

«Und Sie sehen, wie Niko an der einen Ecke des Tisches sitzt, Robert an der anderen. Dann hören Sie, wie Niko zu Robert sagt: ‹Robert, ich finde es blöde, dass du mich beißt!› Und Niko schaut dann betrübt: ‹Gut, dass du das jetzt angesprochen hast. Ich mag auch nicht, dass du so aggressiv bist. Mama macht sich um uns Sorgen!› Worauf Niko antwortet: ‹Ich find's toll, dass wir jetzt darüber sprechen. Ich koch uns jetzt 'nen Tee, und dann denken wir weiter darüber nach!›»

Laut lachend ruft sie: «Ich fiele auf der Stelle tot um, wenn ich das sehen würde!» – «Sehen Sie, welch großes Interesse Ihre Kinder an Ihrem Überleben haben. Doch dazu müssen Sie sie so annehmen, wie sie sind.»

Nun brauchen Eltern nicht jedes lautstarke Schlachtengetümmel über sich ergehen zu lassen oder eine «Ist-mir-doch-egal-Haltung» gegenüber jeglicher Geschwisterrivalität einzunehmen. Man kann Kindern Raufrituale beibringen (nicht beißen, nicht spucken, nicht treten), damit Fairness oberstes Gebot bleibt (vgl. S. 132 f.).

Man kann mit Kindern eine Auszeit vereinbaren, wenn der Kampf überhandnimmt, sie Regeln vergessen.

In den folgenden Situationen sind Eingriffe unverzichtbar. Denn manchmal provozieren Kinder geradezu die Einmischung von Vater und Mutter, um auf Störungen in der Eltern-Kind-Beziehung aufmerksam zu machen:

» Wenn Kinder sich nicht an vereinbarte Raufregeln halten oder abgesprochene Rituale verletzen, dann muss gehandelt werden. Sonst machen Sie sich unglaubwürdig. Die Grenzverletzungen sind daraufhin zu überprüfen, ob ein Kind die Regeln nicht einhalten *kann* (z. B., weil es sich überfordert fühlt) oder *will* (z. B., weil es über Provokation Zuwendung möchte).

» Ähnliches gilt, wenn der Geschwisterstreit ständig vor Augen und Ohren der Eltern stattfindet, sie mithin Zuschauer und Adressaten der Auseinandersetzung sind. Wer wegschaut, trägt zur Eskalation des Konfliktes bei. Meist inszeniert ein älteres Geschwisterkind diesen Streit so, dass Eltern einbezogen werden, der Streit also einen symbolischen Charakter hat, weil das Kind die Eltern auf fehlende Zuwendung hinweisen möchte.

Für mich stellt sich häufig nicht die Frage, ob, sondern vielmehr, wie denn eingegriffen werden soll. Nicht selten verschärfen nämlich die Interventionen das Problem.

Kommen wir nochmals auf die Auseinandersetzung zwischen Pia und Grete zurück. Pia schubst Grete weg. Diese schreit. Die Mutter stürzt ins Zimmer und spricht zuerst Pia an: «Was hast du gemacht?» Pia bekommt damit als Erste die Zuwendung und lernt: «Wenn ich Grete schubse, dann sieht mich Mama wenigstens!»

Wer dem «Täter» die erste Aufmerksamkeit gibt, darf sich nicht wundern, wenn das Kind an seinem Verhalten festhält.

Angemessener sind zwei andere Verhaltensweisen:

» Zunächst das «Opfer» kurz in den Arm nehmen, aber kein übertriebenes Mitleid zeigen – das führt nur dazu, dass jüngere Kinder bei jedem Streit quengelnd um Unterstützung nachsuchen. Während man dem «Opfer» sein Mitgefühl ausdrückt, schickt man den «Täter» unmissverständlich aus dem Raum: «Ich möchte, dass du gehst!» Sollte dieser nicht gehen, verlässt man mit dem jüngeren Kind das Zimmer.

» Wenn man nicht weiß, wer angefangen hat, kann es sinnvoll sein, die Kinder zu trennen, sie in verschiedene Räume zu schicken, um mit ihnen dann zu reden, wenn sie sich beruhigt haben – freilich nicht darüber, wer angefangen hat, sondern über Strategien, um sich angemessener auseinanderzusetzen. Oder man bespricht mit dem älteren Kind unter vier Augen, wie dieses künftig die Situation anders als mit körperlichen Kräften lösen kann.

All dies mag man beherzigen – und trotz allem gibt es Phasen, in denen die Rivalität zwischen Geschwistern hochkocht, wenn ein Geschwisterkind auf die Welt kommt und sich damit das familiäre Beziehungssystem wandelt. Dabei taucht Eifersucht nur selten während der Schwangerschaft oder unmittelbar nach der Geburt auf. Erlebbar wird die Rivalität erst, wenn das neue Familienmitglied krabbeln oder laufen lernt, mithin in das Gesichtsfeld der älteren Geschwister eintritt.

Trennungs- und Abgrenzungsversuche gestalten sich dann vehement, wenn das ältere Kind die Schule besucht, das jüngere Kind noch in den Kindergarten geht oder das ältere Kind in die Pubertät kommt, die jüngeren noch «grün» sind; während die jüngeren Geschwister stolz auf den älteren Bruder oder die große Schwester sind, empfinden diese die «Kleinen» nur als ätzend.

«Wenn ich Sie so höre», erzählt mir eine Mutter, «dann solidarisieren Sie sich doch mehr mit den älteren Kindern.» **Geschwisterrivalität stellt sich für mich als etwas Normales dar.** Kinder versuchen sich abzugrenzen, eine eigene Identität aufzubauen. Der Erziehungsgrundsatz, wonach man alle Kinder gleich erziehen muss, widerspricht dem Grundsatz, jedes Kind so anzunehmen, wie es ist, es eben als eine ganz eigenständige Persönlichkeit zu begleiten. Das ältere Kind braucht eine andere Unterstützung als das jüngere, ein mittleres eine andere als die beiden anderen. Und Unterstützung misst sich nicht in Quantität – manchmal kann ein Weniger an Begleitung intensiver sein, als sich ununterbrochen um ein Kind zu sorgen. Natürlich benötigt das jüngere Kind gleichfalls seine Rituale, in denen es sich wiedererkennt, von denen es sich Orientierung verspricht.

«Ich kann Ihnen dazu eine Geschichte erzählen», sagt Bianca Matties, Mutter von vier Jungen, siebzehn, fünfzehn, dreizehn und fünf.

Philip, der Jüngste, kommt zur Mutter gerannt, die im Garten arbeitet: «Sind Dennis, Josef und Martin immer größer als ich?», will er wissen. Die Mutter lächelt ihn an: «Die sind nun mal älter, Philip! Dennis ist siebzehn, Josef fünfzehn und Martin dreizehn Jahre alt. Das weißt du doch!» Philip sieht nachdenklich und ein wenig verzweifelt aus: «Wirklich? Sind die immer größer als ich?» Die Mutter nimmt Philip in den Arm: «So ist das, mein Kleiner!» Das macht ihn wütend: «Aber ich will nicht immer dein Kleiner sein. Ich will auch mal der Größte sein!» Säuerlich stapft er von dannen, kommt aber nach einiger Zeit zufrieden lächelnd zurück. «Ich bin auch mal der Größte», sagt er selbstbewusst. Kurze Pause. «Wenn Josef, Dennis und Martin tot sind.» Die Mutter ist sprachlos. Als sie Philip streicheln will, weist er das schroff zurück. Dann findet sie ihre Worte wieder: «Aber Philip, das dauert noch sehr lange.» Er schüttelt trotzig seinen Wuschelkopf: «Nein!», ruft er. «Ich gehe jetzt zu denen und bring die um!» Und lässt eine kopfschüttelnde Mutter zurück: «Woher er das nur hat?»

Fernsehen – der elektronische Begleiter

Kinder brauchen Fernsehen, so hat es Bruno Bettelheim einmal formuliert und damit gemeint, dass in vielen Fernsehsendungen (wie im Märchen und in den Büchern auch) Symbole, Situationen und Auseinandersetzungen enthalten sind, die Kinder im realen Alltag nicht auszuleben vermögen oder realisieren können. Fernsehbilder und -serien können, so Bettelheim, Kinder bei der Gestaltung und Auseinandersetzung mit inneren Realitätskonflikten unterstützen.

Ich kenne die Einwände, und mir ist auch klar, dass das Fernsehen für Kinder nur ein Sekundärmedium sein kann, eingebettet in eine Vielzahl von Aktivitäten – aber es ist doch nun mal so: Die gegenwärtige Generation unterscheidet sich von vergangenen in Wahrnehmungsmustern und Sinnestätigkeiten. Die unmittelbare Aneignung von Welt hat sich verändert: Kaufen und Konsum verdrängen die eigene Produktion, der Knopfdruck ersetzt körperliche Anstrengung, die virtuelle Welt das unmittelbare Erleben. Ohne Zweifel bedeutet die tätige Aneignung von Welt Risiko und Gefahr für Kinder. Was bleibt da häufig anderes als die Flucht vor die Glotze, der Rückzug in die faszinierende Welt der Medien, die alles, vor allem gefahr- und widerspruchslos, gestattet. Aber selbst in der Welt der inszenierten Wirklichkeit sind Elemente kindlicher Realitätsaneignung nicht außer Kraft zu setzen – das Einrichten in einem Raum, der den Kindern zumindest während der Fernsehsendung gehört, das Gestalten von Zeit, das Erfahren des Körpers.

Kinder setzen gegen das Unbegreifliche der Medienwelt ihre Mittel der Wirklichkeitsdurchdringung, ihre Motorik, ihre Lautstärke, ihren Wunsch nach Unverwechselbarkeit und Eigenständigkeit. Sie spielen und inszenieren das Gesehene/Gehörte nach, übersetzen die Bilder und Worte, die Geräusche und die Musik in die eigene Welt, in die eigenen Träume und Phantasien. Kinder sind beim Fernsehen eben nicht nur still, sie zittern und sie fiebern mit, das ist ganz wörtlich und unmittelbar zu verstehen. Kinder *gehen* mit – diese Motorik und Lautstärke passt jedoch nicht immer in die Erziehungskonzepte der Eltern. Maßstab für «gutes» Fernsehen ist für sie häufig ein still sitzendes Kind, das allenfalls noch Fragen stellen darf, die ihm dann ein wohlmeinender Erwachsener beantwortet.

Die technologische wie die pädagogische Zurichtung gehen Hand in Hand. Kinder weichen vor den Rationalisierungen durch Erziehungsprozesse aus – nicht selten in die Welt der Medien, die scheinbar alles gestattet. Die Konsequenz einer ganzheitlichen Betrachtungsweise des Medienumgangs von Kindern liegt für mich darin, die Frage, ob Medien unseren Kindern schaden können, umzuformulieren in die Frage, was Kinder brauchen.

Kinder brauchen Erwachsene, die Verständnis zeigen für ihre Medienwünsche. Kinder brauchen Erwachsene, die klare Grenzen setzen bei Maßlosigkeit im Mediengebrauch, Kinder brauchen Erwachsene, die ihre kindlichen Gefühle, Phantasien und Träume annehmen, Entwicklungsbesonderheiten ernst nehmen und die Kinder auch dann akzeptieren, wenn sie nicht so sind, wie die Erwachsenen es gerne hätten. Kinder brauchen Erwachsene, die Kinder ernst nehmen, das heißt vom Kind aus argumentieren und verstehen lernen.

Kinder sind keine Glotzer

Aus der Sicht populistischer Schlagzeilen scheinen Kinder der Glotze und dem Kommerz verfallen zu sein. Gespräche mit Kindern ergeben dagegen ein differenziertes Bild, verdeutlichen die Vielfalt, die den Kinderalltag positiv auszeichnet. Dazu gehören Fernsehen und Internet, Radio und MP3-Player, Zeitung und Zeitschrift, Kino und Theater wie selbstverständlich.

Medien sind im Kinderalltag allgegenwärtig. Aber deshalb besteht zur Weltuntergangsstimmung kein Anlass. Es liegt mir fern, ein zu positives Bild von Kindheit zu malen, gar «Kindern das Kommando» zu geben. Denn ein genauer Blick auf den Alltag macht auch die wachsenden Ansprüche und Herausforderungen deutlich, denen sich Kinder häufiger denn je ausgesetzt sehen. Und die Zumutung, die manche Fernsehsendung für Kinder bedeutet, darf man auch nicht übersehen. Aber Medien sind weniger die Sündenböcke, auf die es einzuschlagen gilt, sie sind vielmehr ein Spiegel, in dem sich kritische Entwicklungen wie in einem Brennglas bündeln. Einige Gesprächsrunden mit sechs- bis neunjährigen Kindern, aus denen ich Ausschnitte wiedergebe, können die Ausgangsüberlegungen veranschaulichen.

«Ich würde viel mehr am Nachmittag machen, aber ich muss viel für die Schule lernen», so Julian. «Natürlich nicht freiwillig. Da sitzen meine Eltern schon dahinter. Am liebsten spiel ich Fußball im Verein. Ich trainiere zweimal, und dann noch die Spiele am Wochenende. Meine Eltern finden das zu viel. Ich find's gut, weil

ich dann mit Freunden bin. Fernsehen, da hab ich so meine Lieb-
lingssendungen. Aber an meinen Sendungen meckern auch die
Eltern, weil sie meinen, das würde mich vom Lernen abhalten.»

«Bei mir ist es das Buch», erzählt Mareike. «Meine Mutter
meint, ich sei schon richtig lesesüchtig. Aber ich kann mich da
nicht losreißen, wenn's spannend ist. Serien im Fernsehen find
ich auch noch gut. Aber auch Tiersendungen.» Sie macht eine
Pause. «Aber ich guck eben nicht nur fern. Ich kann auch noch
stundenlang mit meinen Freundinnen reden. Da sitzen wir und
quatschen. Und schon ist der Nachmittag um.»

«Das Blöde bei mir ist», erklärt Matthias, «ich kann draußen
nicht spielen. Da kommt der Hausmeister und schimpft. Aber ich
verabrede mich dann mit Freunden, und dann spielen wir dort.
Ich bin jetzt in einem Verein, zum Judo. Mal sehen, wie das ist.»
Er lacht. «Aber Fernsehen und Video, das ist schon gut. Guck ich
auch mit meinen Freunden. Wenn ich allein fernsehe, ist das öde.
Auch mit dem Computer: Ich brauch meine Kumpel. Natürlich
schaue ich schon fern. Und das auch alleine. Und auch manchmal zu viel. Also manchmal komm ich nicht weg davon. Ich hab
halt solche Tage. Wenn ich Ärger hab mit meinen Eltern oder
in der Schule und so. Aber mit Freunden sein und was machen,
das ist viel besser. Da kann kommen, was will, im Fernsehen.» Er
schmunzelt. «Na, das stimmt natürlich nun auch wieder nicht.
Aber insgesamt sind meine Freunde schon wichtiger!»

«Das stimmt», ergänzt Nicole. «Aber meine Freundinnen
kann ich auch nicht immer sehen. Ich meine, nicht immer hingehen. Zweimal habe ich nachmittags Programm, einmal muss
ich zum Klavierunterricht, weil meine Eltern das wollen. Zum
Ballett gehe ich freiwillig. Die Lehrerin ist wirklich spitze. Und
dann sind da noch die Hausaufgaben. Mama kontrolliert die. Ich
darf erst zum Spielen oder zu Freundinnen, wenn ich die gemacht
habe. Und so ist es auch mit dem Fernsehen. Also, vieles sucht die
aus, was ich sehe. Ich gehe deshalb schon immer woandershin.

Was mich aufregt, Mama und Papa schauen jeden Mist und sagen, die dürfen das, weil sie groß sind.» Sie sieht mich an: «Ist das nicht gemein?»

«Da hab ich's besser», freut sich Jonathan. «Meine Eltern arbeiten den ganzen Tag. Und ich kann schon viel machen, wozu ich Lust hab. Ich bin nach der Schule im Hort, dann alleine. Wenn ich mit Freunden bin, spielen wir oder rennen durch die Stadt. Das ist auch spannend. Nur wenn keiner Zeit hat, was zu machen, dann gehe ich schon nach Hause und häng dann vorm Fernseher. Ich mach's mir dann gemütlich. Meine Eltern sagen nichts. Denen ist das zwar nicht recht, wenn sie das mitkriegen. Aber sie haben ein schlechtes Gewissen! Deshalb machen wir am Wochenende auch so viel. Da sind wir kaum zu Hause. Wir haben ein kleines Haus am Strand. Und da ist kein Fernseher. Da kann ich dann auch drauf verzichten.»

«Wenn's keinen Fernseher oder Internet gäb», so Malte, «das wär schon öde. Ich hab nur zwei Freunde. Und meine Eltern müssen früh aus dem Haus und kommen abends zurück. Ich guck schon morgens. Ein paarmal habe ich die Schule verpasst. Nach der Schule mach ich schnell Hausaufgaben, und dann lad ich zwei Freunde ein, die dichthalten. Die dürfen zu Hause nicht fernsehen. Und dann schauen wir DVDs von Papa. Die sind in seinem Schrank. Aber ich hab 'n Schlüssel. Das sind so Actionfilme. Da schauen wir schon viel davon.»

Die Gesprächsausschnitte zeigen: Der Umgang mit Medien ist selbstverständlich und vielfältig. Zwar dominiert das Fernsehen, aber auch Buch, Radio oder MP3-Player sind mehr als nur Medien am Rande. Dies gilt besonders für das Vorschulalter. Je jünger die Kinder, umso bedeutsamer sind die Hörmedien. Bei Älteren nimmt die vor dem Fernseher verbrachte Zeit zu: Etwa zwei Stunden sitzen die 10- bis 13-Jährigen täglich vor der Flimmerkiste, bei Grundschulkindern ist es eine halbe Stunde weniger. Das Fernsehen begleitet die Kinder im Tagesablauf. Gegen 14 Uhr sowie gegen 20 Uhr sehen die meisten Heranwachsenden fern – mit Ausnahme der Jüngeren, deren Hauptfernsehzeit gegen 18 Uhr liegt. Am Samstag- und Sonntagmorgen (ab 6 Uhr) hat sich in den letzten Jahren ein weiterer zeitlicher Gipfel in der Fernsehnutzung der Drei- bis Neunjährigen gebildet. Viele Kinder sehen in der Zeit allein fern, weil die Eltern ausschlafen wollen.

Die Zahlen belegen, welch bedeutsame Rolle das Fernsehen im Alltag von Kindern spielt. Gleichwohl ist es notwendig, den Blick auf die Vielfalt von Alltagsaktivitäten zu werfen, die Kinder darüber hinaus unternehmen. Formulierungen wie «Medienkindheit» oder «Fernsehkinder» gehen an der Wirklichkeit der Heranwachsenden vorbei. Denn das Fernsehen ist bei mehr als drei Viertel aller Heranwachsenden in ein Spektrum an Aktivitäten eingebunden, soll heißen: Sie leben mit dem Fernsehen – und nicht etwa umgekehrt: Das Fernsehen bestimmt und manipuliert den Alltag der Kinder. Zwar werden manchmal Tagesabläufe auf die Ausstrahlung von Serien und Mehrteilern ausgerichtet, ist das Geschrei groß, wenn eine Sendung verpasst wurde. Doch stellt die Unterordnung von Tätigkeiten unter das Fernsehprogramm die Ausnahme, nicht die Regel dar.

Viele Eltern und Pädagogen sehen das freilich anders. Sie setzen die Freizeit der Kinder mit Fernsehzeit gleich und übersehen dabei: Heranwachsende betätigen sich sportlich, musisch und kreativ, sie pflegen Freundschaften, malen, basteln, toben und raufen sich. Dies machen sie in öffentlich einsehbaren Räumen – aber auch dort, wo sie sich unbeobachtet fühlen.

Sportliche und spielerische Aktivitäten der Kinder weisen zweifelsohne Spuren der Medien auf. Da spielt ein Kind Batman nach, klopft Sprüche wie die Turtles, macht Blödsinn wie Pippi Langstrumpf oder schlägt beim Fußball den «tödlichen Pass» wie das verehrte Vorbild aus der Bundesliga. Dies wird vorschnell als eine mediale Durchdringung kindlicher Lebenswelten gedeutet:

Kinder – so die Meinung mancher Erwachsener – hätten angesichts der Wucht, mit der Medien den Alltag der Heranwachsenden treffen, keine Chance, Eigenständigkeit und Selbstbewusstsein auszubilden. Diese Einschätzung trifft sicher auf Einzelfälle zu, lässt sich jedoch nicht verallgemeinern.

Medien fordern Kinder heraus, deren Themen und Symbole kreativ zu verarbeiten. Kinder sind den Sendungen und Serien, Helden und Handlungen nicht so hilflos ausgeliefert, sie sind Gestalter ihrer Welt, Regisseure ihrer Spiele. Sie nehmen auf, was sie über Filme wahrnehmen, verarbeiten aktiv und bauen die Ergebnisse in ihre Erfahrungen ein. Dies geschieht nicht immer reibungslos und konfliktfrei, dies setzt unbedingt Halt gebende Lebenswelten, persönliche Vorbilder voraus. Fehlt der unmittelbare Bezug, die Orientierung durch Bezugspersonen, kann aus der Herausforderung, die Medien bieten, eine Überforderung werden, die Kinder gefühlsmäßig alleinlässt und die sie dann in die Welt des Konsums und des Kommerzes treibt, die alles, und das sofort, verspricht.

Zweifellos können Medien den Heranwachsenden eine scheinbar sorglose Ersatzwelt anbieten. Diese Scheinwelt kommt bei Kindern ohne stabile gefühlsmäßige Bindungen an – aber auch bei solchen, die sich übermäßigen intellektuellen Ansprüchen, ständigen Reglementierungen und Stress durch einen vollen Terminkalender ausgesetzt sehen.

Gleichwohl empfinde ich die Warnung vor autistischen Fernseh- und Computernutzern, die einsam, verlassen und süchtig vor Monitoren hocken und selbstvergessen Reisen in virtuelle Räume antreten, als völlig übertrieben. Denn die Faszination, die Freundschaften für Kinder ausmachen, hat auch in der Gegenwart nichts an Bedeutung verloren. Freundschaften sind Kindern wichtig, sie wollen sie nicht missen. Sie werden im Kindergarten, in der Schule oder im Verein geschlossen. Aber auch die nahen öffentlichen Räume (Spielplatz, Hof, Hauseingang, Straße) sind wichtige Orte, um Freunde zu finden. Dabei ist es nicht leicht,

Freundschaften zu pflegen, werden diese doch von den Eltern kritisch beäugt. Die greifen vorschnell ein, lassen Kindern zu wenig Raum und Zeit, Freundschaften auszugestalten oder Frustrationen, die diese mit sich bringen, auszuhalten.

Bei der Bewertung der Freunde spielen Medien eine nicht unerhebliche Rolle: Wird von den Freunden viel ferngesehen und wenig gespielt, lehnen Eltern sie schnell ab. Nur hat solches Verhalten bekanntermaßen den gegenteiligen Effekt: Je mieser der Freund gemacht wird, umso faszinierender wird er in der Sicht des Kindes, und dies vor allem dann, wenn man dort Serien sehen darf, die bei den eigenen Eltern absolutes Tabu sind.

Kinder lieben den Aufenthalt im Außenbereich, sie favorisieren das Spiel im Freien. Die weitverbreitete These, wonach sich die Aktivitäten der Kinder zunehmend verhäuslichen würden und in diesem Zug das Fernsehen (oder andere Medien) wichtiger würden, lässt sich nicht belegen. Wenn Kindern die Möglichkeit zu Außenaktivitäten geboten wird und sie diese im Nahbereich umsetzen können, dann nehmen sie sie auch wahr – und vergessen darüber manche Fernsehsendung.

In diesem Zusammenhang möchte ich ein weiteres Vorurteil abbauen: Kinder sind nicht «lauf-faul», wollen gar nicht nur per Auto kutschiert werden. Vielmehr möchten sie eigenständig sein, deshalb favorisieren sie das Fahrrad oder den Weg zu Fuß. Zwei Bedingungen schränken ihre Mobilitätswünsche ein oder legen eine Verhäuslichung von Aktivitäten nahe: Da ist einerseits eine wenig kindgerechte Gestaltung der Umwelt oder ein Wohnort auf dem Lande; und da sind andererseits Reglementierungen der Eltern – sei es der Hinweis auf drohende (sexuelle) Belästigungen oder eine fehlende Kontrolle.

Eines ist gewiss: Beschränkt man die erforschende Neugierde der Kinder, begrenzt man die Ausbildung sozialer Fähigkeiten und von Selbstbewusstsein, dann verweist man die Kinder – ob nun bewusst oder nicht – auf Aktivitäten in Binnenräumen. Um diesen Sachverhalt zu belegen, braucht man sich nur das Freizeitverhalten an einem regnerischen Wochenende anzuschauen: Dann steigen Fernsehen oder andere Medien hoch in der kindlichen Gunst.

Ein weiterer Befund macht deutlich, wie wichtig attraktive Nahbereiche für Kinder sind, um die ausschließliche Bedeutung von Medien zu begrenzen. Extensiv ferngesehen wird nicht etwa von Kindern aus der Großstadt oder auf dem Land. Vielmehr sind es jene, die in größeren Wohnorten auf dem Land ohne kulturelle Infrastruktur für Kinder leben, und wenn der elterliche Taxidienst nicht abgerufen werden kann, ist der Fernseher womöglich die Alternative. Dann kann es durchaus zu einer starken gefühlsmäßigen Abhängigkeit kommen.

«Vielsehen» ist ein Hilferuf

Auch unter Heranwachsenden gibt es Vielseher, die zwischen drei und fünf Stunden täglich vor der Glotze hocken. Unter meiner Klientel machen sie weniger als 10 % aus. Auch die sendereigene Medienforschung geht von diesem Anteil bei den 3- bis 13-Jährigen aus. Vielsehende Kinder – die Mehrzahl gehört in meiner Beratungstätigkeit zu den 9- bis 13-Jährigen – weisen den Medien aufgrund besonderer Lebensumstände eine herausragende Bedeutung zu. Vielsehen ist deshalb nicht allein eine Frage der Quantität. Von vielsehenden Kindern kann man dann sprechen, wenn der Medienkonsum andere Aktivitäten ausschließt. Wenn Medien anfangen, im Alltag von Heranwachsenden die herausragende Rolle zu spielen, dann kann man gefühlsmäßige und psychosoziale Probleme auf Dauer nicht ausschließen, dann gewinnen Medien eine Bedeutung, die ihnen nicht zusteht. Mit den Medien wollen die Heranwachsenden ihr brüchiges Selbstbewusstsein kompensieren, ihr Alleinsein betäuben. Vielseherei bei Kindern ist deshalb ein Hilferuf, den es zu hören gilt. Stigmatisierungen dieser Kinder als Glotzer oder Fernsehsüchtige helfen kaum, treiben sie oft weiter in die Abhängigkeit.

Doch dürfen die Vielseher, ihre Nöte, Probleme und Gefährdungen, den Blick nicht von jenen 90 % ablenken, die mehr oder minder (selbst-)bewusst mit den Medien umgehen. Auch das schließt Übertreibung und Maßlosigkeit nicht aus und sollte durchaus pädagogische Eingriffe nach sich ziehen. Vielmehr geht die Medienvielfalt mit einer Aktivitätenvielfalt einher. Je bewusster Heranwachsende mit Medien umgehen, desto bewusster pflegen sie auch andere Aktivitäten. Und je stärker der Medienkonsum in einen festen Rahmen von Freundschaften und unmittelbaren Tätigkeiten eingebunden ist, umso weniger kann er sich verselbstständigen.

Um den Medienumgang der Kinder zu bewerten, reicht es mithin nicht aus, diesen nur unter quantitativen Gesichtspunkten (Wie lange? Wie oft? Was wird gesehen?) zu bewerten. Entscheidender ist, wofür dieser steht. Und wird das Fernsehen dazu benutzt, sich dem Alltag und seinen Vergnügungen zu entziehen, dann ist *eine* Sendung schon zu viel, weil sie als Flucht missbraucht werden kann. Wird das Fernsehen dagegen als Ergänzung genutzt, eingebunden in eine Vielfalt des Lebens, kann es ebenso unterhaltend wie bildend sein.

Abgrenzung durchs Fernsehen

Maria, elf Jahre, war bisher, so ihre Eltern, ein «pflegeleichtes Kind». Herr Knut ist Lehrer am Gymnasium. Seine Frau arbeitet als Sekretärin. «Aber seit einem halben Jahr ist die fernsehkrank, richtig fernsehkrank.» Maria las viel, hörte Kassetten, besaß eine Menge Spielzeug. Sie geht seit fünf Jahren zum Ballett – und seit zwei Jahren zum Reitunterricht. Man legte viel Wert auf das gemeinsame Abendessen und die Unternehmungen am Wochenende.

Aber dann «schlug», so die Mutter, «der Blitz ein. Wir wollten sonntags los, da sagte Maria, da gibt's 'ne Sendung im Fernsehen. Ich war wie erstarrt und dachte: Jetzt geht das bei uns auch los.» Maria musste auf den Märchenfilm verzichten. An dem Ausflug nahm sie nur widerwillig teil. Und auch an den folgenden Wochenenden lief die Auseinandersetzung immer gleich ab: Den Vorschlag der Eltern für eine gemeinsame Unternehmung konterte Maria mit ihrem Fernsehwunsch. Die Knuts machten einen Kompromissvorschlag: An Wochentagen durfte Maria mehr sehen als bisher, sogar einmal einen Krimi um 18 Uhr.

Der Konflikt steigerte sich noch im Urlaub. Als Maria sich im dänischen Ferienhaus sofort vor den Apparat setzen wollte, zog sie der Vater sanft, aber bestimmt von der Glotze weg: «Im Urlaub gibt's den Kasten nicht.» Am nächsten Tag brachte er das Fernsehgerät zum Vermieter. In Vorschläge für gemeinsame Aktivitäten willigte Maria danach kaum ein, den abendlichen Spielen entzog sie sich durch Buchlektüre. Frau Knut: «Ich glaub, die wird größer.» Herr Knut: «Größer? Die hat null Bock, und jemand hat ihr den Fernsehfloh ins Ohr gesetzt.»

Zurück aus dem Urlaub, «ging das Theater mit dem Fernsehen weiter», so der Vater. «Aber ich hab mich auf nichts eingelassen. Fernsehen ja, aber gemeinsam, und dann, was wir auswählen, aber sonst nichts.» Frau Knut zog da mit: «Da müssen wir eben durch.» Und es kam «zum Knall», als die Familie im Herbst nach Griechenland fuhr. Maria zog sich nachmittags mit der Begründung zurück, die Sonne sei so heiß, und kam erst nach drei oder vier Stunden wieder. «Am vierten oder fünften Tag kam uns das komisch vor. Ich hinterher.» Frau Knut stellte fest, dass Maria in einer Taverne verschwand und dort vor dem Fernseher saß. Ein Wort gab das andere, sie gab ihrer Tochter eine Ohrfeige. Zwar entschuldigte sie sich bei Maria, aber die zog sich auch diesmal immer mehr in Lektüre und Musikhören zurück.

Aus Griechenland zurück, bat mich Frau Knut um Beratung.

«Wir wissen da nicht mehr weiter. Die Stimmung ist hin. Ich fürchte mich vor jedem Wochenende.» In dem Beratungsgespräch erzählte mir Maria: «Ich muss immer das machen, was die wollen. Immer. Die behandeln mich wie ein kleines Kind. Immer geht es nach ihnen. Schon früher, wenn ich eine Freundin hatte und die sah zu viel fern, durfte ich nicht mehr dahin.» – «Ich will auch mal machen, was ich sonntags möchte. Was ich sag, das wird nie gemacht.»

Maria setzt den Fernseher ein, um Eigenständigkeit auszudrücken; sie will sich abgrenzen, distanzieren, möchte eigene Interessen leben. Kinder haben nicht über Jahre hinweg die immer gleichen Gewohnheiten – weder beim Lesen noch beim Spielen und auch nicht beim Fernsehen. Übersehen Eltern die Reifungsprozesse ihrer Kinder, kommt es nicht selten zum Machtkampf – ein Machtkampf, der sich an jenen Symbolen festmacht, die die Eltern besonders ablehnen. Sollte sich die familiäre Fernseherziehung bei jüngeren Kindern durch Unterstützung, Hilfestellung und Festigkeit auszeichnen, rückt sie bei älteren Eigenständigkeit und Gewährenlassen in den Vordergrund – was Begrenzungen durchaus mit einschließt.

Maria hat ihren Eltern im Beratungsgespräch Lösungsvorschläge gemacht: Sie wolle sonntags nicht immer mit auf Reisen und auch mal fernsehen, und sie wolle auch mal alleine oder mit Freundinnen fernsehen. Das akzeptierten die Eltern. Und für den Sonntag schlossen sie einen Kompromiss: Maria durfte jeden zweiten Sonntag das machen, wozu sie Lust hatte. «Aber», so Herr Knut, «wenn sie zu viel sieht?» Er stutzt: «Aber was ist eigentlich zu viel?»

Ein Zuviel an Fernsehen ist schwer zu bestimmen, weil sich das für mich nicht allein an der Quantität (Anzahl der Sendungen oder Sehdauer) bemisst, sondern vor allem an der Qualität, daran, aus welchen Motiven gesehen wird (z.B. Bildung, Entspannung auf der einen, Langeweile oder Isolation auf der anderen Seite), ob eine Sendung bewusst ein- und ausgeschaltet wird und ob das Fernsehen in kommunikative Zusammenhänge eingebunden ist. Das schien mir bei Maria der Fall.

Frau Knut rief mich ein halbes Jahr später an: Es gebe keinen Kampf mehr. Maria wolle zwar mehr sehen, aber «wir können das respektieren. Und sie kommt sogar sonntags wieder häufiger mit. Das macht jetzt richtig Spaß. Ich hab ein anderes Verhältnis zu meiner Tochter bekommen. Sie wird ja doch schon erwachsen.»

Von manchen Müttern nicht ernst genommen

«Ich mag am liebsten meinen Freund dabeihaben», erzählt der siebenjährige Thorben. «Der mag die gleichen Sendungen wie ich. Der kennt die, und dann brauch ich nicht so viel zu erklären.»

«Ich red hinterher mit meiner Freundin drüber. Oder wir freuen uns, wie das wohl nächste Woche weitergeht», meint Carolin, acht Jahre.

«Mein älterer Bruder, mit dem schaue ich am liebsten», lächelt die fünfjährige Susanne. «Der nimmt mich in den Arm, wenn es mir unheimlich wird. Der tröstet mich. Meine Mama meckert dann, was ich mir wieder für 'n Unsinn anschaue. Oder sie sagt, nächste Woche darf ich das nicht sehen, weil ich so viel Angst habe!»

«Bei Oma ist das Fernsehen am schönsten. Ich sitz dann bei ihr auf dem Sofa, und sie hat immer Knabberzeug dabei», so kommentiert Jonathan, sieben Jahre, die Fernsehsituation bei den Großeltern.

«Ja, Oma und Opa haben mehr Zeit», fährt die gleichaltrige Maike fort. «Also, das ist da ruhiger. Und manchmal schläft Opa auch ein. Und dann schnarcht er. Und dann lachen Oma und ich uns kaputt.»

Kinder haben sehr genaue Vorstellungen davon, mit wem sie fernsehen wollen. An erster Stelle stehen Geschwister und Freunde, weil sie solidarisch sind, die Gefühle, Verunsicherungen und Phantasien des anderen respektieren. Dann folgen die Großeltern – wegen ihrer Großzügigkeit und weil es bei ihnen gemütlich ist. Die Väter werden widersprüchlicher beurteilt. Während einige Kinder meinen, «Papa ist viel konsequenter», betonen andere, «mit ihm lässt sich verhandeln». Oder er «gibt meistens doch nach». «Aber wenn der mal seine Sendung sehen will, dann hat man keine Chance bei ihm. Dann nimmt er die Fernbedienung in die Hand und lässt sie nicht mehr los», hat der neunjährige Christoph beobachtet.

Die Mütter werden beim Fernsehen nur ungern als Begleiterin gesehen, weil, wie sich der fünfjährige Martin ausdrückt, «die sich zu viel Sorgen machen». Und Rita, sechs Jahre, ergänzt: «Immer ist die dabei und redet und so. Die hat viel mehr Angst als ich.»

Der fünfjährige Alex meint ganz abgeklärt: «Wenn es traurige Sendungen gibt, dann darf Mama mitsehen. Mit der kann ich dann kuscheln. Oder bei der Sendung mit der Maus, da darf sie auch dabei sein.»

Kinder beschreiben hier haargenau Verhaltensweisen, die sie an den Müttern als Begleiterin des kindlichen Fernsehens stören: die ständigen Kommentare, das tiefe Durchatmen bei problematischen Szenen oder der ängstliche Blick auf die Kinder, wenn diese bei einer stark gefühlshaltigen Szene die Hände vors Gesicht schlagen. So wird den Kindern ein entspanntes Fernsehen schwergemacht. Und abwertende Kommentare, die eigentlich die Sendung treffen sollen, beziehen die Kinder schnell auf sich: «Wenn Mama sagt, was ist das für ein Blödsinn, den du dir da ansiehst, dann denk ich, die meint mich.» Kinder kritisieren auch, wie Mütter Gespräche im Anschluss an eine Sendung führen. Sie würden nicht fragen, sondern ausfragen, nicht zuhören, sondern ständig dazwischenreden, nicht die Meinung der Kinder gelten lassen, sondern alles besser wissen – auch über jene Dinge, von denen «sie keine Ahnung haben!», so der Kurzkommentar des sechsjährigen Marco. Generell fühlen sich die Kinder von Müttern nicht ernst und angenommen, sondern abgewertet.

Fernsehen ist (k)ein Druckmittel

«Also, wenn mir der Kragen platzt», so Brigitte Schröder, Mutter von zwei Kindern, «dann schreie ich schon mal: ‹Sofort aufräumen! Oder es gibt danach nicht euren Videofilm!› Ich komme mir dann bescheuert vor! Aber sie räumen auf. Sie meckern zwar, aber das Zimmer ist aufgeräumt. Gibt es denn wirklich keine anderen Möglichkeiten?»

Ilona Walter lacht auf, als sie das hört: «Ich hab das bei meinem Sohn so gemacht, als er fünf war. Genauso wie Sie. Da hab ich gedroht: ‹Wenn du jetzt nicht aufräumst, gibt’s keine Sesamstraße!› Er hat aufgeräumt! Aber heute fragt er: ‹Wenn ich jetzt mithelfe, darf ich dann diese oder jene Sendung sehen?› Er hat mein Erziehungsprinzip völlig durchschaut und es gegen mich gewendet. Und ich hab ihm das Fernsehen überhaupt erst interessant gemacht! So blöd, wie ich war!»

Eltern setzen Fernsehen gern als Druckmittel ein, um ihren Willen durchzusetzen. Dies vor allem dann, wenn sie mit ihrem pädagogischen Latein am Ende sind oder sie sich keine passenden Konsequenzen überlegt haben. Die Drohung mit Fernsehentzug als letztes, meist verzweifeltes Mittel zeitigt nur kurzfristige Erfolge. Kinder spüren vielmehr die Hilflosigkeit der Eltern, erfüllen deren Wünsche, wohl wissend, dass dies nur ein Etappensieg ist. Denn indem man das Fernsehen als Mittel zum Zweck, ja, als Waffe einsetzt, baut man seine Bedeutung für Kinder erst auf. Ähnliches gilt, wenn man mit Fernsehsendungen für alltägliche Dinge belohnt. Für eine herausragende Schulnote oder eine außergewöhnliche Mithilfe im Haushalt reicht Ermutigung oder ein ernstgemeintes Dankeschön.

«Mache ich denn da etwas falsch», fragt Renate Dietrich. «Bei uns gibt es eine Abmachung im Haushalt. Jedes der vier Kinder hat seine speziellen Aufgaben: Der eine mäht den Rasen, der andere räumt die Küche auf usw. Die Aufgaben sind abgewogen und verändern sich. Das ist in einem Plan festgehalten, an dem die Kinder mitgearbeitet haben. Sie haben ihr Einverständnis gegeben. Und bevor die Aufgaben erfüllt sind, gibt's keine Freizeit, also kein Spiel, kein Lesen, kein Fernsehen, keine Freunde. Das wissen die von vornherein. Das gilt natürlich auch für uns Erwachsene. Manchmal, wenn's uns danach ist, wenn's irgendwie gut gelaufen ist, dann gibt's mal einen Familienfernsehabend am Samstag. Wir machen es uns gemütlich. Und dann hockt die Familie vor der Glotze. Die Kinder genießen das. Ist das nun falsch?» Renate Dietrich wirkt irritiert, dabei lebt sie den Kindern ein überzeugendes pädagogisches Modell vor.

Allein die Tatsache, dass sich die Kinder freiwillig an gemeinsam abgesprochene Regeln halten, zeigt, wie einleuchtend für die Kinder die möglichen Konsequenzen bei einer Grenzüberschreitung sind. Den Kindern ist im Vorhinein klar, was passiert, wenn sie ihren häuslichen Pflichten nicht nachkommen, und die erarbeiteten Konsequenzen beziehen sich auf den gesamten Freizeitbereich, heben das Fernsehen nicht besonders heraus. Darüber hinaus haben sich die Eltern in das Ritual von Regelverletzungen und Konsequenzen einbezogen. Und schließlich: Sie machen aus der pädagogischen Vereinbarung *kein* Dogma. Den Familien-Samstagabend gestalten alle Beteiligten hin und wieder als Ausnahme von der Regel. Der Fernsehabend ist für alle etwas Besonderes, das sie genießen können.

Zur Fernseherziehung

Angst vor dem Fernsehen ist ein schlechter Ratgeber. Angst verunsichert, behindert, macht handlungsunfähig. Zweifelsohne wirft das Fernsehen der Kinder Probleme auf, macht es die Erziehung nicht leichter. Und wenn das Fernsehen erst Gegenstand von Machtkämpfen zwischen Eltern und Kindern ist, sind nervende Konflikte die Folge. Aber was für andere Bereiche der Erziehung gilt, trifft auch auf das Fernsehen zu: Kinder wollen Klarheit und Orientierung, wollen wissen, woran sie sind. Bei der Fernseherziehung kommt es darauf an, mit Kindern gemeinsame Absprachen zu treffen, aber auch dort Grenzen zu setzen, wo sie maßlos werden. Und es gilt ein weiterer Grundsatz: Je älter die Kinder werden, umso wichtiger ist es, dass sie selber nach Lösungen suchen, dass sie lernen, selbständig zu handeln.

Ich werde immer wieder nach Rezepten zur Fernseherziehung gefragt. Die gibt es nicht! Ich werde Ihnen am Ende des folgenden Kapitels zur Computernutzung einige Prinzipien nennen, die Eltern dabei helfen, ihren ganz persönlichen Erziehungsstil zu finden (s. S. 206 ff.). Speziell beim Fernsehen sollten Sie beachten:

» **Kinder gehen anders mit den Sendungen um als Erwachsene. Sie versuchen, das Gesehene durch Mimik und Gestik zu verarbeiten. Solche Verarbeitungsformen dürfen Sie nicht unterbinden!** Häufig machen Erwachsene den Fehler, Kinder zum Stillsitzen anzuhalten. Kinder aber brauchen die Dynamik vor dem Apparat, um Spannungen abzubauen.

» Der Fernsehapparat sollte nach Möglichkeit nicht der Mittelpunkt der Wohnung sein. Ein Fernsehapparat in einer ruhigen Ecke oder einem abgelegenen Zimmer signalisiert, dass er nebensächlich ist. Und er bietet dem Zuschauenden die Möglichkeit, eine Sendung zu genießen, ohne andere Familienmitglieder zu stören oder sie in seine Fernsehunternehmung einzubeziehen.

» Kinder brauchen Zeit zur Verarbeitung von Sendungen. Dies gilt vor allem im unmittelbaren Anschluss. Die Dauer der Nachbereitung hängt allerdings vom Kind sowie davon ab, wie stark es von der Sendung gefühlsmäßig berührt ist. Vermeiden Sie es auf jeden Fall, die Kinder im Anschluss an eine Sendung aus- und abzufragen. Warten Sie, bis Ihr Kind von sich aus das Gespräch anbietet, hören Sie gut zu und fragen Sie nach, wenn Sie etwas nicht verstanden haben. Denken Sie daran: Nicht das Gespräch ist die wichtigste Form der Nachbereitung, sondern das Spiel. Hier sind Erwachsene nicht selten ausgeschlossen.

Computer und Internet

«Kann man das, was Sie über das Fernsehen sagen, auch auf den Computer übertragen?», will eine Mutter von mir wissen. Meine Beobachtung ist: Jene Familien, die eine konsequente und klare Linie bei der Fernseherziehung fahren, können dies – wenn auch modifiziert – auf den Umgang mit dem Computer übertragen. Aber unverkennbar ist, dass sich viele Eltern bei Begriffen wie Multimedia, Online oder Internet verunsichert fühlen.

Für die Heranwachsenden hat die «Veralltäglichung» des Computers – so der Jugendforscher Hans-Rudolf Leu – eine «Entzauberung» des Gerätes mit sich gebracht. Viele 12- bis 13-Jährige haben einen eigenen Computer, und mit dem Alter wächst der Anspruch an Ausstattung und schnelle Internetverbindung, um mit Freunden und Geschwistern gleichzuziehen.

Wie beim Fernsehen gilt auch beim Computer: Je mehr Unterstützung, Beratung und Gespräch (nicht zu verwechseln mit Bevormundung oder Besserwisserei!) Kinder erfahren, umso anspruchsvoller nutzen sie den Computer (z. B. malen, schreiben, programmieren und nicht allein spielen). Das ist vor allem dann gegeben, wenn Heranwachsende den Computer der Eltern mitbenutzen müssen. Besitzt das Kind einen eigenen Rechner, ist dagegen ein reduzierter Computergebrauch (z. B. nur spielen) wahrscheinlicher.

Auch wenn Heranwachsende ihren Eltern im Umgang mit dem Computer überlegen sind, hört Erziehung hier nicht auf. Selbst Computerlaien können ihren Kindern kritische Begleiter sein. Eltern schätzen die Computernutzung ihrer Kinder ganz unterschiedlich, wie die folgenden Gesprächsausschnitte zeigen.

«Ich sehe beim Computer eher Nachteile», meint die Mutter der sechsjährigen Sabrina. «Die Kinder hängen am Gerät, vergessen alles um sich herum. Ich sehe das doch an meiner Tochter. Der fehlt jedes Bewusstsein. Und dann gibt es Probleme in der Schule, wenn die nur spielen. Aber verhindern lässt sich das wohl alles nicht mehr.»

Der Vater des achtjährigen Johannes und des sechsjährigen Max formuliert: «Das mit den Computern ist schon in Ordnung. Sie machen irgendwie unser Leben leichter. Ob ich das nun alles kapieren muss, weiß ich nicht. Aber für meine Kinder ist das schon ein echter Fortschritt. Sie müssen einfach daran teilnehmen. Sonst werden sie abgehängt. Sie finden sich da schon allein zurecht. Irgendwie reguliert sich das doch!»

Die Mutter von Juliane, sieben Jahre, und Patrick, sechs Jahre, meint: «Ich denke, man kann diese Entwicklung nicht gänzlich verhindern. Und warum sollte man auch? Da gibt es sicherlich eine ganze Menge Vorteile. Aber wenn ich mir die Computer in der Arbeitswelt ansehe, dann hat das auch Nachteile. Wenn ich nur an das Wegrationalisieren von Arbeitsstellen denke. Aber auch bei den Kindern! Oder in der Familie! Meinen Mann sehe ich manchmal stundenlang nicht, weil der nur am Computer hängt. Gut, er verdient sein Geld damit. Aber irgendwie geht das auch auf Kosten der Familie! Bei meinen Kindern setze ich deshalb klare zeitliche Grenzen. Und dann lasse ich mir auch vieles von meinen Kindern erklären. Ich glaube, das tut uns allen gut!»

Aus über 200 Interviews, die ich mit Eltern über die Computervorlieben ihrer Kinder geführt habe, lassen sich – etwas vereinfachend – drei Schlüsse ziehen:

1. Da ist zunächst eine *ablehnende/abwehrende Haltung*, die mit vereinfachenden Argumenten untermauert wird. Solche Eltern spüren, dass die technologische Entwicklung nicht aufzuhalten ist. In dieser Einstellung liegen viel Resignation und das Gefühl, dem Computer ausgeliefert zu sein. In diesen Familien wird der Computer nicht selten zu einem Instrument, an dem sich Machtkämpfe zwischen Eltern und Kindern entzünden.

2. Der skeptischen Haltung entgegengesetzt ist eine *angepasst-pragmatische Einstellung* zum Computer. Eltern sehen in den Computertechnologien einen Fortschritt. Deshalb unterbleibt nicht selten eine differenzierte Abwägung von Vor- und Nachteilen. Die Eltern kontrollieren den Computerzugang ihrer Kinder kaum oder nur unregelmäßig. Dies ist ein Indiz dafür, dass generell nur wenig gemeinsame Zeit verbracht wird. Die Kinder benutzen ihre Rechner vor allem zum Spielen, die Anwendung kreativer Möglichkeiten des Computers wird ebenso vernachlässigt wie der Einsatz von Lernprogrammen.

3. Die *kritisch abwägende Haltung* betrachtet die Vor- und Nachteile des Computers – insbesondere unter dem Blickwinkel der kognitiven, sozialen und gefühlsmäßigen Entwicklung von Kindern. Zudem kommen die Auswirkungen auf das familiäre Zusammenleben ins Blickfeld, insbesondere von Müttern. Die Eltern setzen sich intensiv mit dem Computergebrauch auseinander. Sie müssen nicht unbedingt schon frühzeitig – berufs- und sozialisationsbedingt – Zugang zum Computer haben, zu ihnen gehören auch Computerlaien, die sich aber einer differenzierten Auseinandersetzung mit dem Computer stellen.

Je mehr die Nutzung des Computers in ein kommunikatives

Umfeld (Familie, Geschwister, Freunde) eingebunden ist, umso anspruchsvoller ist sie. Dabei darf nicht übersehen werden: Der Umgang mit Lernprogrammen, Textverarbeitung und den kreativen Möglichkeiten des Computers ist auch altersbedingt – je jünger die Kinder, umso mehr stehen Spiele obenan.

Auch der Umgang mit dem Computer ist ein gegenseitiger und gemeinsamer Lernprozess. **Eltern können von Kindern lernen, den Computer technisch zu beherrschen. Kinder können von ihren Eltern erfahren, dass ein nur technischer Zugang zu einseitig ist.** Bei ganzheitlicher Betrachtung wird klar, dass der Rechner zunächst und vor allem ein Handwerkszeug ist, der Mensch als kontrollierende Instanz unverzichtbar bleibt.

Viele Kinder sind außerordentlich kompetent im Umgang mit dem Gerät, entwickeln erstaunliche Kreativität, um Computerspielprogramme zu verändern und zu kopieren, Codes zu knacken oder in Datenbanken einzudringen – ein Hinweis darauf, dass sich bei einem Teil der Computerspezialisten im Kindes- und Jugendalter der Umgang mit Technik und die Entfaltung von sozialer Kreativität und politischer Phantasie nicht ausschließen müssen.

Spiele haben eine wichtige Funktion

Computerspiele und Internet bieten, wie Kleidung, Haarschnitt, Musikvorlieben oder sprachliche Rituale, zudem eine Chance, sich von Erwachsenen deutlich abzusetzen und als Gleichaltrigengruppe zu finden. Damit ist aber auch angedeutet, dass die elektronischen Spiele nicht nur veränderte Umgangsstile mit sich bringen (können), sondern dass in die Nutzung von Computer und Internet schon erworbenes Wissen mit eingeht. Medienbezogenes Handeln, gleich ob die Nutzung eines Fernsehfilms, das Hören einer CD oder das Spiel mit dem Computer, ist das Ergebnis von lebenslanger Erziehung und einer durch die elektronische Welt geprägten Wahrnehmungskultur.

Aber im Umgang mit Computerspielen zeigen sich auch Spuren eines «neuen» Alltags. Die Macht-Ohnmacht-Relation, die das Eltern-Kind-Verhältnis prägt, funktioniert im Umgang mit dem Computer und dem Internet nicht mehr umstandslos. Viele Eltern und pädagogische Fachkräfte stehen den Computerspielen ablehnend und hilflos gegenüber. Dabei übersehen sie, dass Kinder dem Spiel – ob nun Bewegungs-, Brett- oder elektronisches Spiel – eine ganze Bedeutungsvielfalt zuweisen:

» Im Spiel klären Kinder Unbekanntes, arbeiten sich an Herausforderungen ab, lernen, Dinge aus ihrer Warte zu betrachten.

» Im Spiel versuchen Kinder, auf eine ihnen angemessene Weise Probleme zu bewältigen. Sie schaffen sich Rituale und Regeln, um Konflikte zu lösen.

» Zum Spiel gehören aus der Sicht von Kindern klare Abläufe, ein Ergebnis bzw. ein Ziel. Das Spiel bedeutet – auch im übertragenen Sinne – Kampf, um sich zu bewähren, um sich in einem überschaubaren Raum mit klaren Abläufen im Überleben – dem «Happy End» – zu behaupten.

Viele Computerspiele kommen diesen Erwartungen nahe, verstärkt noch dadurch, dass sie Action- und Abenteuerthemen aufgreifen, die aus Märchen, Mythen, Comics und Filmen bekannt sind.

Tipps für den Umgang mit Fernseher und Computer

1. Machen Sie sich bewusst, aus welchen Motiven Ihr Kind mit dem Computer spielt bzw. gerne fernsieht. Dabei sollten Sie zwischen aktuellen und überdauernden Wünschen unterscheiden. An regnerischen Wochenenden oder im Winter se-

hen Kinder häufiger fern oder hocken vor dem Computer als an Tagen, die zum Spielen im Freien einladen. Sollte ein Kind ständig extensiv fernsehen oder computern, liegen dem meist individuelle Probleme zugrunde: z. B. ein kritisches Lebensereignis, eine unbefriedigende Umwelterfahrung, fehlende Freizeitalternativen oder auch das Vorbild der Eltern. «Zu viel Fernsehen, zu viel Computer» – das Maß ist schwer zu bestimmen, entscheidend ist die Motivation, mit der ein Kind an Fernsehen und Computer herangeht. Wenn sie zur Flucht benutzt wird, zur Selbstisolation, dann ist schon die kürzeste Fernseh- oder Computerzeit zu viel.

2. Kinder brauchen Spiele, Unmittelbarkeit, Anschaulichkeit, Bewegung, den Kontakt zu Gleichaltrigen. Deshalb müssen sich Computer- und Fernsehgebrauch dem normalen Tagesablauf des Kindes unterordnen und nicht umgekehrt. Nach der anfänglichen Faszinationsphase ist die Nutzungszeit im Hinblick auf andere Freizeitaktivitäten – oder auch andere Medien – zeitlich zu begrenzen. Das Bedürfnis nach Fernsehen und Computerspielen wird umso geringer, je mehr andere Freizeitmöglichkeiten vorhanden sind. Zeitweise auftretende «Glotzertage» oder intensiver Computergebrauch – bedingt durch Jahreszeit, die Entdeckung eines «neuen» Spiels, durch Freunde – ist kein Grund zur Beunruhigung.

3. Vielseher und Dauerspieler sollten durchaus als Hilferuf gesehen werden. Isolation mittels Medien ist meist ein Hinweis auf eine unbefriedigende Lebenssituation des Kindes. Kinder, die über wenig Selbstwertgefühl verfügen, schulische Probleme haben, in einer gefühlsmäßig brüchigen Eltern-Kind-Beziehung leben, denen es an Halt und Orientierung fehlt, fliehen häufig in die Welt der Medien.

4. Verbote helfen in der Regel wenig, sie führen zu einem Machtkampf zwischen Eltern und Kindern, fördern kindlichen Widerstand und Protest. Fernseh- und Computerentzug fördern

eher einen Trend zur Heimlichkeit. Fernsehen und Computer sollten weder als Belohnung noch als Bestrafung eingesetzt werden. Dadurch erhalten sie nur zusätzliche Bedeutung.

5. Ein Fünfjähriger braucht engere zeitliche Vorgaben als ein Zehnjähriger. Ältere werden zu Recht Mitsprache einfordern bei der Auswahl von TV-Sendungen oder der Frage, welches Computerspiel für sie geeignet ist. Bei den Spielen müssen Sie zudem bedenken, dass es einige Zeit braucht, um in ein Computerspiel hineinzufinden. Aber Kinder brauchen auch Erwachsene, die Maßlosigkeiten bei Fernsehkonsum und Computerspielen Grenzen setzen. Das bringt Reibereien und Streit mit sich! Und lassen Sie sich nicht durch das Argument verunsichern, alle anderen Kinder dürften! Bleiben Sie konsequent, authentisch und klar!

6. Kinder sollten nach Möglichkeit nicht allein fernsehen oder am Computer spielen. Anders als beim Fernsehen, wo sich häufiger eine gemeinsame Nutzung in der Familie ergibt oder sich Erwachsene (vor allem die Mütter) dazusetzen und als Aufpasser erlebt werden, findet das Computern üblicherweise unter Gleichaltrigen statt. Hier könnte man fast umgekehrt argumentieren: Setzen Sie sich einmal zu Ihrem Sohn oder Ihrer Tochter und spielen Sie mit – es könnte durchaus sein, dass dabei manch Vorurteil abgebaut wird.

7. Wenn Ihnen die Inhalte von Sendungen oder Computerspielen nicht gefallen, sagen Sie dies dem Kind. Formulieren Sie Ihre Kritik in Ich-Botschaften (z. B. «Ich mag nicht ...» und nicht: «Das Spiel ist ein völliger Mist! Wie kannst du nur so einen Blödsinn spielen!»). Vermeiden Sie Moralpredigten und besserwisserische Belehrungen.

8. Die Begleitung und auch Kontrolle der Eltern gilt insbesondere für das Internet. Es vermag Kinder durchaus beim Lernen zu unterstützen, aber der Zugang kann auch mit Gefahren verbunden sein. Sowohl in den Chat-Räumen als auch beim

Treffen von Verabredungen mittels Internet ist absolute Vorsicht geboten! Bitten Sie Ihr Kind, auf keinen Fall persönliche Daten ins Netz zu stellen (und überdenken Sie kritisch Ihr eigenes Verhalten)! Auch hier bringen Verbote nichts, bleiben Sie stattdessen mit Ihrem Kind im Gespräch.

Es gibt keine widerspruchsfreie, vor allem konfliktlose Computer- und Fernseherziehung. Versuchen Sie aber, Widersprüche nicht zu verdecken, sondern im Gespräch mit den Kindern Ihre Position offen darzulegen! Dadurch wird allen Beteiligten deutlich, dass es um einen gemeinsamen Lernprozess geht. Je dynamischer und offener solch ein Prozess abläuft, umso mehr kann der Umgang mit Fernsehen, Computer und Internet kreativ und produktiv werden.

Konsum, Taschengeld und Handy

«Gegen die Werbung», so entrüstet sich ein Vater, «gegen diese ganze Konsumscheiße hast du doch keine Chance. Wenn du im Supermarkt bist, weiß mein Jüngster schon», er schaut irritiert drein, «und der ist erst knapp fünf, welches Produkt ich kaufen soll. Und wenn du dann ‹nein!› sagst, hast du einen Aufstand.»

Eine Mutter von zwei Kindern nickt bestätigend: «Meine Kinder haben fast jeden Werbespruch drauf. Die Sprüche sind ja so eingängig.» Sie grinst verlegen: «Ehrlich gesagt, ich bin auch nicht frei davon. Ich stehe ja auch auf Markenklamotten.»

Kaum ein Thema wird so gefühlsbetont, so heftig, aber zugleich so kontrovers diskutiert wie Konsum und Werbung, in die Eltern wie Kinder einbezogen sind – ob sie wollen oder nicht. Selbst wer sich mehr oder minder verweigert, ist als Vater oder Mutter in tägliche, nervige Diskussionen einbezogen – getreu nach dem Motto: Alle anderen haben, dürfen, können ... nur ich nicht.

Kinder sind eine nicht unerhebliche Marktgröße, Zielgruppe für Nahrungsmittel-, Süßwaren- und Spielzeughersteller. Schulkinder haben Einkommen und Kaufkraft. Sie versprechen Absatz, sind Kaufkraftfaktor und Warenpropagandisten in einem, haben nämlich starken Einfluss auf Kaufentscheidungen von Eltern.

Folgerichtig findet sich TV-Werbung überall dort, wo Kinder zusehen oder -hören. Sie wird als Block zwischen den redaktionellen Teilen des Fernsehprogramms präsentiert und ist häufig in Handlung und Botschaft genau auf das jeweilige Zielpublikum abgestimmt.

Sponsoring gewinnt an Gewicht. Hier verschwimmt der Unterschied zwischen redaktionellem Teil und der Werbung. Eine andere Werbevariante setzt sich in Deutschland erst seit Mitte der 70er Jahre durch: die Verwertung von Trickfilmfiguren, Merchandising genannt. Es begann mit Cartoons wie «Heidi» oder «Biene Maja», die schon damals auf weit über 100 Gegenständen auftauchten. In der Zwischenzeit hat sich das Merchandising perfektioniert, existiert eine schnelle und umfassende Vermarktung von TV-Serien. Und das Kinoerlebnis hört nicht mit dem Happy End auf, wenn man den Figuren anderntags im Kaufhaus begegnet.

Aus der Sicht der Kinder

Kinder haben ihre ganz eigene Einstellung zu diesem Thema, die manchem Werbekritiker Schweißperlen auf die Stirn treibt. Hierzu Ausschnitte aus einer Gesprächsrunde mit neun- bis elfjährigen Kindern.

Er finde Werbung doof, erklärt mir Stephan. Die wollen doch nur, dass du das kaufst. «Wenn die Werbung kommt, dann schalt ich schnell um oder geh raus!»

«Nee, ich bleib schon dabei», ergänzt Adrian. «Manche Werbung ist einfach gut gemacht. Also, die ist manchmal spannender als der Film, der vorher war oder danach kommt. So die Sprüche und so. Das gefällt mir schon.»

«Bei den meisten Werbefilmen», meint Thorben, «merk ich doch, die wollen was von mir. Ehrlich! Und manchmal fall ich dann doch darauf rein und kauf das, nur weil ich's gesehen hab.»

«Na ja», lacht Nicole. «Mir geht's eigentlich ähnlich. Irgendwie spür ich, die Werbung lügt. Aber trotzdem kauf ich dann doch die Sachen aus der Werbung. Und die können noch so beknackt sein!»

«Also jetzt blick ich ja schon mehr durch», sagt Sandra mit einem ernsten Gesicht. «Aber früher, da wollt ich nur das haben, was ich gesehen hatte. Und meine Schwester, die ist jetzt erst fast fünf. Die schnallt gar nicht, wenn die Sendung zu Ende ist und Werbung kommt.»

«Aber», unterbricht Sylvia, «du kaufst doch auch das, weil du das gesehen hast in der Werbung und das geil rüberkommt. Wenn ich mir was kaufe, dann guck ich auch erst nach den Markensachen, die ich aus der Werbung kenn! Irgendwann hör ich dann schon auf meine Mutter, vor allem, wenn das zu teuer ist und ich mitbezahlen muss.»

«Die Eltern und Lehrer machen doch auch auf Werbung, wenn sie von uns was wollen», schmunzelt Leon. «Da sind mir doch die Onkels und Tanten aus der Fernsehwerbung lieber. Die sind jünger, und alles ist wenigstens gut gemacht. Und du weißt, was sie von dir wollen: ran an dein Geld.»

Kinder sind Experten, was Werbung anbetrifft, und obendrein sind sie ehrlich. Sie stehen der Werbung nicht unkritisch gegenüber, durchschauen manch Muster und bleiben trotz allem beeinflussbar. Dabei gilt es allerdings zu differenzieren. Mit steigendem Alter wachsen auch die Zweifel an den Werbebotschaften, reagieren Heranwachsende nicht selten mit Zynismus und beißendem Spott. Jüngere Kinder weisen dagegen eine weniger distanzierte Haltung auf – ja, ein Drittel der Vorschulkinder hat sogar Probleme damit, die Werbung vom redaktionellen Teil des Programms zu unterscheiden!

Auch wenn ich davon überzeugt bin, dass Kinder der Werbung keinesfalls nur ausgeliefert sind, sind manche Kinder mit den Angeboten der Konsumwelt doch überfordert.

Die Vehemenz, mit der Medienforschung wie -pädagogik, Verbraucherschützer wie Eltern auf die Werbung einprügeln, scheint meines Erachtens darauf hinzudeuten, dass diese sich in ihrem eigenen Handeln wiedererkennen. Auch sie versprechen Belohnung für erwünschtes Verhalten, wie ich schon an vielen Beispielen im Buch gezeigt habe ... An die Stelle von Auseinandersetzungen tritt eine Ware. «Wenn du dies und jenes tust, hab ich dich lieb» läuft auf etwas Ähnliches hinaus wie die Werbebotschaft: «Wenn du etwas kaufst, bist du mehr!»

Dabei spielt auch eine Rolle, dass Eltern seltener für eigene Werte stehen und weniger Autorität besitzen – umso mehr gewinnt die Werbung an Gewicht. Ausschließen kann man Einflüsse ebenso wenig wie sich dagegen immunisieren, aber man kann eine kritisch-konstruktive Haltung einnehmen. Der kritische Konsument ist ja kein Asket, auch er genießt. Genuss kann ich auch erreichen, wenn ich abwarte und mir dann einen Wunsch erfülle. Auch Kinder sind durchaus bereit, etwas zu leisten. Verwöhnte Kinder sind unzufrieden und beziehungslos, weil ihnen Auseinandersetzung und Herausforderung fehlt.

Weniger ist manchmal mehr

Philip, neun Jahre, kommt vom Spielplatz nach Hause und verkündet: «Wenn wir nächste Woche meine neue Jeans kaufen, muss das aber eine richtige sein!» Was eine richtige sei, will Verena Blume, Philips Mutter, wissen. – «Eine echte! Eine Levis!» Wie teuer die denn sei, fragt die Mutter. Philip nennt einen

Preis, der bei sechzig Euro liegt. Sie runzelt die Stirn. – «Vierzig gebe ich aus! Mehr nicht! Das war vereinbart!» Philip mault, er sei ohnehin schon ein Außenseiter, und die anderen würden ihn wegen der «Baby-Jeans» auslachen. Er sagt trotzig: «Ich will eine Markenjeans!» – «Du hast mich verstanden!» – «Du bist gemein! Nie kaufst du mir was. Alle Mütter sind besser als du!»

Die Mutter bleibt ruhig: «Philip! Ich hab dich sehr gern! Aber du hast Pech, solch eine Mutter wie mich zu haben! Wirklich!» Sie sieht ihn an: «Ich gebe vierzig Euro aus. Wenn du mehr ausgeben willst, musst du was dazutun!» Er habe kein Geld, antwortet Philip ungehalten. «Du hast Taschengeld!» – «Das brauche ich für Spielzeug und Süßigkeiten. Nicht für Kleidung. Du musst dafür sorgen, dass ich was zum Anziehen habe!» – «Richtig! Eine Jeans für vierzig Euro, Philip!» – «Du bist ja eine tolle Mutter!», schimpft Philip und verlässt fluchend das Zimmer.

Beim Abendbrot bringt Philip das Thema noch einmal an. Er will den Rest von seinem Taschengeld bezahlen. Er habe gespart und wolle noch was dazuverdienen.

Am nächsten Tag erzählt Philip, er habe mit dem alten Nachbarehepaar darüber geredet, dass er am Wochenende den Bürgersteig säubern könne.

«Und, Mama», lächelt Philip, «kauf mir erst die billigen Jeans, die richtigen haben noch bis Weihnachten Zeit.» – «Warum das plötzlich?» – «Ach, ich muss mir ein Computerprogramm kaufen. Das ist jetzt wichtiger, und die Hose tut es jetzt auch noch.»

Eine typische Situation. Und eine elegante Lösung. Philips Mutter hat sich den Wünschen ihres Sohnes nicht verweigert, ihm jedoch gezeigt, dass sie nicht willens ist, alles rückhaltlos zu erfüllen. Sie mutet ihm eine Frustration in der Sache zu. Sie setzt ihm eine Grenze, die den Anstoß liefert, nach anderen Wegen zu suchen, um zur heißersehnten Jeans zu kommen.

«Weniger ist manchmal mehr» – so hat es der Psychoanalytiker Wolfgang Schmidbauer bezüglich des Konsums ausgedrückt. Dieses Mehr ist Beziehung, ist Spannung, ist Auseinandersetzung. Verwöhnt-grenzenlose Kinder haben demgegenüber «weniger» – weniger an Erfahrung, weniger Vertrauen in eigene Fähigkeiten und weniger Ermutigung, sich Neuem zu stellen. Der kritische Konsument kauft bewusst, genießt und weiß, dass man Bedürfnisse nicht jederzeit und sofort befriedigen kann. Wenn Eltern dieses Prinzip den Kindern vorleben, werden die Auseinandersetzungen um die Werbung und deren Folgen nicht weniger – aber vielleicht lust- und humorvoller.

Der Streit um das Taschengeld

«Weniger ist mehr» sollte aber nicht als Aufforderung zur Askese missverstanden werden. So, wie Kinder das Gehen und das In-die-Welt-Hinausstreben lernen und zu einer eigenständigen, selbstbewussten Persönlichkeit heranreifen, so sollten sie auch einen selbstverantwortlichen Umgang mit dem Geld erfahren. Und Taschengeld ist «pädagogisches Geld». Was für den gesamten Erziehungsalltag zutrifft, trifft auch hier zu: Es gibt für den Umgang mit Taschengeld kein Patentrezept. Es gilt, irgendwie den «goldenen» Mittelweg zu finden.

Kindern ist weder damit geholfen, dass sie (mit Geld) verwöhnt, noch damit, dass sie knappgehalten werden.

«Ich habe mir mal eine Plastikpistole gekauft», so erzählt der achtjährige Jannis, «die wollte ich unbedingt haben. Ich hab gespart und gespart, Oma angebettelt. Dann hab ich so viel Geld zusammengehabt und hab sie mir gekauft. Die ging nach zwei Tagen kaputt.» Er schüttelt den Kopf: «Die Pistole war einfach futsch! Das Geld auch! Ich hatte dann für einen Monat nix mehr! Das mache ich nicht noch einmal. Aber das Gemeinste war, dass meine Eltern gesagt haben, das habe ich nun davon!»

Als sie so neun gewesen sei, erinnert sich Nina, da wollte sie unbedingt eine Barbie-Puppe haben, «so eine ganz bestimmte, ganz teure.» Dann habe sie die gekauft. «Aber nach einem halben Jahr fand ich die doof. Und da hab ich mich geärgert.» Sie schmunzelt: «Dann gab's irgendwann einen Flohmarkt. Und ich hab sie da verkauft. Für weniger Geld! Aber immerhin!»

Die Perspektiven der Kinder und der Eltern sind beim Taschengeld – wie bei vielen anderen Themen auch – sehr verschieden. Für Eltern geht es vor allem um zwei Fragen:

» Wie hoch darf das Taschengeld sein?
» Kann ich mitbestimmen bei dem, was sich die Kinder von dem Geld kaufen?

Taschengeld dient dazu, den Umgang mit Geld durch Einnahmen und Ausgaben zu lernen und zu üben.

Über 80 % aller Sechs- bis Zwölfjährigen bekommen Taschengeld und erschließen sich so den Wert (oder auch den Unwert) des Geldes. Um Kinder nicht zu überfordern, ist es wichtig, einige Prinzipien zu beachten.

Die Höhe und Vergabe ist natürlich abhängig vom Alter des Kindes, vom monatlichen Haushaltseinkommen der Familie und auch davon, für was das Taschengeld verwendet werden soll.

Zwischen dem sechsten und neunten Lebensjahr kann es das Taschengeld wöchentlich in Höhe von ein bis drei Euro geben, zwischen dem neunten und zehnten Lebensjahr vierzehntäglich in Höhe von zwei bis vier Euro, danach – bis zum zwölften Lebensjahr – monatlich in Höhe von zwölf Euro.

Wohlgemerkt: Dies sind Näherungswerte, keine einklagbaren Größen. Generell gilt: Überfordern Sie das Kind nicht mit zu viel Taschengeld. Fangen Sie niedrig(er) an, Sie können später immer noch korrigieren und werden bei gewachsenen Bedürfnissen, die sich mit dem Lebensalter ausbilden, den Betrag erhöhen.

Das Taschengeld wird dem Kind pünktlich zu einem festen

Termin gegeben oder auf ein eigenes Taschengeldkonto überwiesen. Vier Aspekte scheinen mir besonders wichtig:

» Das Kind soll wirtschaften lernen. Das eine Kind gibt sein Geld schnell aus, das andere spart, um es für Anschaffungen zurechtzulegen.

» Es gibt keinen Nachschlag oder Vorschuss. Es geht beim Umgang mit dem Taschengeld eben auch darum, Verzicht zu lernen. Wenn Kindern grundsätzlich und regelmäßig das Geld ausgeht, empfiehlt sich ein Gespräch unter vier Augen, um einen Plan zu erstellen, wann und wofür das Geld ausgegeben wird.

» Auch wenn das Taschengeld pädagogischen Zwecken dient, eignet es sich auf keinen Fall für Strafmaßnahmen. Allerdings: Hat das Kind etwas mutwillig oder vorsätzlich zerstört, dann kann ein Teil des Taschengeldes sehr wohl zur Wiedergutmachung des Schadens herangezogen werden.

» Generell steht das Taschengeld zur freien Verfügung. Eltern halten sich aus der Verwendung grundsätzlich heraus. Nur so lernen Kinder, mit dem Geld angemessen umzugehen.

Wenn ich mich mit Heranwachsenden unterhalte, lautet der entscheidende Kritikpunkt beim Taschengeld: «Alle anderen haben mehr als ich!» Wenn Kinder zu wenig Taschengeld bekommen bzw. mehr ausgeben, als sie erhalten, dann können sie ihre Einkünfte durch kleinere Jobs aufbessern. Eltern dürfen bei der Auswahl der Jobs beratend zur Seite stehen. Tägliche Aufgaben im Haushalt werden nicht vergütet. Jedes Kind hat die Pflicht, bestimmte Tätigkeiten in der Familie zu übernehmen, um so seine Zugehörigkeit durch aktives Tun zu beweisen. Dies schließt «Einmal-Zahlungen» für herausragende Leistungen natürlich nicht aus! Und die meisten Kinder halten für Selbstverständlichkeiten, die sie im Haushalt vollbringen, nicht sofort die Hand auf – es sei denn, man hat sie von klein auf daran gewöhnt.

Und was ist mit dem Handy?

«Das mit dem Konsum», so erzählt eine Mutter, «nimmt immer mehr zu! Nehmen Sie doch jetzt nur das Handy! Meine Patrizia ist acht. Sie will jetzt ein Handy haben.»

«Genau», unterbricht sie eine andere Mutter, «nur weil es alle haben. Mein Patrick ist neun, fühlt sich als Außenseiter, nur weil er noch keins hat.» Sie schaut ernst drein: «Und ich finde das auch noch zu früh, wenn ich ehrlich bin!»

«Und dann», so bemerkt ein Vater, «hast du mit dem Handy ein nächstes Problem!» Er runzelt die Stirn: «Ich meine jetzt nicht die Kosten allein. Das kriegst du vielleicht schon gebacken. Aber was man heutzutage mit dem Handy alles machen kann, ins Internet gehen, diese ganzen pornographischen, gewaltverherrlichenden Bilder und Angebote, da hat man überhaupt keinen Überblick mehr.» Dann stockt er: «Aber verbieten kann man's ihnen auch nicht, wohl nur damit umgehen lernen.»

Und tatsächlich lässt sich das Funktelefon wohl aus dem Alltag nicht mehr wegdenken, wobei es für Kinder und Jugendliche auf einen richtigen und sinnvollen Umgang ankommt, der von Eltern und Erwachsenen vorgelebt werden sollte. Der Vorbildfunktion der Eltern kommt gerade im Umgang mit neuen Informationstechnologien eine herausragende Bedeutung zu.

Klare und verbindliche Regeln im Umgang sind – unabhängig von der schon angesprochenen normativen Komponente – notwendig. Kinder unter zehn sollten nur ausnahmsweise ein Handy bekommen. Das zwölfte Lebensjahr scheint die vertretbare Grenze zu sein, allerdings nur, wenn es eindeutige Absprachen zwischen Eltern und den Heranwachsenden gibt.

1. Die Funktion des Handys muss im Vorhinein geklärt werden. Dies bedeutet, dem Kind klarzumachen, dass es «handy-freie» Zeiten gibt. Konkret: nicht aus der Schule kommen, den Freund oder die Freundin, die man gerade verabschiedet hat,

sofort wieder anrufen und «volldröhnen». Das Handy bleibt zu festgelegten Zeiten, z. B. bei den gemeinsamen Mahlzeiten, ausgeschaltet, sei das Gespräch noch so wichtig oder sei man deshalb als Mutter oder Vater noch so peinlich.

2. Umgekehrt gilt auch: Kinder mit dem Handy nicht ständig aus elterlicher Sicht zu kontrollieren. Es ist besser, mit Kindern abzusprechen, dass sie bei zeitlichen Verzögerungen unbedingt anrufen müssen. Und wenn man merkt, sie benutzen das nur als Ausrede, darauf zu bestehen, dass sie nach Hause kommen.

3. Nur solche Geräte kaufen, die Eltern auch bedienen können, in deren technische «Geheimnisse» und «Verstecke» sie eingeweiht sind. Aber: Lesen Sie dann nicht die SMS der Kinder! Dies ist ein Tabubruch, der dem verbotenen Schnüffeln im Tagebuch eines Kindes gleichkommt. Wenn Kinder spüren, sie werden ausspioniert, führt das zu Misstrauen und Heimlichkeit, letztlich dazu, dass der Gesprächsdraht zwischen Eltern und Kindern beschädigt wird. Gerade beim Handy gilt: Mit den Kindern unbedingt in Kontakt bleiben – und zwar nicht über das Handy.

4. Über die Kostenfalle reden, die das Handy in sich trägt. Das bedeutet, die monatlichen Kosten anzusprechen. Am besten eignet sich eine Prepaidkarte. Sollte die leer sein, hat das Kind Pech gehabt und muss auf den nächsten Monat warten. Oder es verwendet sein Taschengeld dafür. Wie schon beim Taschengeld gilt auch hier: kein Vorschuss auf den nächsten Monat!

5. Mit dem Handy kann man das Internet nutzen, mithin chatten. Das Kind ist über die Gefahren, die damit verbunden sein können, aufzuklären (vgl. S. 217). Bewahren und Beschützen ist ein hilfloser Ratgeber. Heranwachsende brauchen das Interesse der Erwachsenen an ihnen – sowohl als Person als auch an jenen technischen Gegenständen, die sie häufig kom-

petenter nutzen als die Eltern. Nur wenn diese Gesprächsbasis geschaffen ist, lassen sich Kinder und Jugendliche auf Eltern und deren Meinungen ein, akzeptieren sie Grenzen, die ihnen gesetzt werden – wenn auch nicht sofort und frei von Widerspruch und Aufbegehren.

Hausaufgaben-Stress

«Der wirklich einzige Stress bei uns», erklärt mir Monika Schröder, «ist der mit den Hausaufgaben. Da bittet Jonas um Hilfe, aber wenn ich dann bei ihm bin, trödelt er rum. Nach kürzester Zeit haben wir ziemlichen Ärger miteinander, brüllen uns an. Ich renne irgendwann wutentbrannt aus seinem Zimmer, er hinterher und beschimpft mich mit den übelsten Worten.» Sie stockt kurz. «Manchmal bin ich dann so weit, ihm eine zu scheuern!»

«Mein Max», erzählt Veronika Mattes, «schiebt die Hausaufgaben ständig vor sich her. Er hat sowieso zurzeit kein Interesse an der Schule, nur sein Handball und seine Freunde. Er muss doch auch etwas lernen! Verdammt!» Sie schüttelt den Kopf. «Wo soll das sonst enden? Und an manchen Tagen, da weiß Max nicht einmal, was er aufhat. Oder er tut nur so, damit ich es nicht kontrollieren kann?!»

«Das mit den Hausaufgaben, das ist schon ein ziemliches Problem», erklärt Alfred Ahrens, «auch für mich! Heute, denke ich manchmal, sind die Hausaufgaben Fortsetzung des Schulunterrichts unter ehrenamtlicher Tätigkeit der Eltern. Und da bist du doch ziemlich alleingelassen. Ich hab's bei Anna mit der langen Leine versucht, kaum Kontrolle, wie bei mir früher. Aber das hat Anna ausgenutzt. Die konnte mit der Freiheit nicht umgehen. Die verlangte geradezu nach Kontrolle!»

«Mama ist ja in Ordnung», meint Jonas, «aber bei den Hausaufgaben, wenn sie dann neben mir steht, das macht mich nervös:
‹Jonas, schau ins Heft!› Dabei schau ich ja ins Heft. ‹Jonas, nun
konzentriere dich!› Also, wenn du so eine nervige Mutter neben
dir stehen hast, kannst du dich doch nicht konzentrieren!» Er
sieht etwas verzweifelt aus: «Dabei will ich doch schon, dass sie
mir hilft ... Aber nicht so!»

«Das Erste, was ich höre, wenn ich aus der Schule komme»,
berichtet Max hörbar angesäuert, «ist, welche Aufgaben ich machen muss. Ich komme nach Hause, und die Schule geht einfach
weiter. Das ist zum Durchdrehen. Ich brauch zuerst etwas anderes! Ich kann mich nach dem Essen nicht sofort an den Schreibtisch setzen. Da kann ich mich einfach nicht konzentrieren. Hat
mein Lehrer auch gesagt! Dann hat man ein Suppenkoma, hat er
gemeint! Suppenkoma, krasses Wort!» Er überlegt: «Davon hat
Mama noch nie etwas gehört! Und wenn ich ihr davon erzähle,
meint sie: ‹Komm, spinn nicht rum!› Aber ich kann dann wirklich nicht schnell denken. Ich kann dann nicht denken! Höchs-
tens an meine Freunde! Und an die denke ich gern!»

«Also, bei mir ist es so», fängt Anna an. «Ich brauch da schon
einen genauen Plan, sonst weiß ich nicht, wann ich anfangen
oder was ich machen soll. Also», sagt sie weiter, «bei mir muss
nicht immer einer dahinterstehen und mir sagen: ‹Mach das! Und
jetzt das!› Aber irgendwie, so ein bisschen Kontrolle, das ist schon
gut. Also, ein Beispiel: Wenn mein Lehrer die Hausaufgaben nicht
überprüft, dann bist du doch die Blöde, wenn du sie gemacht
hast.» Sie lächelt: «Also ein bisschen muss man uns schon kontrollieren! Aber nur ein bisschen!»

Unterhält man sich mit Grundschulkindern oder Jugendlichen,
so heben sie immer wieder einen kritischen Punkt hervor. Bei
Eltern würde sich alles nur noch um die Schule, das Lernen und
die Hausaufgaben drehen.

Natürlich wollen die meisten Eltern nur das Beste für ihr Kind. Nur, was ist das?

Barbara, zehn Jahre, erklärte mir im Rahmen eines Beratungsgesprächs: «Meine Mama will mein Bestes!» Kurze Pause, ein erwartungsvoller Blick: «Aber, was bleibt dann für mich?»

Kinder haben ein Gespür dafür, ob sich wohlgemeinte pädagogische Handlungen an ihren Fähigkeiten, Alters- und Entwicklungsbesonderheiten, an ihren Bedürfnissen oder eben an jenen Vorstellungen und Träumen orientieren, in denen sie nicht ausgelebte elterliche Wünsche erfüllen sollen oder sogar müssen.

Gewiss: Schulische Bildungen und Leistungen sind wichtig und für eine erfüllte Lebensbiographie unverzichtbar. Und Hausaufgaben dienen der wichtigen Verfestigung des Lernstoffes. Aber wenn das Thema «Schule» den Familienalltag so emotional belastet, manchmal geradezu vergiftet, dann kann etwas nicht stimmen.

Offensichtlich geht es dann nicht mehr um die Sache, sondern um die Eltern-Kind-Beziehungen und wer sich letztlich durchsetzt! Allzu häufig führen schulische Hausaufgaben-Probleme auch zu Konflikten der Partner untereinander, wenn der eine mit liebevoller Konsequenz reagiert, der andere für unnachsichtiges Durchgreifen plädiert.

Hausaufgaben-Rituale

So, wie es Gutenachtrituale geben muss, auf die Kinder vertrauen, sollten Sie auch für die Hausaufgaben ein Ritual einführen, das sich vor allem durch feste Zeiten und vertraute Räume auszeichnet. Wie in vielen anderen Situationen des Alltags hat auch bei den Hausaufgaben die Macht der Gewohnheit eine große Bedeutung.

Wissenschaftliche Erkenntnisse über den Biorhythmus geben

Hinweise für den idealen Zeitpunkt: Die Leistungsfähigkeit des Kindes hat Höhepunkte am Vormittag sowie zwischen 16 und 19 Uhr. Das Tagestief liegt am frühen Morgen, nach dem Mittagessen und am späten Abend; dann sind Heranwachsende nicht selten übermüdet und unkonzentriert, benötigen sehr viel Energie, um die anstehenden Aufgaben zu machen.

Die ideale Zeit für die Hausaufgabe, darüber sind sich viele Experten einig, liegt zwischen 16 und 17 Uhr. Und ein weiterer Punkt ist unstrittig: Nach der Schule, nach dem Mittagessen brauchen Kinder Entspannung, Zeit zum Spielen, zur Bewegung.

Berücksichtigen müssen Sie aber auch den individuellen Rhythmus des Kindes. Deshalb darf das Kind über den Zeitpunkt, wann die Hausaufgaben zu erledigen sind, mitbestimmen. Eine Absprache wird etwa 14 Tage lang ausprobiert. Findet sie danach die Zustimmung aller, gilt die festgelegte Hausaufgabenzeit für einen längeren Zeitraum, sollte aber regelmäßig daraufhin überprüft werden, ob der Rhythmus noch für alle Beteiligten stimmt. Wichtig: Die Hausaufgabenzeit wird nicht jeden Tag neu diskutiert, gar modifiziert!

Die zentrale Aufgabe der Eltern besteht mithin darin, auf die Einhaltung der Hausaufgabenzeit zu achten und, falls notwendig, über Konsequenzen nachzudenken. Doch dazu weiter unten mehr.

Der feste Beginn der Hausaufgaben gehört genauso zur Absprache wie deren Länge, der vorgesehene Ablauf sowie das Ende. Bei einem klaren Beginn und einem festgesetzten Ende entwickeln Kinder ein Zeitgefühl. Und sie erfahren, dass die «doofen Hausaufgaben» in einer überschaubaren Zeit erledigt werden können.

Eine Frage, die immer wieder gestellt wird, lautet: «Wie lange sollen die Hausaufgaben überhaupt dauern? Mein Sohn sitzt manchmal bis zu drei Stunden am Schreibtisch!»

Hinsichtlich der Länge haben sich Fachleute so festgelegt:

» Für die Sechs- bis Achtjährigen kann man 40 bis 50 Minuten veranschlagen, wobei man nach einer halben Stunde eine Pause von 5 bis 15 Minuten (je nach Temperament des Kindes) einplanen sollte.

» Bei den Neun- bis Elfjährigen darf es etwa eine Stunde dauern. Auch hier empfiehlt sich eine Pause.

» Sollten die Hausaufgaben nicht fertig sein, kann man den zeitlichen Rahmen etwa 10 bis 20 Minuten ausdehnen. **Findet das Kind trotz intensiver Bemühungen kein Ende, bietet man seine Mithilfe an. Die (bessere) Alternative: Man bricht ab und schreibt eine Notiz an den Lehrer.** So werden die Bemühungen von Kind und Eltern deutlich, und das Lehrpersonal erhält ein wertvolles Feedback über den Wissenstand der Kinder.

Noch ein Satz zu den Pausen zwischendurch, die bei vielen Eltern auf Skepsis stoßen («Besser, der zieht das durch!», «Steigert doch nur die Unkonzentriertheit.»). Tatsächlich nehmen sich Kinder selbst «Auszeiten». Nach einer bestimmten Zeit – mal 5, mal 10, mal 15 Minuten, je nach Typ und Temperament – werden sie unkonzentriert, kauen am Stift, lassen die Augen durch das Zimmer schweifen, beginnen, mit dem Papier zu spielen, malen Figuren auf ein Blatt, gehen zum Regal ... Es ist mithin sinnvoller, Pausen von vornherein einzuplanen, und vor allem nicht jene, die sich die Kinder selbständig nehmen, als Störung zu empfinden. Die Zeit des Lernens stellt sich als eine Mischung aus Spannung und Entspannung, aus Konzentration und Ablenkung dar. Die «selbstverordneten» Pausen helfen den Heranwachsenden also, ihre innere Balance aus Bewegung und Ruhe herzustellen und zu halten.

Neben dem zeitlichen Rahmen kommt der Gestaltung des Lernumfelds eine zentrale Bedeutung zu. Sie hat einen nicht unerheblichen Einfluss auf den störungsfreien Ablauf und den Lernerfolg. Dazu zählt der Rückzug in ein eigenes Zimmer oder eine ruhige

Ecke, damit die Kinder sich auf die Aufgabe einlassen können. Ein eigener Schreibtisch – egal, ob nun aufgeräumt oder durch ein unbeschreibliches, aber für das Kind überschaubares Chaos gekennzeichnet – zeigt dem Kind: Das ist mein Platz, der jetzt mir gehört und an dem ich meine Pflichten zu erfüllen habe. Der Ort, an den sich das Kind zurückzieht, muss so gestaltet sein, dass sich das Kind nicht ständig beobachtet und schließlich bewertet fühlt.

«Von wegen störungsfrei», insistiert Matthias Becker, Vater des achtjährigen Ben. «Mein Sohn will immer Musik hören.»

Zweifellos können Klänge, Rhythmen ablenken; aber eine – aus der Sicht des Kindes – als angenehm erlebte Musik hilft durchaus beim Lernen, ja, es gibt Untersuchungen, die der Musik attestieren, abstraktes Denken zu trainieren. Doch auch hier müssen Eltern und Kinder ihre je eigenen, vor allem gemeinsamen Wege finden.

Nachhilfe – zu Hause und professionell

Oliver, neun Jahre, hat mit seiner Mutter, Doris Speidel, die Zeiten für seine Hausaufgaben vereinbart – das klappt in der Regel auch gut. Aber wenn er mit einer Aufgabe nicht mehr weiterkommt, dann bittet er seine Mutter um Hilfe. Und dann hängt der Haussegen schief: «Oliver ist ein lieber Kerl! Aber bei den Hausaufgaben», sie stöhnt laut auf, «da knallt es zwischen uns.» Und bei ihrem Mann sei es noch schlimmer: «Der dreht viel früher durch als ich!»

Mir sind nur wenige Eltern bekannt, die ruhig und gelassen über einen längeren Zeitabschnitt Kinder bei ihren Hausaufgaben begleiten können.

Wenn ich jetzt einige Hinweise gebe, wie man sich als Vater und Mutter bei der Hausaufgabenbegleitung gekonnter und angemessener verhalten kann, so ziehen diese nicht automatisch

Harmonie, Friedfertigkeit und die Abwesenheit von Konflikten nach sich, aber sie werden die Situation in der Regel merklich entspannen:

» Generell ist es vorteilhafter, nicht die ganze Zeit beim Kind zu sitzen. Lassen Sie sich am Anfang die Hausaufgaben erklären! Kontrollieren Sie Ergebnisse am Ende! Ein Zuviel an ständiger Begleitung kann das Kind auch unselbständig und abhängig von elterlicher Anwesenheit machen.

» Will das Kind Tipps haben, dann geben Sie kurze, konkrete und eindeutige Hinweise. Bedenken Sie: Hilfe zur Selbsthilfe ist auf Dauer wichtig, damit der Heranwachsende selbst die Lösungen findet.

» Weisen Sie bei der Ergebniskontrolle nicht zuerst auf Fehler hin! Achten Sie mehr auf das, was ein Kind richtig gemacht hat! Der Verweis auf Schwächen, so gut er vielleicht gemeint ist, bestätigt ein Kind eher darin, was es nicht kann! Hinweise auf Wissenszuwächse ermutigen und stärken das Selbstwertgefühl.

» Setzt man sich doch einmal (vielleicht auf Wunsch des Kindes) dazu, ist es ratsam, auf Kommentare und Belehrungen zu verzichten. Wenn Kinder gerade nachdenken, werden sie durch Hinweise wie «Kau nicht am Kuli herum!» abgelenkt. Bedenken Sie: Jedes Kind geht seinen individuellen Weg, hat sein eigenes Tempo. Und auch meditativer Stillstand kann Fortschritt sein! Sie sind Begleiter – nicht mehr und nicht weniger! Beschleunigen Sie nicht! Verzögern Sie aber auch nicht!

» Wenn Sie merken, dass sich Ihr Kind nicht mehr konzentrieren kann, trödelt oder träumt, weil es müde, körperlich oder intellektuell ausgepowert ist, schlagen Sie eine kleinere Pause vor oder dass die Hausaufgaben zu einem späteren Zeitpunkt beendet werden. Das sollte nicht zu den «Tagestief»-Zeiten vor dem Schlafengehen oder am frühen Morgen sein.

Allerdings muss man über die Begleitung bei den Hausaufgaben grundsätzlicher nachdenken. Die dabei entstehenden Konflikte haben meist weniger mit einer Unfähigkeit der Eltern zu tun als vielmehr mit der übergroßen Nähe zwischen allen Beteiligten. Eltern wie Kinder reagieren wie ein eingespieltes Ehepaar: Ein Wort gibt schnell das andere.

Das Zauberwort heißt «Distanz» – nicht zum Kind, sondern zu der Sache. Manchmal sind Bezugspersonen, zu denen die Kinder bedingungsloses Vertrauen haben, die aber eine Distanz zum Kind aufweisen, angemessenere – wohlgemerkt: nicht bessere! – Begleiter bei den Hausaufgaben: ältere Geschwister, ältere Kinder aus dem Freundeskreis oder auch der Nachbar. Die Betreuung der Hausaufgaben abzugeben ist nicht Eingeständnis einer Inkompetenz von Vater und Mutter, sondern Zeichen von Souveränität: «Ich kann vieles. Aber bei den Hausaufgaben erfahre ich meine Grenzen!»

Nur wird es Lebensumstände geben, in denen man die Verantwortung für die Hausaufgaben nicht ans Umfeld abgeben kann. Dann sucht man sich eine professionelle Hausaufgabenbetreuung, wobei drei Aspekte zu beachten sind:

» Zunächst sollte es nicht um bessere Noten gehen, vielmehr darum, dass das Kind wieder Interesse am Lernen hat und keine größeren Lücken im Unterrichtsstoff entstehen. Eine Nachhilfe, die nur beste Noten verspricht, scheint nicht besonders sinnvoll. Zentral ist die Begleitung des Heranwachsenden im Hier und Jetzt.

» Beteiligen Sie das Kind an der Auswahl der Hausaufgabenbetreuung. Die «Chemie» zwischen beiden muss stimmen. Sie ist Voraussetzung für eine vertrauensvolle Arbeitsbeziehung. Häufig können diese Personen dann ähnliche Forderungen aufstellen wie die Eltern, werden aber wegen der größeren Distanz von den Kindern akzeptiert.

» Auch wenn heute immer mehr Eltern die beruflichen Chancen ihrer Kinder an guten Noten festmachen: Für den Lernerfolg stellt das «gute» Zeugnis nicht den wichtigsten Aspekt bei der Hausaufgabenbetreuung dar. **Entscheidend ist, dass das Kind gerne zur Betreuung geht und dadurch wieder Freude am Lernen gewinnt.**

Letzteres bekommt das Kind aber nur, wenn es ausreichend Freizeit hat, Zeit für sich und seine Interessen. Stimmt die Balance zwischen fremdbestimmter und selbstbestimmter Zeit nicht, kommt es beim Kind zu einem inneren und äußeren Ungleichgewicht: Entweder nimmt die Schule zu viel Zeit in Anspruch, oder das Kind verliert sich in Freiheiten, die keine sind. Einerseits brauchen die Kinder ein optimal gestaltetes Lernumfeld, eine feste tägliche Hausaufgabenzeit, Eltern, die ihrer Erziehungsverantwortung gerecht werden; andererseits möchten die Kinder, die ja, weil sie die Schule besuchen und deshalb schon «groß» sind, beteiligt sein und mitbestimmen. Beider Interessen – die der Eltern und die der Kinder – sind nicht immer deckungsgleich. Die Folge sind Reibungen. Deshalb gilt bei den Hausaufgaben wie in anderen Erziehungsfeldern auch: Es geht nicht darum, Konflikte zu vermeiden, sondern sie so zu lösen, dass Achtung und Respekt für alle Beteiligten gewährleistet sind.

Kapitel 5

Auch Grenzen stoßen an Grenzen – Grenzen setzen als Technik und Kunst zugleich

Erziehung kommt einem Kunsthandwerk, einer Handwerkskunst gleich. Wer Erziehung als die bloße Umsetzung von Techniken versteht, bleibt als Eltern und Erzieher merkwürdig seelenlos und findet keine Beziehung zum Kind, zu seinen Bedürfnissen und Gefühlen.

Kinder wollen Eltern, die die Kunst des «Durchwurschtelns» ebenso beherrschen wie die Kunst, Halt und Orientierung zu geben. Und dies schließt ein, in manchen Situationen nicht mehr weiterzuwissen, schon gar nicht die perfekte Lösung anzustreben.

«Manchmal», so erzählt mir die achtjährige Jessica grinsend, «wenn Mama vor mir steht und ich sehe, sie weiß jetzt nicht mehr weiter», Jessica lacht laut, «dann denke ich mir, jetzt geht es dir wie mir, Mama.» Jessica schaut ganz ernst: «Ich weiß oft auch nicht weiter. Aber ich muss dann trotzdem in die Schule, muss meine Hausaufgaben machen ...» Sie macht eine wegwerfende Handbewegung: «Dabei ist es doch schön, mal auszuflippen ... So richtig auszuflippen!» Dann runzelt sie die Stirn. «Das können doch die Eltern von uns lernen!»

Jessica hat etwas formuliert, was der indische Philosoph und Politiker Gandhi sinngemäß so ausgedrückt hat: Die wahrhaftigen Weisen auf dieser Welt sind nicht die Gurus, die Wissenschaftler, schon gar nicht Erziehungsexperten, es sind die Kinder und die Jugendlichen. Weisheit hat mit Geduld zu tun, so hat es

Gandhi ausgedrückt. Geduld ist, wenn man es immer und immer wieder versucht. Vor allem nicht resigniert, um dann – so Gandhi – irgendwann weise zu werden. Und so sind Kinder. Sie tun es immer wieder. Kinder sind getragen von dem Gedanken: Irgendwann müssen es die Eltern doch verstehen, was ich als Kind will.

Als ich diesen Gedanken auf einem Seminar vortrug, prustete eine Mutter laut los: Nun wisse sie es aber ganz genau. «Wenn ich einmal morgens ausraste, weil ich es mit meinem Trödelheini namens Clemens nicht aushalte und ungeduldig rufe: ‹Muss ich es dir noch zehnmal sagen!›, dann bin ich auf dem Weg zur Weisheit!» Sie schmunzelt: «Kinder sind auch Lehrer! Unsere Lehrer! Ein wirklich interessanter Gedanke!»

Erziehung wird zu einem anstrengenden Geschäft, wenn man sie als Einwegkommunikation versteht, als Beziehung von Eltern zu den zu belehrenden Kindern begreift. Kinder erziehen auch ihre Eltern – unnachahmlich, nachhaltig, unmerklich.

«Aber was, bitte schön», fragt ein Vater etwas genervt, als ich diesen Gedanken in einer Beratung vortrage, «was bitte schön kann man von Kindern denn lernen?»

Kinder gehen – im übertragenen wie im wörtlichen Sinne – nie direkt von A nach B. Kinder gehen meist zuerst zum Z, schauen sich unterwegs die verschiedenen Buchstaben an, bleiben vielleicht beim Q stehen, wundern sich über dieses merkwürdige Zeichen. Und während sie es noch untersuchen, stehen schon Eltern hinter dem Kind und fragen: «Was machst du denn da? Geh sofort zum B zurück!» Das Kind jedoch trottet weiter, findet das X und das Y faszinierend, landet endlich beim Z, um sich dann auf den Rückweg zu machen, um die Eltern nicht weiter zu nerven, ohne nicht zuvor noch beim P und E einen kurzen Stopp einzulegen. Schließlich kommt es – erfahrungsgesättigt – beim B an.

«Na, komm endlich! Wird auch langsam Zeit!», hört es die

Eltern ungeduldig schimpfen, während das Kind von seiner Reise träumt. Kinder gehen Umwege, sie lieben sie, weil – so spüren sie – Umwege die Ortskenntnis erweitern. Umwege stärken das Selbstbewusstsein, lassen Autonomie wachsen, prägen Lebenserfahrungen.

Und Ähnliches gilt für die Erziehung. Auch hier sind Umwege unumgänglich – und dazu zählen Sackgassen. Manchmal sprachlos zu sein ist kein Zeichen erzieherischer Inkompetenz. Dazu zu stehen – eben auch zu gemachten Fehlern, um seine Schwächen zu wissen – ist Ausdruck von Souveränität, von Stärke.

Wer seine Kraft ständig in die Vermeidung von Fehlern steckt, der wird irgendwann kraftlos. Aber umgekehrt gilt auch: Wer eigene Fehler bagatellisiert, herunterspielt, nicht wahrhaben will, der wird von Heranwachsenden irgendwann nicht mehr ernst genommen.

Erziehung – diese Mischung aus Handwerk und Kunst – hat viel mit dem Beruf des Schlossers gemein. Sie erinnern sich an das Bild vom Schlüssel und vom Dietrich? Meistens findet der Schlosser den passenden Schlüssel, manchmal muss der Dietrich her. Und so stellt sich Erziehung dar: Mal läuft alles wie von selbst, passt genau dieser Schlüssel mit seinem einzigartigen Bart. Aber dann gibt es jene Tage und Situationen, wo der Dietrich hermuss. Der sitzt in diesem Fall im Bauch. Hören Sie dann auf die Signale, die der Bauch sendet. Selbst auf die Gefahr hin, sie missverstanden und falsch gedeutet zu haben.

Von Ausnahmen, Überraschungen und «Zaubertagen»

Susanna, fünfeinhalb, liegt im Bett. Sie hat schon eine Geschichte gehört, die ihre Mutter, Patrizia Seibold, vorgelesen hat, jetzt kommt noch das Lied und der Kuss. Die Mutter steht auf, streichelt ihrer Tochter über die Stirn: «So, nun gute Nacht! Ich gehe, Schatz!»

«Bitte! Mama!» Susannas Stimme hat einen klagenden Unterton. – «Bleib bitte!» – «Was möchtest du denn?» – «Mama, noch eine Geschichte!» Und in ihrem Klang ist auch etwas Forderndes.

«Wir haben neulich nur eine Geschichte abgesprochen!», beharrt die Mutter und schaut ihre Tochter an. «Du warst einverstanden!» – «Aber, Mama, bitte! Ich bin heute so traurig!» – Sie fasst nach der Hand ihrer Mutter, zieht sie zu sich heran. – «Bitte! Bitte!»

Die Mutter setzt sich zurück aufs Bett, nimmt das Buch. Mit den Worten «Das ist aber heute eine Ausnahme! Die absolute Ausnahme! Hörst du?» fängt sie an zu lesen.

«Danke!», flüstert Susanna. Und fügt schmunzelnd hinzu: «Du bist die liebste Mama!» – «Hast du mich gehört?», fragt die Mutter. «Nur heute!»

Susanna lächelt vielsagend: «Nur heute, Mama! Natürlich!» Und man hört sie förmlich denken: «Die Ausnahme bestimme ich, Mama! Und nicht du!»

«So ist das immer», erklärt mir die Mutter später. «Ich komme nicht dagegen an.»

Kinder testen – ob nun bewusst oder im Sinne von Versuch und Irrtum – Grenzen aus, wollen durch ihr Handeln Absprachen verschieben, durchaus mit der Absicht, dass aus einer so dahingesprochenen Ausnahme im Laufe der Zeit eine zweite und dritte entsteht und so neue, aber nicht direkt vereinbarte, jedoch praktizierte Regeln entstehen, auf die sich ein Kind dann beruft – nach dem Motto: «Aber das haben wir doch immer schon so gemacht!»

Kinder überschreiten Grenzen nicht aus böser Absicht, nein: Kinder sorgen für sich und überprüfen damit Mutter und Vater, inwieweit beide standfest bleiben. Zu einer konsequenten pädagogischen Haltung gehört eine Portion Flexibilität. Aber erzieherischer Starrsinn führt meist zu entwürdigenden Machtkämpfen.

Vernünftige Ausnahmen, im Vorhinein bestimmt und gemeinsam vereinbart, schwächen nicht die elterliche Autorität. Eltern werden vielmehr in ihrer Persönlichkeit gestärkt, weil sie souverän und eigenständig genug über erzieherische Positionen nachdenken. Inkonsequent handelt nur der, der Ausnahmen mal zulässt, dann wieder nicht.

Es ist für alle Beteiligten sinnvoller, Ausnahmen zu gestalten und umzusetzen, vor allem dann, wenn man weiß, dass die getroffenen Absprachen ohnehin nicht eingehalten werden können:

» Besuch hat sich angesagt, der einigen Trubel mit sich bringen wird. Die Kinder fiebern Oma oder Opa, den Bekannten geradezu entgegen. Mit dem Gutenachtritual, das spürt man, wird es kaum etwas werden. Dann ist ein Satz konstruktiver wie: «Heute geht ihr später ins Bett, doch morgen gilt unsere gewohnte Abmachung!»

» Die Vorbereitungen für das Fest dauern viel länger als geplant. Die Kinder sitzen vor dem Fernseher, sehen ihre Lieblingssendung. Es gehört zur Absprache, dass nur ein Film angeschaut wird. Die Kinder spüren die Anspannung ihrer Eltern – und schon kommt ihre Frage: «Dürfen wir noch einen Film sehen?» Wenn man «Nein!» sagt, hat man die Kinder in der Küche um sich, und der Salat wird nicht fertig werden; sagt man «Ja!», hat man ein schlechtes Gewissen! Eine vielleicht pädagogisch nicht korrekte, aber praktische Strategie wäre doch: «Heute gibt es zwei Sendungen für euch! Aber morgen habe ich Zeit, und da gibt es keine!»

» Die Großmutter ist gestorben. Normalerweise schlafen die Kinder im eigenen Bett. Doch nun wollen sie zu ihren Eltern, wollen die Nähe, weil alle so traurig sind. Es ist selbstverständlich, dass man nun Ausnahmen machen muss. Selbst wenn diese Wochen oder Monate dauern und man möglicherweise irgendwann das Gefühl gewinnt, die Kinder würden das auch ausnutzen. Doch Kinder brauchen in krisenhaften Momenten Nähe und Geborgenheit, weil ihnen das jene Kraft gibt, Traurigkeit anzunehmen und zu überwinden.

Sie habe, erzählt mir Elisabeth Schneider, morgens immer dann Stress, wenn sie selber «unter Strom stehe». Normalerweise dürften ihre beiden Kinder, Jannik und Barbara, vier und sechs Jahre alt, trödeln. «Doch wenn's mal drauf ankommt, ich irgendwohin muss, dann ist es schrecklich mit den beiden!» Sie schüttelt den Kopf: «Die müssen das doch wissen, dass es auch mal anders gehen muss!»

«Woher wissen die Kinder, dass Sie es eilig haben?», will ich wissen. Sie denkt kurz nach: «Ach! Sie müssen es doch spüren!»

«Ihre Kinder spüren etwas. Sie spüren, Mama ist heute anders. Aber Ihre Kinder sind sich nicht sicher, woran sie mit Ihnen sind. Sonst wirken Sie morgens ausgeglichen. Jetzt strahlen Sie Gereiztheit aus!»

«Stimmt!», antwortet sie spontan. «Ich kann mich ja auch selbst nicht leiden. Aber was soll ich machen?»

«Es den Kindern am Abend vorher sagen», antworte ich. «Und am nächsten Morgen nochmal: ‹Heute muss es schnell gehen! Morgen könnt ihr wieder trödeln, wie ihr es gewohnt seid!›»

«Aber erschrecken sie nicht, wenn ich so klar bin, bringe ich sie nicht durcheinander?»

«Sie haben sie doch schon durcheinandergebracht! Gestalten Sie Trödel-Morgen und hin und wieder, wenn es sein muss, Zack-zack-Morgen!»

Sie rief mich nach einem Vierteljahr an. Es habe funktioniert. Barbara würde jetzt sogar «Zack-zack-Morgen» haben wollen. Weil sich «Zack, zack!» so witzig anhört. «Und wenn ich jetzt mal langsam bin, dann schreit sie ‹Zack, zack!› und hält sich vor Lachen den Bauch.»

Urlaub – Die Ausnahme von der Regel

Urlaub und Familie – diese Kombination löst bei den meisten Kindern positive Assoziationen aus: kein Kindergarten, keine Schule, Bruch mit gewohnten Abläufen – und trotzdem ein Stück Vertrautheit in der Fremde.

Ähnlich geht es den Eltern. Julianes Mutter hat da ihre Erfahrungen: «Beim Urlaub richte ich mich schon nach den Kindern. Wenn's denen nicht gefällt, dann gefällt es keinem. Urlaub mit den Kindern ist was Schönes. Man soll das genießen, solange man es kann!»

Eltern weisen den Ferientagen mit den Kindern eine große Bedeutung im Jahresablauf zu: Man widmet sich den Kindern mehr und anders als sonst, kann sich entspannter auf sie einlassen, und Stressmomente, die im täglichen Einerlei schnell zu Explosionen führen – sei es die Trödelei am Morgen, die Quengelei über das Essen oder der Nerv mit dem abendlichen Zubettgehen –, bewältigt man mit einer Prise wundersamer Ruhe und denkt sich vielleicht: «Warum kann denn das zu Hause nicht auch mal so zugehen!» Doch sind die Abläufe des Alltags nicht so ohne weiteres auf den Urlaub zu übertragen – und umgekehrt funktioniert es auch nicht. Im Urlaub kann man sich Zeit für sich und andere nehmen. Doch nicht selten führt diese Vorstellung auch zu einer überhöhten Erwartung. So berichtet der Vater von Max, für ihn seien die Ferien mit den Kindern die Abkehr vom Alltag. Er habe normalerweise wenig Zeit für seine Kinder. Der Arbeitsstress nehme einen gefangen. Im Urlaub wolle er dann das Versäumte nachholen, meint er, um dann nachdenklich hinzuzufügen: «Und das kann auch schon wieder in Stress ausarten, wenn man alles richtig machen will, sich und die Kinder damit komplett überfordert!»

Die Urlaubszeit ist eine Zeit, sich zu finden, das Familienleben in all seiner Fülle – und das meint Glücks- und Krisenmomente gleichermaßen – zu erfahren, zu genießen und auch auszuhalten.

Der Urlaub – egal, wo er erlebt wird, ob in der Nähe oder in der Fremde – ist neben Weihnachten und anderen Feiertagen ein für viele Familien vertrautes Ereignis im Jahr. Auch wenn die Ferienzeit Abgrenzung von der alltäglichen Normalität sein soll, so muss sie zugleich Gewohnheiten fortführen oder neue schaffen.

Vor allem gelten im Urlaub andere Regeln als zu Hause. Er ist die Ausnahme von der Regel, wie es Kinder so unnachahmlich ausdrücken können: «Ich kann den ganzen Tag nur spielen und muss nicht für die Schule lernen», lacht der sechsjährige Jannik. «Im Urlaub kann ich mich dreckig machen», schmunzelt der fünfjährige Tom, «und muss mich nicht andauernd waschen!»

Urlaub bedeutet nicht selten die zeitlich begrenzte Aussetzung von Regeln: z.B. die unregelmäßige Essens- und Schlafenszeit, Zeit für sich zu haben, zu dösen, zu bummeln, «rumzuhängen», andere Kleidung zu tragen, unbekannte Umgebungen zu erobern oder in unendlichen Wiederholungen am Bach, am See oder am Meer selbstvergessen zu spielen.

Obgleich im Urlaub andere «Gesetze» gelten, bedeutet dies kein beliebiges laissez faire. Planung und Organisation sind wichtig. Und je jünger die Kinder sind, umso bedeutender ist die Zuständigkeit und Verantwortung der Eltern. Vernünftige Planung berücksichtigt, dass die «Kleinen» keinen Luxus, kein ungewohntes Klima, keine Rundreisen oder anstrengenden Besichtigungen wollen, sondern Zeit zum Spielen, gleichaltrige Kinder, so wie es der sechsjährige Max formuliert: «Da lern ich selber andere kennen. Zu Hause sucht Mama meine Freunde immer aus!» Aber je älter die Kinder werden, umso mehr möchten sie mitbestimmen, desto vordringlicher ist es, sie in die Urlaubsplanung einzubeziehen.

Kinder mögen Urlaub mit und in der Familie, weil man sich in dieser Zeit anders kennenlernt. Und am Ende des Urlaubs ist man vielleicht froh, wenn man die vertraut gewordene Fremde wieder verlässt und sich auf die Freunde im Kindergarten oder in der Schule freut. Aber dann kommen sie eines Tages nach Hause und fragen Mutter oder Vater: «Wann fahren wir wieder dahin, wo es so schön ist?!»

Chancen bieten Familienurlaube immer dann, wenn man diese Zeit als Möglichkeit des Ausprobierens, gar als kleine Utopie sieht, wie es auch sein könnte – aber eben als Ausnahme, nicht auf Dauer.

Ausnahmen sind Überraschungen

Man kann zwei Formen der positiven Ausnahmen unterscheiden:

» um den Blickwinkel der Ausweg- und Perspektivlosigkeit – «Mein Sohn macht immer ...»; «Wie oft soll ich dir das noch sagen ...»; «Ich mache es nie richtig ...» – zu überwinden. Über die Verstärkung positiver Ausnahmen – nach dem Motto: «Mehr vom Guten» – können nach vorn gerichtete Lösungen entwickelt werden, die Eltern wie Kindern das Gefühl des «Ich kann es doch auch!» geben;

» um Überraschungen in die Erziehung zu bringen, indem Sie das Unerwartete tun. Ausnahmen können so spielerisch und auf eine ganz eigene Weise mit Grenzen umgehen.

Herr und Frau Sommer beklagen sich über das «fürchterliche Essverhalten» ihrer beiden Kinder, vier und sechs Jahre alt. «Jeden Tag gibt's abends Stress. Sie spielen mit dem Essen. Absprachen helfen nicht. Nur wenn wir sie lassen, dann ist's okay. Aber das geht auf unsere Kosten.» Als die Sommers sich darauf einigen, dass die Kinder zweimal pro Woche – «Wir nennen es Schweine-Essen» – so speisen dürfen, wie sie wollen, nehmen die Auseinandersetzungen ziemlich schnell ab.

Frau Kaiser hat es, wie sie sagt, «satt». Ihre Tochter zieht sich fürchterlich an: «Meistens läuft sie wie ein Clown herum. Es ist nicht zum Hinsehen.» Beide einigen sich darauf, dass es dreimal in der Woche einen «Clowns-Tag» gibt, an dem sich die Tochter so kleidet, wie sie es möchte.

Grenzüberschreitungen sind Versuche der Orientierung, der Reibung an bestehenden Normen und Werten, des Probehandelns. Sie sind aus der Sicht von Kindern spielerisch-lustvoll, aus der Perspektive der Erwachsenen nur nervig. Die Einführung von Ausnahmen verspricht Lösungen:

» Sie zeigen Verständnis für grenzüberschreitende Aktionen, signalisieren Kindern: «Du bist o. k.!»

» Sie zeigen dem Kind zugleich die Grenzen, die Normen und Werte der Eltern an. Sie verweisen darauf, dass das Verständnis für einen Sachverhalt nicht mit dessen Akzeptanz verwechselt wird.

» Ausnahmen nehmen auf die Bedürfnisse und Wünsche aller am erzieherischen Prozess Beteiligten Rücksicht.

» Ausnahmen bauen auf der Überlegung auf, dass man Veränderungen im Handeln als Weg versteht, bei dem jeder Schritt ein Ziel darstellt.

In einem Kindergarten ist das Team übereingekommen, dass die Kinder Cowboy und Verfolgungsjagden spielen und dabei «schießen» dürfen – wenn auch nur mit selbstgebastelten Pistolen aus «Lego, Hölzern oder Ähnlichem», wie die Erzieherinnen sagen. Gleichwohl gibt es «schießfreie Zonen», Räume, in denen «solche Pistolen» nicht benutzt werden dürfen, in denen entsprechende Spiele untersagt sind. Die Kinder sind von dieser Regel unterrichtet. Zugleich gibt es die Absprache, nur jene Kinder in das «Schießspiel» – so die Meinung der Kinder – einzubeziehen, die dies wünschen. Freiwilligkeit ist oberstes Gebot.

Die Erzieherinnen waren auf das Nebeneinander von «waffenfreier Zone» – wie es eine nannte – und der Akzeptanz von «Waffen» gekommen, weil sie beobachtet hatten, dass das vorher bestehende Verbot, generell nicht mit Pistolen zu spielen, zu Heimlichkeiten oder zu problematischen Tabuisierungen führte. Wenn eine Erzieherin ein Kind beim Spiel mit Pistolen aus Stöcken und «Lego»-Steinen erwischte und es auf die bestehende Absprache hinwies, erhielt sie nicht selten zur Antwort, das sei keine Pistole, sondern nur ein Sprechfunkgerät.

In dieser Grenzüberschreitung – eben des bestehenden Verbots – zeigten sich zwei wichtige Gesichtspunkte: Die Kinder fühlten sich unbewusst nicht mit allen Persönlichkeitsanteilen – z.B. ihren aggressiv-gewaltförmigen – angenommen. Die Missachtung genereller Regeln war ihr Versuch, auf sich aufmerksam zu machen. Das Verbot, gewaltförmige Spiele zu unterlassen, war – wie sich in der Beratung des Kindergartenteams zeigte – allein an den Wünschen und Bedürfnissen der Erzieherinnen ausgerichtet. Dies spürten die Kinder, wurde die Regel doch sehr allgemein – «Man tut das nicht!» – bzw. unter Hinweis auf die anderen, «ruhig» spielenden Kinder aufgestellt. Die Kinder wussten nicht, woran sie waren, sie fühlten sich nicht ernst genommen.

Durch die Ausnahmen werden die verschiedenen Grenzen klarer gestaltet: Die Kinder wissen nun, dass die Erzieherinnen ihre ganz eigenen Probleme mit dem Thema «Gewalt im Spiel» haben. Dies wurde den Kindern erklärt. Die Kinder ihrerseits fühlten sich durch die Erzieherinnen in ihrer ganzen Persönlichkeit angenommen. **Sie hatten das Gefühl, nicht zurückgewiesen zu werden, wenn sie ihre Bedürfnisse nach Wildwest und Verfolgungsjagden intensiv auslebten.** Und durch die Einführung von Regeln beim Spiel – «schießfreie Zone», Freiwilligkeit der Teilnahme – wurde das Spiel nicht einem grenzenlosen Selbstlauf überlassen, den die Kinder möglicherweise als Gleichgültigkeit gedeutet hätten.

Kinder wissen um die Reaktionen von Erwachsenen bei störendem, auffälligem Verhalten. Viele Eltern handeln impulsiv: Sie schimpfen, schreien, leiden mit, trösten ... Meist sind solche – aus der Sicht der pädagogisch Handelnden – verständlichen Reaktionen nicht dazu angetan, problematisches in konstruktives Handeln zu verwandeln. Es kommt vielmehr darauf an, das Nicht-Erwartete, das für das Kind Überraschende zu tun.

Zaubern kann (fast) jeder

Zaubertage sind jene, an denen vieles klappt, wie man es sich wünscht. Sie sind kein Patentrezept gegen Alltagsfrust, gegen materielle und emotionale Unterversorgung, aber sie bieten einen Ausweg, besser: einen ersten Schritt, an; denn zaubern kann (fast) jeder.

Schon das Märchen zeigt: Zaubern setzt ungeahnte Kräfte frei. Frau Albert hatte sich auf einem Elternseminar über ihren Alltag beklagt, über den beruflichen Stress, die gefühlsmäßige Leere, vor allem über materielle Sorgen. Ihr Mann war wie sie ständig von Arbeitslosigkeit bedroht, was zu Reibereien und häufigen lautstarken Auseinandersetzungen führte. Auf die Frage, was wäre, wenn dies alles nicht wäre, meinte sie: «Das wäre zauberhaft.» – «Dann zaubern Sie. Machen Sie sich Ihren Zaubertag.»

Und einige Zeit später erzählt sie mir: «Ich fand das einen ziemlichen Quatsch, wie Sie das damals auf dem Elternabend gesagt haben. Das mit dem Zaubertag. Ich bin dann nach Hause gegangen und hab's meinem Mann erzählt. Der hat nur den Kopf geschüttelt. Tags drauf war wieder fix Stimmung bei uns, der absolute Stress. Mir sind schon fast wieder die Nerven durch, wie immer. Ich war drauf und dran zu schreien. Da sagt mein Mann ganz plötzlich: ‹Jetzt wird das Schreien weggezaubert.› Ich war verblüfft, Marion und Barbara waren's auch. Die meinten: ‹Au ja.›

Und dann war's still. Wir haben überlegt, wie man das Schreien wegzaubern kann. Die Kinder hatten tolle Ideen. Am Ende haben wir ein Krokodil gebastelt, das die Schreie frisst. Und immer, wenn einer nun laut war und zickig, war einer der Krokodilwärter. Das hieß dann: ‹Nun reicht's!› Das ging natürlich nicht jeden Tag. Aber so ein- oder zweimal haben wir's geschafft. Oder wenn die Kinder mal spürten, jetzt ist dicke Luft, dann wollten sie zaubern. Gut, der Stress ist immer noch stark. Aber ich hab gemerkt, ich bin nicht mehr ganz meinen Launen ausgeliefert. Irgendwie kann ich etwas erreichen, wenn ich will. Das tut gut.»

Es soll nicht der Eindruck erweckt werden, als sei jede krisenhafte Situation schnell und mit wenig Anstrengung wegzuzaubern. Wichtig ist mir, dass komplexe Problemkonstellationen, die auf grundsätzliche psychosoziale, individuell meist nicht veränderbare Rahmenbedingungen zurückzuführen sind, durch die Konzentration auf ein Problem bzw. eine Zielperspektive viel von ihrer Ausweglosigkeit verlieren. Die Suche nach und das Durchspielen von (überraschenden) Lösungen stärkt das Selbstwertgefühl, indem es die Verantwortung für das Handeln zurückgibt und gleichzeitig das Gefühl von Machtlosigkeit und Minderwertigkeit relativiert.

Die Einführung und das Durchleben eines «Zaubertages» bei der Familie Albert macht die Vorteile eines lösungsorientierten Vorgehens, wie es vom amerikanischen Therapeuten Steve de Shazer entwickelt wurde, deutlich:

» Der «Zaubertag» stand am Beginn, nicht am Ende des gemeinsamen Weges. Er wurde von den Familienmitgliedern gemeinsam entwickelt.

» Der «Zaubertag» ging nicht an die Ursache des Stresses, er setzte an die Stelle von erlebten und beklagten Unzulänglichkeiten eine veränderte Handlungsperspektive.

» Der «Zaubertag» erweist sich angesichts der komplexen materiellen Krise der Familie als kleine, wenn auch – und das ist entscheidend – lebbare und praktikable Perspektive.

» Schließlich: Was für die Familie Albert beim «Zaubertag» gilt, passt für andere Familien möglicherweise nicht. Das Finden von Lösungen gelingt nur individuell auf dem Hintergrund der ganz spezifischen und besonderen Perspektive einer Familie.

«Peinliche» Situationen

Trotzanfälle zu Hause, das ginge ja noch, erzählt Peter Becker, Vater des dreijährigen Paul. «Aber im Supermarkt. Das ist die reinste Katastrophe. Da fürchte ich mich richtig davor. Wenn ich zum Einkaufen fahre, sage ich mir: ‹Heute passiert nichts!›» Er presst die Lippen aufeinander. «Aber das ist ein frommer Wunsch!»

«Wenn ich so die Ratschläge lese, Gelassenheit bewahren, beim Kind bleiben und so, durchatmen, das ist doch die reinste Theorie. Wenn alle auf einen starren, diese anklagenden Blicke. Ich fühle mich wie am Schandpfahl im Mittelalter!» Melanie Sauter, Mutter des vierjährigen Anton, schaut in die Runde der Eltern, um Solidarität zu erfahren.

Im Supermarkt

Doris Rohde kommt mit ihren beiden Kindern zum Einkaufen in den Supermarkt. Benjamin, vier Jahre, und Michael, sechs Jahre, verwandeln sich, so die Mutter, auf dem Parkplatz «in richtige kleine Ungeheuer. Zu Hause sind sie die normalsten Kinder, aber wenn andere da sind, ist es, als ob sie Zuschauer bräuchten.»

Kaum ist Benjamin aus dem Auto gestiegen, rennt er zum Einkaufswagen, will ihn der Mutter bringen. Michael läuft hinterher, entreißt ihm den Wagen. Geschrei, Gerangel – die Mutter geht dazwischen, nimmt sich Benjamin, setzt ihn in den Wagen;

packt Michael an der Hand, zieht ihn, eher heftig als sanft, hinter sich her. Der tritt um sich, zerrt, schreit lauthals: «Lass mich endlich los!»

Benjamin will mittlerweile aus dem Wagen klettern, die Mutter drückt ihn zurück: «Du tust mir weh. Aua! Aua!» Er brüllt lauthals. Allmählich werden andere Menschen auf den Machtkampf aufmerksam. Vergnügt: «Spannender als Fernsehen», neugierig: «Wie das wohl weitergeht?», kopfschüttelnd: «Völlig überfordert», erleichtert: «Gut, dass ich keine kleinen Kinder mehr habe», autoritär: «Links und rechts was an die Backen, dann sind sie still», sind die höchst unterschiedlichen Reaktionen.

Die Mutter spürt die Blicke, ihr wird heiß, sie fühlt Hektik und Ratlosigkeit in sich aufsteigen.

«Und je mehr ich an die anderen Leute dachte, umso mehr verlor ich die Kinder aus dem Blick», so deutet sie später zutreffend die Situation.

Benjamin hat inzwischen die Strategie gewechselt und erhält mit weinerlich-trotziger Stimme seine Aufmerksamkeit: «Ich will raus.» Er nervt mit schrillen Quengeltönen so lange, bis die Mutter ihn aus dem Wagen heraushebt: «Aber nicht herumtoben! Hörst du!» Benjamin hört natürlich nicht, denn kaum steht er mit beiden Beinen auf dem Boden, reißt er sich los, verschwindet hinter einem Regal. Michael hinterher.

«Ihr könnt mir helfen. Holt dahinten eure Salzstangen.» Frau Rohde erklärt: «Damit hatte ich gute Erfahrungen gemacht. Wenn ich sie ablenkte, waren sie ruhiger, und ich konnte meine Sachen wenigstens einigermaßen erledigen.» Frau Rohde packt schnell ein paar Lebensmittel ein, weil sie mit «beiden Ohren immer bei den Kindern» ist.

Doch braucht sie dieses Mal nicht beide Ohren: Lautes Geschrei ertönt hinter den Regalen. Benjamin und Michael streiten sich um Tüten, zanken darüber, wer welche und wie viele nehmen soll. Sie schubsen sich – bis Benjamin rücklings in einen hohen Stapel mit Chips, Salzstangen und anderem Knabbergebäck fällt.

Die Mutter reißt ihn hoch. Wutentbrannt und außer sich, versetzt sie Michael ein paar heftige Klapse auf den Po.

«Na endlich», hört sie eine Frau neben sich sagen.

«Unmöglich, man schlägt keine Kinder», entrüstet sich eine andere. Nun weint auch Michael – aus Wut, aus Enttäuschung, aus Schmerz. Benjamin befreit sich aus seiner misslichen Lage, rappelt sich hoch, läuft auf seinen Bruder zu, tritt ihm voll gegen das Schienbein – und lächelt.

«Bist du denn verrückt geworden», faucht sie Benjamin an, reißt ihn herum und hält ihn mit beiden Händen offensichtlich schmerzhaft am Handgelenk fest.

«Aua! Aua! Mama, du tust mir weh.» Benjamin zappelt, gleichwohl vergeblich. Der Griff der Mutter bleibt fest – bis eine ihr unbekannte Frau sich vor sie stellt und gereizt meint: «Nun seien Sie nicht so grob!»

«Der hätte ich bald eine gescheuert!», erinnert sich Doris Rohde im Nachhinein. Benjamin reißt sich los, geht zwei Schritte zur Frau, baut sich vor ihr auf und streckt ihr die Zunge heraus. Kopfschüttelnd dreht diese ab. – «Benjamin», ruft die Mutter mit einer Mischung aus Entsetzen und Überraschung. «Das macht man nicht!» «Dabei», so die Mutter im Nachhinein, «hat er genau das gemacht, was ich mich nicht traute.»

«Tja, irgendwie sind wir raus aus dem Supermarkt. Ich war schweißgebadet, spürte beim Verlassen der Halle die Blicke, mitleidige, ärgerliche, spöttische ...» Benjamin und Michael halfen beim Schieben des Wagens und lächelten sich dabei verschmitzt an. – «Und im Auto waren sie die nettesten Kinder der Welt, *meine* Kinder.»

Eine Situation, wie sie so oder ähnlich viele erleben – und immer bleibt am Ende ein Gefühl absoluter Hilflosigkeit. «Es ist», so die Mutter, «als ob sie wirklich Zuschauer bräuchten!» Kinder testen Grenzen durch Versuch und Irrtum aus – dies insbesondere in Situationen, wo, ohne verlässliche Regeln, klare Grenzen fehlen oder in denen Erwachsene unklar oder unsicher handeln und sich danach richten, was Umstehende erwarten.

Kinder haben ein sehr feines Gespür für diese Unsicherheit. Sie fühlen: «Mama oder Papa würden anders handeln, wenn ich mit ihnen allein wäre. Sie nehmen mich nicht ernst, nicht ich bin ihnen wichtig, sondern die anderen.» Und da Kinder diesem Gefühl in der Regel keinen sprachlichen Ausdruck verleihen können, verletzen und überschreiten sie so lange Grenzen, bis ihnen Aufmerksamkeit gewiss ist.

Michael und Benjamin hielten sich im Haus an Regeln, sie waren Absprachen und Rituale gewohnt. Auch Doris Rohde verhielt sich in vertrauter Umgebung konsequent.

«Ich will es allen zeigen», entfährt es ihr spontan, als ich die Frage stelle: «Wollen Sie anerkannt sein?» – «Ich will es besonders gut machen!» Und sie fährt fort: «Wissen Sie, ich war zehn Jahre als Erzieherin hier im Kindergarten tätig, habe viele Gespräche mit Eltern über Erziehung geführt und so.» Sie atmet tief aus.

«Tja, und nun will ich's eben allen zeigen: Ich kann's nicht nur theoretisch. Ich kann's auch praktisch. Und zu Hause klappt es ja auch, aber wenn Leute da sind, vor allem welche, die ich kenne.»

Der Versuch, von allen nicht nur anerkannt, sondern geradezu geliebt zu werden, führt zu der fixen Idee, dass es keinen geben darf, der einen ablehnt, der negativ über einen redet. Die Folge: Man stuft sich herab, verleugnet eigene Bedürfnisse und macht sich in seinem erzieherischen Handeln von anderen abhängig. «Mama ist so komisch beim Einkaufen», so hat es Michael ausgedrückt. Und an einer anderen Stelle sagt er: «Die sieht mich gar nicht. Die hört nicht zu.» Doris Rohde handelt nicht so, wie sie möchte, sondern so, wie sie meint, andere würden es von ihr erwarten. Dabei macht sie sich gefühlsmäßig von der Zuwendung anderer, ihr völlig fremder Menschen abhängig. Sie setzt und formuliert nicht mehr jene Grenzen, die sie als bedeutsam erachtet. Sie handelt unsicher, weil sie – indem sie auf eigene Bedürfnisse verzichtet – sich von anderen (vermuteten) Meinungen abhängig macht.

«Was ist das Schlimmste, was Sie sich in einer solchen Situation ausmalen könnten?», frage ich. – «Dass alle schlecht über mich reden!» – «Alle? Der ganze Ort?» – Sie grinst: «Na, schon viele!» – «Gibt's noch schlimmere Bilder?», frage ich. – Sie denkt nach, ihre Augen wandern hin und her, dann lacht sie: «Manchmal denke ich mir, die warten im Supermarkt schon auf mich, wie ich dienstags und freitags mit den Kindern komme. Ja, die kaufen nur noch ein, weil ich komme. Ich bin besser als diese komischen Sendungen im Fernsehen, wo nur noch geschrien wird. Wenn ich mir das vorstelle», sie hält die Hände vors Gesicht, «die kommen nur wegen meiner Action. Stellen Sie sich das einmal vor.»

Ich verstärke das Bild: «Tausende von Menschen stehen auf dem Parkplatz vom Supermarkt, in der Stadt hängen Plakate: Am Freitag versucht Frau Rohde, ihre Kinder zu erziehen. Eintritt kostenlos. Chaos garantiert. Frau Rohde referiert im Anschluss über Theorie und Praxis in der Kindererziehung.»

Sie hat die Hände noch vor dem Gesicht. «Wahnsinn!», murmelt sie. «Einfach Wahnsinn!» Sie ist still, wirkt nachdenklich.

«Können Sie sich das vorstellen?» – «Was? Ich soll das machen?!» – «Nein! *Vorstellen!* Plakat aufstellen! Alles in Gedanken! Sich vorstellen, wie die Leute Sie auf dem Parkplatz empfangen!» – Sie ist still, sagt nichts mehr, ihr Blick geht nach innen, sie schmunzelt: «Ich stell schon Plakate auf den Straßen zum Supermarkt auf!»

Zwei Wochen später berichtet sie: «Ich hatte die ganze Straße zum Supermarkt mit den Plakaten vollgestellt. Auf dem Weg dorthin habe ich sie richtig gesehen. Heiß und kalt war mir. Michael und Benjamin waren anders als sonst – als hätten sie die Plakate auch gesehen. Und je näher ich dem Supermarkt kam, umso aufgeregter wurde ich. Und dann bin ich auf den Parkplatz gefahren, Tausende Menschen waren da. So richtige Geier. Und ich hab alle gegrüßt. Habe ganz generös mit den Händen gewunken. Also, ich muss wohl auch wirklich mit dem Kopf genickt haben, weil Michael meinte: ‹Mama, wen grüßt du denn? Ich seh da keinen.› Da hab ich laut losgelacht. Und der Kleine hat auch gelacht.»

«Und?» – «Ich bin ganz selbstbewusst ausgestiegen, Benjamin trug den Korb, Michael holte den Wagen. Es war ein Friede, die waren ganz anders als sonst!»

Frau Rohde ging in den Supermarkt: «Ich glaube, einige waren enttäuscht, weil's keine Krise gab.» Sie lächelte. «Als wir dann bei den Salzstangen vorbeikamen, streckte Benjamin plötzlich die Zunge raus. ‹Weißt du noch, Mama, neulich!› Michael sagte beim Hinausgehen: ‹Du bist heute so anders, Mama. Du hast richtig gelacht, sonst drehst du immer gleich durch.›»

«Irgendwie musste ich das nun ganz zu Ende bringen», sagte Frau Rohde. «Ich hab mir dann auf dem Parkplatz nochmals die Leute vorgestellt, ins Publikum gewunken. Und das war so automatisch, ich hab es wirklich gemacht. Und die Kinder auch. Und wissen Sie, es gibt ja keine Zufälle. Just in dem Moment, wo wir alle drei winken, kommt diese blöde besserwisserische Kuh von neulich auf den Parkplatz gefahren. Mein Gott, hab ich gedacht, was die jetzt wohl denkt?» Sie stockt kurz: «Die denkt wohl, ich bin völlig abgedreht. Bin ich ja auch!»

Die Abhängigkeit von anderen blockiert das Handeln. Subjektive Bewertungen, z. B.: «Wenn alle meinen Fehler sehen, dann ist das schlimm», führen zu Selbstvorwürfen. Man konstruiert eine virtuelle Realität, die nur mit eigenen Ängsten und Unsicherheiten zu tun hat.

Benjamin und Michael haben ihre Mutter nun als authentisch und klar erlebt. Doris Rohde hat ihre schlimmsten Phantasien durchgespielt und dabei festgestellt: Das Leben geht weiter.

Die Situation verdeutlicht noch etwas anderes: Benjamin und Michael haben eine Mutter erlebt, die zu ihren Gefühlen, die zu ihren Schwächen und Fehlern steht. Aber sie haben zugleich eine Mutter erfahren, die von ihren Kindern gelernt hat: von deren Spontaneität, Intuition und Fähigkeit, ständig für Überraschungen gut zu sein.

«Manchmal muss man wirklich ganz ungewöhnliche Wege gehen», erzählt Ines Krause. «Ich hab nicht gedacht, dass die helfen.» Sie sieht mich an.

Sie war neulich bei mir in der Beratung, weil ihr fünfjähriger Tobias seine Trotzanfälle jeden Freitag im Supermarkt bekam. «Man konnte die Uhr danach stellen.» Mit Absprachen, mit Belohnungen, aber auch mit Drohungen sei da nichts zu machen.

«Nun habe ich bei Ihnen gelesen, man solle sich dazuschmeißen.» Sie schüttelt den Kopf; also, das ginge zu weit, das könne sie nicht.

Ob es denn nicht eine andere Lösung gäbe, will sie von mir wissen. – «Ich hab von einer gehört», antworte ich, «aber die ist noch schwieriger!» – «Erzählen Sie!», fordert sie mich auf. – «Das nächste Mal, wenn Tobias am Boden liegt, schauen Sie sich um. Da steht bestimmt eine Frau, die sehr klug aussieht, vielleicht auch ein Mann. Wahrscheinlicher aber eine Frau ...»

«Tja, wir Mütter gehen schon sehr unsolidarisch miteinander um ...» – «Manchmal schon», bestätige ich. «Auf diese Frau gehen Sie zu und sagen ganz ruhig: ‹Sie sehen so klug aus, helfen Sie mir!›» – «Was denken dann wohl die anderen?», entfährt es ihr spontan.

«Was meinen Sie, was die anderen jetzt schon denken?», entgegne ich. – «Sie haben recht, schlimmer kann es eigentlich nicht mehr werden.» Sie denkt nach. «Aber ob ich das kann?»

Nun sitzt Ines Krause wieder vor mir. «Vor drei Wochen. Da habe ich es gemacht. Irgendwie habe ich gespürt, das war mein Tag: ‹Ines›, habe ich zu mir gesagt, ‹heute machst du es!›»

Sie lächelt: «Tobias am Boden, diese Hexe war wieder da. Ich bin auf sie zu: ‹Sie sehen so klug aus, helfen Sie mir!›» – «Und?», bin ich neugierig. – «Tobias ist sofort aufgesprungen, hat gesagt: ‹Die kann dir auch nicht helfen!›»

«Und lag Tobias seitdem wieder an der Kasse?» – «Nein, wenn wir an der Kasse stehen, fragt das Schlitzohr: ‹Soll ich?›» – «Was sagen Sie?» – «‹Meinetwegen, aber dahinten steht die Hexe!› Dann schaut er sie an und winkt ihr zu!»

Beim Autofahren

Das mit dem Supermarkt, das sei schon heikel, lacht Erika Weinhold, als sie die Geschichte von Ines Krause hört. Ohnmächtiger und hilfloser fühle sie sich, wenn sie mit ihren beiden Kindern im Auto sitze. «Ich muss fahren, nach vorne schauen, und hinten sitzen Jan und Tobias und machen Firlefanz. Das ist dann das reinste Chaos. Ich ermahne sie zwar vorher, anständig und ruhig zu sein. Aber es hilft nur manchmal. Ich werde laut, dann habe ich wenigstens einen Augenblick Ruhe. Aber das stumpft auch ab.»

Marianne Holzner kann das bestätigen. Zwar habe sie nur den dreijährigen Manuel, der gerade mitten «im besten Trotzalter» sei. «**Der spürt, dass ich ihm beim Autofahren ausgeliefert bin.** Da ist man irgendwie am Limit. Der weiß ganz genau, dass ich mich jetzt nicht so um ihn kümmern kann. **Das nützt er aus.** Das fängt mit dem Anschnallen an, und kaum sind wir vom Grundstück, quengelt und quakt er dahinten. So ruhig er zu Hause sein kann – im Auto ist er die Ungeduld in Person. Diese ständigen Fragereien: ‹Wann sind wir da? Wie lange noch?›, diese Proteste: ‹Mir ist so warm! Ich habe Durst!›, dieses Gewühle und Gezerre. Dann habe ich ihm Spielzeuge mitgegeben, weil das die Kinder ablenken soll, hab ich gelesen, aber die benutzt er irgendwann als Wurfgeschosse. Dann habe ich mit ihm gesungen, seine Lieblingslieder, aber da hat er sich nach einiger Zeit die Ohren zugehalten und nur noch laut herumgelallt. Dann habe ich ihm seine beiden Lieblingsbücher in die Hand gedrückt, aber die flogen irgendwann auch nach vorne zu mir. Wenn mein Mann fährt, setze ich mich zu ihm nach hinten, dann funktioniert es.» Sie lacht. «Wenigstens einigermaßen!»

Sie verstehe die Kinder ja, berichtet Beatrice Schiller von ihren Erfahrungen. «Denen ist es auch langweilig. Aber man kann doch nicht immer Programm machen, oder?» Frau Schiller hat zwei Kinder: Janina, fünf, und Paula, drei Jahre. «Die sind doch jetzt in dem Alter, wo sie auch mal für sich allein sein können. Oder ist das zu viel verlangt?» Sie schüttelt den Kopf. «Ich meine nicht. Eine viertel oder eine halbe Stunde, das kann man doch nun wirklich mal erwarten ... Aber die schaukeln sich dahinten hoch. Meist ärgert Janina die Kleine. Die weiß genau, wie sie sie zum Reagieren bringt: mal hier eine kleine Stichelei, mal dort ihr was wegnehmen. Wenn Paula sie anschaut, ist Janina das schon zu viel. ‹Schau weg, du blöde Kuh!› oder ‹Du bist ein Hosenscheißer!› sind noch die liebenswürdigsten Gemeinheiten auf der Rückbank.» Beatrice Schiller redet sich in Rage. «Paula kann sich natürlich nicht wehren. Erst fängt sie an zu weinen, dann schmeißt sie mit dem, was sie in den Händen hält, trifft Janina natürlich nicht. Die lacht hämisch, und in der Folge brüllt Paula noch lauter. Manchmal habe ich schon das Radio aufgedreht, aber das kümmert Janina nicht, die Musik scheint sie eher anzufeuern.» Sie atmet tief aus: «Neulich bin ich rechts rangefahren, hab mich umgedreht und sehr ernst geschaut: ‹Ich finde es eine Sauerei von euch. Ich muss hier fahren, mich konzentrieren, und ihr stört mich dabei. Ich erwarte Ruhe, absolute Ruhe, sonst drehen wir um.›» Sie schmunzelt. «Und es war Ruhe. Aber beim nächsten Mal ging's von vorne los. Da habe ich einen draufgesetzt: ‹Wenn nicht sofort Ruhe ist, fahre ich wieder nach Hause.› Sie gaben keine Ruhe. Da bin ich umgedreht, aber das konnte ich nur machen, weil der Termin unwichtig war. Ein Patentrezept ist das ja auch nicht!» Sie zuckt mit den Schultern: «Dieses verdammte Auto!»

Hubert Müller lacht laut, als er das hört. Mit dem Fahrrad sei das auch nicht viel anders.

Die anderen Eltern schauen irritiert. «Wie, mit dem Fahrrad?»

«Na, mit dem Fahrradanhänger», erklärt Hubert Müller, Vater von Erik und Thomas, vier und zwei Jahre alt. «Ich fahre viel mit dem Fahrrad, und die beiden kommen in den Anhänger, das neuste Modell. Aber es gibt ständig Zoff. Und das ist ja gefährlich, wenn die dahinten auf den Putz hauen. Wenn der Wagen umkippt, dann fallen wir alle. Die sitzen hinten so dicht beieinander. Da versteh ich den Satz, wonach Enge aggressiv macht. Ich habe mit den beiden vor jeder Fahrt geredet, mit Engelszungen, habe Belohnungen angekündigt, auch mal gestraft.» Er hebt resignierend die Schultern. «Konsequenzen sind mir wirklich nicht eingefallen.» Er grinst: «Eines Tages hatte ich die Faxen dicke. Ich hab mir eine kleine Sperrholzplatte gesägt und die in die Mitte des Wagens gesetzt. Jetzt konnten sie sich nicht mehr sehen, nicht berühren.» Hubert Müller sieht in die Runde, natürlich wisse er, das sei pädagogisch nicht besonders wertvoll, «aber ich hatte nun meine Ruhe.»

Marianne Holzner hat es auf den Punkt gebracht, als sie sagte: «Beim Autofahren ist man irgendwie am Limit», soll heißen: Es gibt Alltagssituationen, da hilft es wenig, über angemessene pädagogische Konsequenzen nachzudenken – praktisch-pragmatisches Denken ist angesagt. Für seine Sperrholzplatte bekommt Herbert Müller nicht den pädagogischen Oscar verliehen, aber er hatte seine Ruhe bis zum Ende der Fahrt, während Marianne Holzner es richtig machen wollte und ihrem Manuel Spielsachen mitgab, die ihr unversehens um die Ohren flogen.

Allerdings gilt auch hier: Was in einer Familie hilft, kann in einer anderen ganz fehl am Platz sein. Aber meistens hat die Ohnmacht, die in diesen Situationen bei Eltern aufkommt, damit zu tun, dass man alles und jedes im Griff haben möchte. Doch erweist sich das als Irrtum. Wer mit Kindern auf der Rückbank Auto fährt, der sollte loslassen – nämlich die Überzeugung, jede Situation mit seinen erzieherischen Vorstellungen im Griff zu haben.

«Da haben Sie absolut recht», schmunzelt Olivia Richter. «Loslassen wäre das Zauberwort.» Theoretisch wisse man doch alles: mehrere Stopps einlegen, MP3-Player für jeden, Bücher, Puzzle, wenn man zu zweit ist, würde sich einer der Erwachsenen auf die Rückbank setzen oder «an den Straßenrand fahren, wenn's hinten zu laut wird, abwarten, bis auf der Rückbank Ruhe eingekehrt ist». Sie presst die Lippen aufeinander: «Hört sich gut an! Ist ja auch richtig. Und vieles funktioniert ja auch», sie stockt, «aber eben nicht immer. Neulich war's bei mir so weit. Es war heiß. Ich bin mit meinem Patrick, vier, unterwegs auf der Autobahn. Da kommt diese blöde Baustelle. Und natürlich ein Riesenstau. Nichts ging mehr. Rein gar nichts! Patrick blieb zunächst ruhig. Aber es bewegte sich nichts. Dann wurde es stickig im Auto!»

Patrick fing an zu quengeln: «Will raus! Will raus! Mir ist warm!» – «Hier ist Saft!» Olivia Richter reicht ihm die Flasche nach hinten. – «Der ist warm!» Er lässt die Flasche fallen, der Saft läuft aus. – «Patrick! Verdammt!», schreit die Mutter. Sie nimmt sich in der Lautstärke zurück: «Dann hör deine Lieder nochmal!» – «Nein!»

«Patrick! Bitte! Ich kann auch nichts dafür!» Die Mutter blickt ungeduldig. – «Wann geht es weiter?» – «Ich weiß es nicht!» – «Warum weißt du das nicht?» Die Mutter zuckt mit den Schultern. – «Warum weißt du das nicht?» Sie schweigt.

«Ich hab Hunger!», quengelt Patrick. – «Im Rucksack ist ein Brötchen!» – Patrick sucht danach. «Find ich nicht!» – «Schau genau hin!» – «Tu ich!»

«Patrick! Bitte!» Sie atmet schwer aus. «Ich kann doch nichts dafür, dass wir hier stehen!» – «Will raus!» Er nestelt am Sicherheitsgurt. – «Patrick! Bitte!» – Er löst den Gurt. – «Patrick!», beruhigt sie. «Verdammt nochmal!»

Hilflos sei sie gewesen, erinnert sie sich später. Tausend Gedanken seien ihr durch den Kopf geschossen: Patrick auf der Autobahn.

Und dann, mit einem Mal, habe sich die Autokolonne ganz langsam weiterbewegt. Patrick saß wieder ganz ruhig hintendrin. – «Und ich war fertig!» Sie schüttelt den Kopf: «Da sah ich vorne eine Nothaltebucht. Ich bin da rein. Habe nur noch geheult wie ein kleines Kind. Patrick hockte vergnügt hinten auf seinem Sitz. Hatte sich wieder angeschnallt!»

Da hielt hinter ihnen ein Polizeiwagen. Ein Polizist stieg aus, sah sie weinen und fragte: «Ist etwas passiert? Kann ich helfen?»

«Mama hat schwache Nerven», ruft Patrick von der Rückbank. «Kann keinen Stau und keine Hitze aushalten.» Er macht eine Pause: «Papa sagt, das ist bei Frauen so!» Er sieht den Polizisten an: «Stimmt das?» Bevor dieser antworten kann, lacht Patrick: «Fährst du uns jetzt weiter?»

Als die Geschichte zu Ende ist, nicken andere Eltern. Und eine Mutter meint zustimmend: «Hinterher kann man drüber lachen. Aber wenn du mittendrin steckst, dann schmorst du wie in der Hölle, und du denkst, hört das denn niemals auf!»

Unterschiede und Uneinigkeit in der Erziehung

«Mein Mann und ich sind uns in Erziehungsfragen nicht einig. Er reagiert nachgiebiger oder gelassener als ich! Schadet das den Kindern?» So lautet eine häufig gestellte Frage von Eltern.

Die Begegnung von Kindern mit ganz unterschiedlichen Erziehungsvorstellungen gehört zu ihrem Alltag. Und genauso alltäglich ist die Erfahrung, dass sich Erziehungsbeziehungen verschieden gestalten: Der Kontakt zu Eltern ist ein anderer als der zur Erzieherin oder Lehrerin, der zu den Großeltern ein anderer als zu den Bekannten. Das Kind erfährt unterschiedliche Erziehungsstile, indem es sie als gelebte Modelle spürt. Es lernt zu vergleichen; es erfährt, welches Modell angemessener ist. Die Begegnung mit unterschiedlichen Erziehungsstilen macht Kinder realitätstüchtig, gibt ihnen Selbstbewusstsein und Selbstvertrauen, sich in verschiedenen Situationen des Alltags zurechtzufinden und zu behaupten. Allerdings müssen bei aller Unterschiedlichkeit einige Grundsätze beachtet werden:

1. Kinder müssen wissen, an wen bzw. woran sie sich in welchen Situationen zu halten haben. Besteht hier keine Einigkeit, können sie keine sicheren Beziehungen aufbauen.

2. Unterschiedliche Einstellungen dürfen von Erwachsenen nicht dazu missbraucht werden, sich beim Kind einzuschmeicheln – «Bei mir darfst du mehr ...» – oder die andere Bezugsperson gefühlsmäßig herabzusetzen – «Ich bin netter zu dir als ...» Dies führt zu Loyalitätskonflikten.

3. Unterschiedliche Erziehungsstile können nur auf der Basis von verbindlichen Grundprinzipien, die für alle Beteiligten gelten, praktiziert werden: Wenn Vater einen Laissez-faire-Stil praktiziert, Mutter dagegen fest und konsequent auftritt, dann kann das dazu führen, dass Kinder ihre Eltern gegeneinander ausspielen.

Einige Grundsätze will ich nun an beispielhaften Situationen konkretisieren.

Szene am Mittagstisch der Familie Schnur. Anwesend sind Peter Schnur, seine Frau Mirte und Patrizia und Ole, fünf und acht Jahre alt. Der Vater kommt jeden Mittag nach Hause. Er bringt immer eine gewisse Hektik mit von der Arbeit, alles muss schnell gehen. Da er am Schalter einer Kasse arbeitet, mit viel Lärm konfrontiert ist, wünscht er absolute Ruhe. Zudem möchte Peter Schnur, dass die Kinder aufrecht sitzen, nicht mit dem Essen spielen und erst fragen, bevor sie aufstehen.

Mirte Schnur legt zwar auch Wert auf eine «gewisse Etikette», aber «ich habe da andere Maßstäbe. Die dürfen sich auch mal mit dem Arm aufstützen, mal mit Kartoffeln und Soße matschen, so eng sehe ich das nicht.»

Deshalb gibt es eine Absprache: Wochentags ist Mirte Schnur für die Tischrituale zuständig, am Wochenende der Vater. Und trotzdem gibt es immer wieder Stress.

Die Familie sitzt am Tisch. Es ist Donnerstag. Die Suppe wird in die Teller gefüllt. Die Mutter bringt den Topf zurück auf den Herd. Ole dauert es zu lange. Er fängt an, mit dem Löffel in der Suppe zu spielen.

Peter Schnur schaut ernst, sagt aber nichts.

«So, nun guten Appetit», eröffnet die Mutter das Essen. Ole hat ganz offensichtlich Hunger, er schlürft die Suppe geräuschvoll. «Ole, etwas leiser, bitte», mahnt die Mutter in ruhigem Ton. Doch ihm schmeckt es. Und das hört man. Peter Schnur schaut seine Frau missmutig an. Ole macht unverdrossen weiter, so als tangiere ihn das überhaupt nicht.

Der Vater atmet laut und vernehmlich aus.

«Ole, ein bisschen leiser!», ermahnt die Mutter noch einmal. Ole mäßigt sich etwas.

«Wird aber auch Zeit», erklärt Peter Schnur genervt. «Dein Essverhalten gleicht dem einer Sau!» – «Schwein, Papa! Oder besser: Eber!», kontert Ole. – Patrizia hat den Mund voll Suppe und prustet los, als sie Oles kecke Antwort hört: «Eber!»

Peter Schnur trifft eine Suppenfontäne. Vorwurfsvoll schaut er seine Frau an: «Das ist das Ergebnis deiner Erziehung! Hier!» Beleidigt zeigt er auf sein beflecktes Hemd.

Ole und Patrizia lachen, verstummen aber sofort, als sie die finstere Miene des Vaters sehen. – «Das ist nicht zum Lachen, verdammt!» Und zu seiner Frau gewandt: «Ich weiß wirklich nicht, warum ich mir diesen Stress hier antue!» Um nach einer Pause hinzuzufügen: «In der Kantine hab ich's ruhiger.»

Mirte Schnur zuckt mit den Schultern, um dann mit abgeklärter Stimme hinzuzufügen: «Das ist deine Wahl. Du kannst hier essen! Oder dort! Aber du musst dich entscheiden!» – «Bitte hier essen, Papa!», fleht Patrizia. «Das ist viel schöner!» – «Dann müsst ihr euch aber auch ruhig verhalten!», erklärt der Vater, Patrizia ernst anblickend.

Ole hat in der Zwischenzeit die Suppe gegessen. Sie hat ihm ganz offensichtlich geschmeckt. Er nimmt seinen Teller hoch und leckt die Speisereste genussvoll aus.

«Das gibt's doch wohl gar nicht», schnauft der Vater. «Mirte, siehst du das!» Er schüttelt den Kopf. «Unglaublich! Wie ein Schwein!»

Ruhig stellt Ole seinen Teller zurück, leckt sich die Lippen ab: «Lecker, Mama!» Und an den Vater gerichtet: «Eber, Papa!» – «Meinetwegen Eber!», zischt Peter Schnur. – «Papa?», sagt Ole ganz ruhig. – «Was ist?», will der Vater gereizt wissen.

«Du, Papa, heute ist Donnerstag. Und erst übermorgen hast du am Tisch was zu sagen.» Ole macht eine Pause. «Dann esse ich wie du!» Er setzt sich aufrecht hin, nimmt Messer und Gabel und mimt den vornehmen Esser.

Am Abend desselben Tages: Mirte Schnur spricht ihren Mann nochmals auf die mittägliche Situation an. «Du musst dich an Absprachen halten, Schatz», erklärt sie ihm. «Sonst bringst du die Kinder durcheinander. Sie wissen nicht, woran sie sind.»

Er sieht einigermaßen zerknirscht aus. «Weiß ich, aber ich kann da nicht aus meiner Haut.» Er denkt nach: «Außerdem will ich meine Ruhe!» – «Dann iss doch in der Kantine. Und am Wochenende halten sich die Kinder an deine Vorgaben!»

Man einigt sich schließlich darauf, dass der Vater dreimal in der Woche in der Kantine isst und zweimal nach Hause kommt.

Die Familie Schnur hat prinzipiell vieles richtig gemacht. Herr und Frau Schnur waren sich ihrer unterschiedlichen Einstellungen zum Essen bewusst. Daraus resultierte eine Absprache, um die Kinder nicht zu verwirren – Absprachen, an die der Vater sich freilich nicht hielt. Daraus ergab sich Stress; Ole fühlte sich geradezu provoziert, seinen Vater vorzuführen.

Die Mutter hat ihren Kindern durch ihre Worte, vor allem durch ihr Handeln, ein Modell vorgelebt: Wer die Verantwortung trägt, ist Bezugspunkt und Ansprechpartner.

Unterschiedliche Einstellungen und Erziehungsstile zu praktizieren schließt ein, Unterschiede zu tolerieren. Vera Krüger hatte sich mit ihrem Mann darauf geeinigt, er sei für die Ordnung im Kinderzimmer verantwortlich. «Ich rassle ständig mit den beiden zusammen. Mein Mann ist da gelassener. Das gebe ich zu.»

Die Arbeitsteilung funktioniert, die gereizte Atmosphäre, die sich am chaotischen Kinderzimmer entzündet, entspannt sich zunehmend – dafür braut sich ein anderes Gewitter zusammen. Vera Krüger hat andere Ordnungsstandards als ihr Mann: «Ich bin großzügiger», sagt er, «aber es sieht auch aufgeräumt aus.»

Als die Krügers diese Situation auf einem Seminar vorstellen, versuchen wir, einen Weg zu finden, dass Frau Krüger die Verantwortung an ihren Mann abtreten kann. Sie sagt: «Wenn ich's nicht seh, dann ist's mir auch egal», und daraus entwickelt sie ihre Lösung.

«Dann gehen Sie nicht hinein!», sage ich. – «Oder ich schau nicht so genau hin!», ergänzt sie.

Vera Krüger schaffte es. Das Thema «Aufräumen» wurde unwichtiger, gemeinsam hatte man einen Weg gefunden, wie jeder mit seinem Stil leben konnte.

Das Gleiche gilt für die anderen Erziehungsstile der Großeltern. Viele Eltern flippen aus, wenn die Kinder von Oma und Opa kommen und im Brustton der Überzeugung sagen: «Da kann ich viel mehr, da will ich hin!» Vater und Mutter fluchen dann – anstatt den Kindern zu sagen: «Du kannst dahin ziehen!»

Weil sie sich über die großzügigen Großeltern ärgern, versuchen manche Eltern, ihre Eltern noch zu erziehen – etwa, wenn das Kind bei Oma und Opa abgegeben wird: «Mutti, ich hab dir noch Saft mitgebracht, damit Simon bei dir nicht immer Cola trinken muss!», um voller Ernst hinzuzufügen: «Und dass Opa nicht immer so lange fernsieht. Neulich musste ich mit Simon den Nachtkrimi aufarbeiten.»

Dass man Kindern durchaus die Verschiedenartigkeit von Erziehungsstilen zumuten kann, macht Sophia, fünfeinhalb Jahre, deutlich. Bei ihrer Oma darf sie die «Sendung mit der Maus» sehen, «dann ist Schluss», wie die Großmutter unmissverständlich feststellt. Zu Hause bei den Eltern erlaubt der Vater noch als «Schmankerl» eine Zugabe aus Janoschs «Oh, wie schön ist Panama!».

Sophia hält sich strikt an diese unterschiedlichen Anweisungen. Als die Oma einmal bei Sophia als Babysitter tätig ist – Sophias Eltern sind auf einer Party zu Gast –, schaut sich Sophia zunächst die «Sendung mit der Maus» an. Als diese zu Ende ist, bittet sie Oma: «Leg noch die andere Kassette ein!» – «Welche?», fragt die Oma spitz. – «Oh, wie schön ist Panama!», gibt Sophia selbstverständlich zurück.

«Das gibt es jetzt nicht mehr!», erklärt die Großmutter bestimmt. Sophia lächelt ihre Oma freundlich an und kontert: «Oma, du bist hier bei uns. Hier hast du nichts zu sagen!»

Unterschiedliche Auffassungen über Erziehung haben nichts damit zu tun, dass die einen besser, die anderen schlechter erziehen. Die Verschiedenheit hat vielmehr mit Nähe und Distanz zu den Kindern zu tun. Je näher man einem Kind ist, je mehr man in Alltagsgeschäfte involviert ist, je mehr man mit den Kindern Normalität er- und durchlebt, umso häufiger erfährt man Erziehung als Stress, umso mehr kennen die Kinder die Schwachpunkte von Vater und Mutter.

Väter: Distanz als Chance

Distanz führt manchmal zu mehr Gelassenheit und Großzügigkeit. Und hier liegt die Chance väterlicher Beziehung zu den Kindern, sind sie es doch, die aufgrund des (noch immer meist den Männern/Vätern vorbehaltenen) Vollzeitjobs weniger Zeit mit den Kindern verbringen. Distanz meint nicht die Abwesenheit von Emotionalität und Tiefe. Aber eine distanzierte Beziehung muss gepflegt werden – sie kann in Ritualen aufgehoben sein.

Der Hinweis mancher Väter, sie seien zeitlich eingebunden und könnten deshalb keine Beziehung zu ihren Kindern aufbauen, zieht meines Erachtens nicht. Viele Kinder sehen gerade darin eine Chance: Während die Mutter häufig alles und jedes sieht, sich in Details verhakt, kann der Vater mütterliche Macht relativieren (aber nicht: in Frage stellen). Er kann andere Schwerpunkte setzen. Dazu sind aber zwei Grundhaltungen vonnöten:

» Der Vater muss Zeiten und Räume schaffen, in denen er sich verantwortlich fühlt, Zeiten und Räume, in denen die Mutter sich aus der Kindererziehung «guten Gewissens» ausklinken kann: z. B. den kinder- und männerfreien Abend oder den Kurzurlaub. Wenn man einmal ein paar Stunden, ein paar Tage von den Kindern entfernt ist, dann – so eine Mutter – «werden aus meinen Monstern süße Engel, nach denen ich mich sehne».

» Er darf seine Erziehungsprinzipien nicht gegen die seiner Frau ausspielen. Denn Kinder sind schlitzohrig genug, die väterliche Distanz und das daraus resultierende schlechte Gewissen für sich zu nutzen. Da hat die Mutter eine zusätzliche Fernsehsendung verboten. Nun hört das Kind den Vater kommen. Es springt zum Auto, umschmeichelt ihn: «Papa, ich hab dich lieb!» Und während der Vater das Kind streichelt, fragt es mit dem liebenswürdigsten Augenaufschlag: «Sehen wir nachher fern, du und ich? Da kommt 'ne tolle Sendung!» Mit der Antwort «Was hat Mama gesagt?» oder «Da muss ich deine Mutter fragen!» zeigt er dem Kind, dass sich die Eltern nicht gegeneinander ausspielen lassen.

Der Unterschied macht den Unterschied

Unterschiedliche Stile in der Erziehung meint: Man ist sich einig, dass Grenzen, Regeln und Rituale notwendig sind, aber dass man sie unterschiedlich auslegen kann, die Kinder freilich wissen, woran sie bei Vater und Mutter, Großvater und Großmutter sind. Um es am eingangs angeführten Beispiel zu verdeutlichen: Herr und Frau Schnur waren sich über einige Grundregeln beim Essen einig. Sie hatten allerdings verschiedene Auffassungen darüber, wie diese umzusetzen seien.

Davon zu unterscheiden sind uneinige Erziehungsstile: Übertragen auf das Beispiel der Familie Schnur hieße das: Herr Schnur würde einen sehr rigiden, unnachgiebigen Stil favorisieren, Frau Schnur eher den Laissez-faire-Stil praktizieren. Uneinige Erziehungsstile sind nicht kompatibel, haben keinen gemeinsamen Nenner. Im uneinigen Erziehungsstil geht es niemals um das Wohl des Kindes. Der uneinige Erziehungsstil zerrt vielmehr am

Kind. Vater und Mutter, aber auch Eltern und Großeltern treten in ein Konkurrenzverhältnis. Jeder will dem anderen beweisen, wer der oder die Beste ist. Die Bedürfnisse des Kindes, sein Wohlergehen sind nur vorgeschoben. Hinter uneinigen Erziehungsstilen stehen zwei Motivationen:

» Ein egozentrisches Denken, das meint, das Wohl des Kindes zu kennen und umzusetzen. «Meine Mama will mein Bestes», erzählt die zehnjährige Barbara, um dann lachend hinzuzufügen: «Was bleibt dann für mich?»

» Ungeklärte Partnerschafts- und Beziehungskonflikte. Vater und Mutter, Eltern und Großeltern buhlen um die Gunst des Kindes, übertreffen sich in materiellen Höchstleistungen, ohne zu bemerken, dass das Kind damit in Loyalitätskonflikte getrieben wird.

Auch wenn man unterschiedliche Auffassungen in Detailfragen hat, ist es wichtig, sich gegenseitig in Erziehungsfragen zu unterstützen.

«Aber», will Elka Assmann wissen, «wer entscheidet, wenn man unterschiedliche Einstellungen in einzelnen Fragen hat. Wer gibt dann nach? Wer setzt sich durch?»

«Genau!», meint Sybille Maurus. «Bei meinem Mann dürfen die Kinder abends länger aufbleiben!» Aber dann wären sie morgens müde, kämen nicht aus dem Bett, und, so fragt sie vielsagend in die Runde: «Wer hat dann die Arbeit morgens?» Und ohne die Antwort abzuwarten, ruft sie mit bestimmter Stimme «Ich natürlich!», denn ihr Mann müsse morgens schon früh zur Arbeit.

«Das ist es doch!», nickt Sylvia Bach zustimmend. Es bleibe eben viel an den Müttern hängen. «Ich koche gerne mit den Kindern, räume aber dann auch sofort gemeinsam mit ihnen auf!» Ihr Mann koche auch leidenschaftlich gern. Aber wenn der mit den Kindern in der Küche zugange sei, dann sehe das aus wie auf einem Schlachtfeld.

«Und wer räumt dann auf?», fragt sie rhetorisch. «Ich bin dann die Putzfrau, weil mein Mann meint, er räume nachher schon auf! Dabei weiß er ganz genau, dass ich das nicht mag!» Sie bekommt einen finsteren Gesichtsausdruck: «Dass er sich da nicht mal auf mich einlassen kann, verdammt nochmal!»

«Mir geht das jetzt zu sehr gegen die Männer», greift Arnold Schröder in das Gespräch ein. Wenn er mit seinen Kindern tobe, komme ständig seine Frau dazu und kommentiere: «Passt auf! Seid nicht zu grob miteinander! Arnold, gleich weint wieder einer!»

«Mein Felix», so erklärt der Vater schmunzelnd, «hat neulich gemeint, als meine Frau versuchte einzugreifen: ‹Mama, du nervst! Du bist ja nur neidisch, weil du eine Frau bist und nicht kämpfen magst!›»

«Also», Arnold Schröder wiegt bedächtig seinen Kopf, «das war schon starker Tobak, aber auch Mütter», er blickt lächelnd in die Runde, «könnten sich schon mal heraushalten und uns Männern mal etwas zutrauen. Aber ständig diese Kommentare! Die können einem schon auf den Geist gehen!»

Unterschiedliche Erziehungsstile schließen die gegenseitige Unterstützung nicht aus und müssen auch keine Konflikte zwischen den Eltern mit sich bringen, wenn man einige Grundsätze beachtet:

» Zunächst einmal trifft man die Entscheidung zugunsten des Elternteils, dem die Frage wichtig ist: **Ist für einen Vater das Rangeln und Raufen bedeutsam, übernimmt er die Verantwortung dafür, und ist für eine Mutter das schnelle Aufräumen nach dem Kochen unverzichtbar, wird zu ihren Gunsten entschieden.**

» Zu bedenken ist auch, wer die Hauptlast der Entscheidung trägt. Hat die Mutter am Morgen darunter zu leiden, dass die Kinder vom Vater zu spät ins Bett gebracht werden, hat dieser sich zurückzunehmen. Er könnte am Wochenende zum Zuge kommen, an dem es ohnehin einen anderen Zeitrhythmus gibt.

» Ein weiteres Entscheidungskriterium kann sich aus der größeren Sachkenntnis – aber nicht: Besserwisserei oder bloß Besorgnis! – eines Elternteils ergeben. Wenn eine Mutter aus Erfahrung weiß, dass ein Kind weniger, das andere aber mehr Schlaf braucht, dann liefert sie die Grundlage für die Entscheidung genauso wie jener Vater, der aufgrund seiner Lebenserfahrung weiß, wie wichtig die körperliche Bewegung für die Entwicklung des Kindes ist.

Unterschiedliche Erziehungsstile erfordern Gemeinsamkeit, Absprachen. Unterschiedliche Erziehungsstile sind für Kinder unverzichtbar, weil sie so die ganz spezifischen Fähigkeiten ihrer Eltern kennenlernen.

Nachwort

Über Dankbarkeit, Glück, Demut und die Kunst, Kinder das Schwimmen zu lehren

Zwei Gedanken ziehen sich wie ein roter Faden durch das Buch:

» *Erziehung ist Beziehung.* Man kann nur erziehen, wenn man in Beziehung zum Kind und zu sich selbst ist. Wer sich aus der Erziehung zurückzieht, zieht sich aus der Beziehung zum Kind zurück. Kinder reagieren dann orientierungslos, verlieren den Halt, wissen nicht mehr, woran sie sind. Man kann aber nur dann authentisch erziehen, wenn man mit sich selbst einig ist, zu seinen Stärken und Schwächen steht, die eigenen Grenzen erfahren hat und sie anerkennt, mit Höhen ebenso wie mit Tiefen umzugehen vermag.

» *Erziehung ist Begleitung der Kinder ins Leben.* Erziehung stellt sich nicht als Vorbereitung auf das Leben dar: Sie passiert in jeder Minute, jeder Stunde, jedem Tag, jeder Woche, jedem Monat und jedem Jahr. Kinder wollen nicht unter einer Zukunftsperspektive betrachtet werden, sondern wollen sich im Hier und Jetzt angenommen fühlen. Und diese Art der Begleitung hat auch mit Frustration zu tun, ist keine stete Aufwärtsentwicklung, wie man im Alltag sehr schnell merkt: Liebe zum Kind und zu sich selbst allein genügt nicht.

Manchmal gehört viel Glück dazu, wenn es gelingen soll, Kinder durch die Fährnisse der Entwicklung zu begleiten, mit ihnen einzelne Etappen – auch schwierige, sei es das Trotzalter, die Pubertät, seien es Krisen oder Krankheiten – zu bewältigen. «Glück», so hat es der Pädagoge Haim Ginott bemerkt, «ist kein Ziel, es ist eine Art des Reisens. Glück ist kein Selbstzweck. Es ist ein Nebenprodukt des Arbeitens, Spielens, Liebens und Lebens. Das Leben fordert notwendigerweise eine Verzögerung zwischen Wunsch und Erfüllung, zwischen einem Plan und dessen Realisierung. Mit anderen Worten: Das Leben bringt Frustration mit sich und verlangt das Aushalten von Frustration.»

Deshalb ist Dankbarkeit ein wichtiger Reisebegleiter: dankbar auf seine Kinder zu schauen, dankbar dafür zu sein, dass sie da sind, dafür Sorge zu tragen, dass sie sich bedingungslos geliebt fühlen. Dies gilt besonders für jene Situationen, die nicht so laufen, wie man es sich wünscht. Es ist einfach, Kinder dann anzunehmen, wenn man mit ihnen von Wellenkamm zu Wellenkamm surft, wenn alles so läuft, wie man es geplant hat, wie man es sich wünscht. Aber Kinder wollen sich vor allem dann begleitet fühlen, wenn man sich im Wellental befindet, man ganz unten liegt. Kinder wollen dann keine Vorwürfe hören, aber genauso gilt, dass Eltern sich nicht in Selbstvorwürfen ergehen.

Wer Kinder hat, der sollte demütig sein: Demütige Menschen sind keine unterwürfigen Menschen. Demut, so hat es Anselm Grün wunderbar formuliert, ist der Mut zur eigenen Wahrheit, sich als Mensch mit Fehlern und Schwächen, aber auch Kompetenzen und Stärken zu begreifen. «Das Gegenteil der Demut», so betont er, «ist die Hybris.» Der hochmütige Mensch kann alles, will alles im Griff haben, nimmt sich und seine Grenzen überhaupt nicht mehr wahr.

Bezogen auf die Erziehung heißt das: Man meint, alles müsse einem gelingen, weil man von dem Gedanken pädagogischer Machbarkeit durchdrungen ist. Man will nicht nur erziehen, man will richtig (!) erziehen, sich jeden Tag den pädagogischen Oscar am Bande verdienen, um dann hochdekoriert durch die Straßen und Plätze der Stadt zu stolzieren.

Demut meint dagegen: auf dem Boden zu stehen, sich seiner Grenzen bewusst zu sein! Der demütige Mensch kennt die Grenzen seiner Fähigkeiten, weiß um seine Begrenztheiten, darum, dass Handeln mit Scheitern verbunden sein kann.

Dies gilt gleichermaßen für die Erziehung: Wenn es nicht funktioniert, wenn es nicht so läuft, wie man es sich vorgestellt hat, wenn man ein Kind begleitet und es ganz anders geht, als man will, wenn es ein völlig anderes Tempo anschlägt, als man möchte, dann gilt: Suche die Schuld nicht bei anderen oder bei dir selbst! Fluche nicht: «Ich werde es nie können!» oder lamentiere: «Wie konnte mir das passieren!» Wer sich andauernd über sich selbst, seine Unvollkommenheiten und Unzulänglichkeiten ärgert, der hat seine Grenzen immer noch nicht akzeptiert und respektiert.

Ein großartiges Beispiel dafür, sich in seiner Unvollkommenheit anzunehmen, ist der Vater des verlorenen Sohnes aus dem Lukas-Evangelium. Der Sohn kommt nach Hause, hat das Erbe verspielt, verhurt, versoffen und wird von seinem Vater empfangen. Der Vater sieht die Krise als Chance für einen Neubeginn – er gibt weder sich noch seinem Sohn eine Schuld. Er wendet sich ihm zu, gibt ihm – und damit auch sich selbst – Halt, achtet und respektiert ihn und damit auch sich. «Es ist mir passiert!» So lautet *eine* Botschaft dieser Geschichte, und das ist kein resignatives Eingeständnis oder gleichgültiges Gewährenlassen. Der Vater feiert mit seinem Sohn ein Fest – es ist ein Fest aus Anlass der Rückkehr, aber zugleich ein Fest für den Neubeginn. Dieser Vater ist – im wahrsten Sinne des Wortes – ein demütiger Mensch: Er hat sich als Mensch mit Fehlern und Schwächen erlebt, aber auch als einer, der in der Krise seine Fähigkeiten und Stärken auslotet und erlebt.

Im Talmud, einer Sammlung jüdischer Geschichten, stehen fünf Regeln für Eltern. Auf die vier ersten möchte ich nicht eingehen, weil sie hier unwichtig sind. Die fünfte Regel aber lautet, die

Kinder das Schwimmen zu lehren. Das hört sich merkwürdig an: Schwimmen – gibt es nicht wichtigere Themen in der Erziehung?

Doch schaut man sich diese Regel genauer an, enthält sie auf wundersame Weise die Balance und die Spannung von Haltgeben und Loslassen. Der Säugling liegt in den ausgestreckten Armen von Vater und Mutter, deren Arme fast auf der Wasseroberfläche ruhen. Das Kind hat das Gefühl absoluter Geborgenheit: «Mir kann nichts passieren!» Wenn es älter wird, können die Eltern die Arme etwas tiefer sinken lassen, weil das Kind sich mit ungestümen, eckigen Bewegungen über Wasser zu halten vermag. Aber wenn seine Kräfte nachlassen, sollten die Arme der Eltern stützend nach oben geführt werden. Das Kind kann sich fallenlassen und aufgehoben fühlen.

Irgendwann kann es schwimmen. Es entfernt sich vorsichtig aus den Armen der Eltern. Aber es empfiehlt sich, dass die Eltern die Fingerspitzen aus dem Wasser halten, damit das Kind – ist es erschöpft – in den sicheren Hafen zurückkehren kann.

Dann wird es älter und kann sich auf seine eigenen Kräfte verlassen. Es entfernt sich, ist vielleicht sogar der Begleitung durch die Eltern überdrüssig geworden. Jetzt können Vater und Mutter die Arme aus dem Wasser nehmen: Sie sind leer – und gefüllt zugleich. Leer sind sie nur dann, wenn man nichts mehr spürt, zugleich am Bild des kleinen Säuglings und Kindes festhält, das einen braucht, weil sich in der Erziehung der letzten Jahre und Jahrzehnte alles um den Heranwachsenden gedreht hat.

Gefüllt sind die Arme dann, wenn man den Auszug des Kindes als Chance sieht, dass aus der Elternschaft wieder eine Partnerschaft, aus Vater und Mutter wieder Mann und Frau werden, wenn man den Kindern das Gefühl vermittelt: Es war schön und ist schön mit euch, aber es ist auch schön, dass wir wieder für- und miteinander da sind.

Sich gemeinsam auf die Reise zu machen – das ist ein Grundprinzip der Begleitung und Beziehung, sich Halt zu geben und im passenden Moment auch loszulassen.

Kinder sind Gäste, die nach dem Weg fragen – eine Weile stehen sie neben einem, dann wandern sie fort und ziehen aus. Sie kommen gern mal wieder vorbei, erzählen von den Abenteuern, die ihnen passiert sind – und wenn sie spüren, dass es ihren Eltern gutgeht miteinander, dann gehen sie wieder, um irgendwann – mal früher, mal später – vorbeizuschauen, um von neuen Abenteuern zu erzählen.

So sind in den «Grenzen» zentrale Lebensprinzipien enthalten: Sie geben Halt und fordern dazu auf, sich an ihnen zu reiben, sich mit ihnen auseinanderzusetzen und sie auch anzunehmen, vor allem aber, sich seiner Unvollkommenheit und damit Einzigartigkeit bewusstzuwerden. Dann wird Erziehung zwar nicht einfach, nicht frei von Konflikten, aber sie bekommt eine spürbare Leichtigkeit. Diese Balance von Loslassen und Haltgeben, von Wurzeln und Flügeln hat der Philosoph und Dichter Khalil Gibran so ausgedrückt:

«Ihr (die Eltern) seid die Bogen, von denen eure Kinder als lebende Pfeile abgeschossen werden. Der Bogenschütze sieht das Ziel auf dem Pfad der Unendlichkeit, und er biegt euch mit seiner Kraft, damit seine Pfeile schnell und weit fliegen. Möge das Gebogenwerden in des Schützen Hand Freude in euch auslösen. So wie er den fliegenden Pfeil liebt, so liebt er auch den Bogen, der fest steht.»

Literatur

Armbrust, Joachim: Streit unter Geschwistern. So lösen Eltern erfolgreich Konflikte. Stuttgart 2007

Arnold, Rolf: Aberglaube Disziplin. Antworten der Pädagogik auf das «Lob der Disziplin». Heidelberg 2007

Beil, Brigitte: Schlummertuch und Hochzeitstag. Rituale in der Familie. München 1997

Berg, Insoo Kim: Familien – Zusammenhalt(en). Ein kurztherapeutisches und lösungsorientiertes Arbeitsbuch. Dortmund 1992

Brazelton, Berry T. und Greenspan, Stanley I.: Die sieben Grundbedürfnisse von Kindern. Was jedes Kind braucht, um gesund aufzuwachsen, gut zu lernen und glücklich zu sein. Weinheim/Basel 2002

Brügelmann, Hans (Hrsg.): Kinder lernen anders. Lengwil am Bodensee 1998

Brumlik, Micha (Hrsg.): Vom Missbrauch der Disziplin. Antworten der Wissenschaft auf Bernhard Bueb. Weinheim/Basel 2007

Clemes, Harris und Bean, Reynold: Verantwortungsbewusste Kinder. Was Eltern und Pädagogen dazu beitragen können. Reinbek 1993

Degler, Teri und Kason, Yvonne: Liebe, Grenzen, Konsequenzen. Erziehung mit Herz und Disziplin. München 1993

Diekemper, Elisa und Reimann-Höhn, Uta: Rituale geben Sicherheit. Wie Kinder Vertrauen gewinnen. Freiburg im Breisgau 2000

Dosick, Wayne: Kinder brauchen Werte. Bern/München/Wien 1996

Douglas, Jo und Richmann, Naomi: Mein Kind will nicht schlafen. Stuttgart/Jena/New York 1993

Dreikurs, Rudolf, Cassel, Pearl und Rückriem, Norbert (Hrsg.): Disziplin ohne Tränen. München 1991

Dreikurs, Rudolf und Soltz, V.: Kinder fordern uns heraus. Wie erziehen wir sie zeitgemäß? Stuttgart 2006

Endres, Wolfgang: Geschwister ... haben sich zum Streiten gern. Weinheim/Basel 1984

Engler, Carola: So machen Hausaufgaben Spaß. München 1999

Erni, Margrit: Grenzen erfahren. Düsseldorf 1989

Erni, Margrit: Autonomie wagen. Düsseldorf 1990

Feibel, Thomas: Die Internet-Generation. Wie wir von unseren Computern gefressen werden. München/Berlin 2001

Flitner, Andreas: Konrad, sprach die Frau Mama ... Über Erziehung und Nicht-Erziehung. Berlin 1982

Frick, Jürg: Die Kraft der Ermutigung. Grundlagen und Beispiele zur Hilfe und Selbsthilfe. Bern 2007

Frick, Jürg: Die Droge der Verwöhnung. Beispiele, Folgen, Alternativen. Bern 2005

Fricke-Oerckermann, Leonie, Frölich, Jan, Lehmkuhl, Gerd und Wiater, Alfred: Schlafstörungen. Göttingen 2007

Friedrich, Max H.: Kinder ins Leben begleiten. Vorbeugen statt Therapie. Wien 2003

Friedrich, Sabine und Friebel, Volker: Einschlafen – Durchschlafen – Ausschlafen. Ruhigere Nächte für Eltern und Kinder. Reinbek 1993

Friesen, Astrid von: Liebe spielt eine Rolle. Erziehung im Geben und Nehmen. Reinbek 1995

Fuhrer, Urs: Erziehungskompetenz. Was Eltern und Familien stark macht. Bern 2007

Furmann, Ben: Ich schaffs! Spielerisch und praktisch Lösungen mit Kindern finden – Das 15-Schritte-Programm für Eltern, Erzieher und Therapeuten. Heidelberg 2007

Gebauer, Karl und Hüther, Gerald: Kinder suchen Orientierung. Düsseldorf/Zürich 2002

Grün, Anselm: 50 Engel für das Jahr. Freiburg im Breisgau 1997

Grün, Anselm und Robben, Ramona: Grenzen setzen – Grenzen achten. Damit Beziehungen gelingen – Spirituelle Impulse. Freiburg im Breisgau 2004

Grüsser, M. Sabine und Thalemann, Ralf: Computerspiel-süchtig? Bern 2006

Haslam, David: Schlaflose Kinder – unruhige Nächte. Wenn Kinder nicht schlafen können. München 1989

Herbert, Martin: Disziplin. Ein moderner Leitfaden für Eltern. Bern 1991

Hilsberg, Regina: Körpergefühl. Die Wurzeln der Kommunikation zwischen Eltern und Kindern. Reinbek 1985

Howarth, Enid und Tras, Jan: Unvollkommen lebt sich's besser. Gelassen und erfolgreich durch den Alltag. Freiburg im Breisgau 1999

Hüther, Gerald und Krens, Inge: Das Geheimnis der ersten neun Monate. Unsere frühesten Prägungen. Düsseldorf/Zürich 2005

Jaschke, Helmut: Grenzen finden in der Erziehung. Mainz 1992

Juul, Jesper: Das kompetente Kind. Reinbek 1997

Kasten, Hartmut: Geschwister. Vorbilder, Rivalen, Vertraute. München 1998

Kasten, Hartmut: 0 – 3 Jahre. Entwicklungspsychologische Grundlagen. Weinheim/Basel 2005

Kellmer Pringle, Mia: Was Kinder brauchen. Stuttgart 1979

Kessler, Eva: Von der Kunst, liebevoll zu erziehen. Sinnvoll Grenzen setzen und gute Laune bewahren. München 2007

Kestenberg, J. S. und Kestenberg-Amighi, J.: Kinder zeigen, was sie brauchen. Wie Eltern kindliche Signale richtig deuten. Freiburg im Breisgau 1993

Klemenz, Bodo: Ressourcenorientierte Erziehung. Tübingen 2007

Kohler, Britta: Hausaufgaben. Helfen – aber wie? Weinheim/Basel 1989

Largo, Remo H.: Babyjahre. Die frühkindliche Entwicklung aus biologischer Sicht. Das andere Erziehungsbuch. München 1995

McKay/Fannin/Pateg/Landis: Wenn Eltern die Wut packt. Alltägliche Stresssituationen mit Kindern bewältigen. Zürich/Düsseldorf 1989

Münchhausen, Anna von: Eine Stunde für mich allein. Das Verwöhnprogramm für gestresste Mütter. Reinbek 2001

Neuß, Norbert (Hrsg.): Phantasiegefährten. Warum Kinder unsichtbare Freunde erfinden. Weinheim/Basel 2001

Neuß, Norbert und Groß-Loheide, Mike (Hrsg.): Körper – Kult – Medien. Inszenierungen im Alltag und in der Medienbildung. Bielefeld 2007

Nitsch, Cornelia und Schelling, Cornelia von: Kindern Grenzen setzen – wann und wie? Mit Liebe konsequent sein. München 2004

Pacher, Walter: Wenn Kinder immer anders wollen. Mehr Sicherheit und Gelassenheit für Eltern. Freiburg im Breisgau 1991

Pöttinger, Ida, Schill, Wolfgang und Thiele, Günter (Hrsg.): Medienbildung im Doppelpack. Wie Schule und Jugendhilfe einander ergänzen können. Bielefeld 2004

Rotthaus, Wilhelm: Wozu erziehen? Entwurf einer Systemischen Erziehung. Heidelberg 1999

Schuster-Brink, Carola: Regeln und Rituale im Kinderalltag. Ravensburg 1998

Shazer, Steve de: Der Dreh. Überraschende Wendungen und Lösungen in der Kurzzeittherapie. Heidelberg 1989

Shure, Myrna B.: Erziehung zur Selbstständigkeit. Die intelligente Art, mit Kindern umzugehen. Freiburg im Breisgau 2007

Speck, Otto: Chaos und Autonomie in der Erziehung. München/Basel 1991

Steinberg, Laurence: Die 10 Gebote der Erziehung. Düsseldorf/Zürich 2005

Steiner, Therese und Berg, Insoo Kim: Handbuch lösungsorientiertes Arbeiten mit Kindern. Heidelberg 2005

Truchis, Chantal de: Die ersten Schritte in die Welt. Freiburg im Breisgau 1998

Wiedemann, Dieter und Volkmer, Ingrid (Hrsg.): Schöne neue Medienwelten? Konzepte und Visionen für eine Medienpädagogik der Zukunft. Bielefeld 2006

York, Ute: Nachschlagen statt zuschlagen. Erziehungsfragen auf einen Blick. Reinbek 1997

Zimmer, Renate: Toben macht schlau. Bewegung statt Verkopfung. Freiburg im Breisgau 2004